KARAMZINE

VOYAGE EN FRANCE

1789-1790

TRADUIT DU RUSSE ET ANNOTÉ

PAR

A. LEGRELLE

PARIS
LIBRAIRIE HACHETTE ET Cie
79, BOULEVARD SAINT-GERMAIN
1885

VOYAGE EN FRANCE

EVREUX, IMPRIMERIE DE CHARLES HÉRISSEY.

KARAMZINE

VOYAGE EN FRANCE

1789-1790

TRADUIT DU RUSSE ET ANNOTÉ

PAR

A. LEGRELLE

PARIS
LIBRAIRIE HACHETTE ET Cie
79, BOULEVARD SAINT-GERMAIN

1885

A MONSIEUR CH. D'HÉRICAULT,

Directeur de la *Revue de la Révolution*.

Cher monsieur et ami,

Ce petit travail n'a été entrepris que pour mettre à profit l'aimable hospitalité que vous lui aviez offerte dans votre curieux et utile recueil. Permettez-moi de le placer sous le patronage de l'estime affectueuse que je me sens pour vous, et qui remonte à de chers et lointains souvenirs. Je me jugerai fort heureux de ma peine, si vous voulez bien croire à mes sentiments, et m'en rendre quelque chose.

A vous bien cordialement.

A. Legrelle.

AVANT-PROPOS

Nicolas Karamzine[1], qui n'est point un inconnu en France, au moins comme historien national de la Russie, naquit le 1ᵉʳ décembre 1766 sur la terre que son père, le capitaine en retraite Michel Karamzine, possédait à quelque distance de Simbirske. L'étymologie de son nom (*Kara Mourza*) a permis d'attribuer à ses ancêtres une origine tatare. Privé fort jeune de l'affection de sa mère, le futur grand homme passa toute sa première enfance au milieu de ces vastes plateaux le long desquels le Volga promène la masse imposante de ses eaux, ajoutant la majesté fuyante de son cours à

---

[1] Nous nous sommes servi pour cette esquisse biographique surtout de deux ouvrages russes : 1º *N. M. Karamzine, matérialy dlia biographii*. par M. Pogodine, Moscou, 1866, Mamontove, 2 vol. ; et 2º la biographie de M. Léon Polivanove, placée en tête de l'édition de Karamzine qui a commencé à paraître à Moscou en 1884. Cette biographie ne comprend toutefois jusqu'ici que la première partie de la vie de son héros.

l'immuable monotonie d'horizons terrestres où s'épuise le regard humain. L'influence de lectures romanesques agit sur l'enfant dans le même sens que les impressions à la fois mélancoliques et religieuses qu'il tirait chaque jour du spectacle de la vie rurale. Après un court séjour dans le pensionnat Fauvel, à Simbirske, il fut envoyé à Moscou, vers l'âge de quatorze ans, dans un autre établissement, situé en plein faubourg allemand, et dirigé par un certain Chaden. Il y perfectionna tout spécialement ses talents naissants en fait de langues étrangères. A un certain moment, il annonça même l'intention d'aller achever ses études à Leipzig. Ce fut toutefois à l'Université de Moscou qu'il se décida à demander le supplément de connaissances dont il avait besoin. Au commencement de 1783, il se rendit à Péterbourg pour y faire dans la garde l'apprentissage militaire que lui imposait sa qualité de gentilhomme. On a raconté qu'à cette époque il aurait eu quelques velléités de se consacrer tout entier à la carrière des armes. Heureusement le prix des grades dépassait ses ressources.

A peine avait-il quitté la caserne et la capitale que son père, qui s'était remarié en 1770, vint à mourir. N'étant pas l'aîné, le jeune Nicolas ne se trouvait nullement condamné à l'existence sédentaire et obscure du propriétaire foncier. Il put donc en toute liberté partager son temps entre Moscou, où vivaient ses anciens camarades, et Simbirske, où il retrouvait ses frères. Sa vocation fut dès lors bien décidée; ce fut aux lettres qu'il se voua. Déjà, pendant qu'il était « sous-porte-drapeau » au régiment Préobrajenski, il avait trouvé moyen de faire imprimer la traduction d'une idylle de Gessner, *La Jambe de bois*. Une fois de retour au milieu de ses amis de Moscou, de Dmitriève, Novikove et Pétrove, l'actif « Ramzei », comme on l'appelait par une abréviation familière et caressante de son nom patronymique, se mit à traduire avec une sorte de passion des ouvrages ou des fragments d'ouvrages empruntés à peu près à toutes les littératures. Le poème de Haller sur l'*Origine du mal*, le *Jules César*, de Shakespeare, précédé d'une apologie, fort remarquable pour l'époque et le milieu où elle fut écrite, l'*Emilia Galotti*, de Lessing, fournirent la matière principale de ces traductions. D'autres furent tirées des *Veillées du Château*, de Mme de Genlis, des *Contemplations de la Nature*, du philosophe suisse Charles

Bonnet, des *Saisons* de Thomson, d'un drame champêtre de Christian Weise, etc. Les derniers de ces essais, auxquels vinrent s'ajouter des *nouvelles* originales, trouvèrent leur place dans un recueil périodique dirigé par Novikove et Dmitriève, *La lecture des enfants (Dietskoié Tchténié)*. Ces occupations toutefois ne suffirent pas à Karamzine. Bientôt las de vivre par la pensée seulement dans l'intimité imaginaire des écrivains étrangers, il conçut le désir irrésistible de visiter les pays où ils avaient vécu, avec l'espoir d'y rencontrer quelques-uns de ceux qui vivaient encore. Deux de ses amis contribuèrent surtout, au moins par leur exemple, à lui mettre en tête l'idée d'entreprendre, lui aussi, son tour d'Europe, à la recherche de connaissances et d'impressions attrayantes. Ces amis furent d'abord Lentz, le Livonien chimérique qui avait connu Gœthe à Strasbourg et qui était venu s'échouer à Moscou, puis Alexis Koutouzove, qui venait de partir pour Berlin et qui lui vantait à distance la beauté des sombres allées du *Thiergarten*. Sous l'empire de ces sentiments, « Ramzei » prit le parti d'abandonner à ses frères sa part de l'héritage paternel, afin de se procurer l'argent comptant nécessaire à ses desseins, et, après avoir pris congé pour toujours de la francmaçonnerie à laquelle il s'était laissé affilier, il quitta Moscou au milieu du mois de mai 1789.

Ses premières stations, fort attristées et presque arrosées de ses larmes, furent Tvère et Péterbourg. Sur le conseil d'un Anglais qui lui avait fait avoir ses lettres de change, il faillit s'embarquer directement pour Stettin. La vue des beaux navires amarrés au quai de la Néva l'avait séduit d'une manière inopinée. Mais il lui fallait obtenir certaines modifications sur son passe-port délivré à Moscou uniquement en vue d'un voyage par terre. La perspective des formalités à remplir découragea Karamzine, qui en revint à son premier itinéraire, c'est-à-dire à la route de Riga, et des provinces dites de la Baltique. Son cœur battit d'une émotion à la fois triste et joyeuse, quand il eut franchi la barrière peinte aux couleurs nationales qui séparait la Livonie de la Courlande ; pour la première fois depuis qu'il voyait le jour, il le voyait ailleurs que dans sa patrie. Il gagna ainsi Kœnigsberg au milieu d'une petite caravane assez cosmopolite qui s'était formée à Riga. Chemin faisant, il avait déjà pu, par un rapide contact, prendre une première idée de la civilisation borussienne, représentée par trois de ses éléments essentiels, le sous-lieutenant, la pipe et la galanterie de corps de garde. Mais, si Karamzine n'entrait pas en vainqueur dans le royaume du grand Frédéric, il y sentait du moins son amour-propre fort à l'aise. Ses compatriotes, en 1759, n'avaient-ils pas occupé Berlin assez tranquillement pour y frapper leurs roubles à l'hôtel des monnaies de S. M. Royale? Grâce à ces glorieux souvenirs, et surtout aux beaux jours de juin qui ajoutaient leur charme à une nature déjà plus pittoresque, notre jeune voyageur dit peu à peu adieu à la nostalgie et livra définitivement son esprit rasséréné à tous les grands ou petits bonheurs que le destin lui préparait sur son passage.

Sa première visite en Prusse fut pour Kant. Il n'avait, à la vérité, aucune lettre de recommandation. Son admiration lui en tint lieu. L'illustre métaphysicien reçut fort cordialement cet adolescent bien né qui se présentait chez lui d'une manière si confiante et si flatteuse. Avec l'extrême simplicité du vrai génie, il prit même la peine de lui expliquer brièvement, et, ce qui étonnera davantage les sceptiques en matière d'ontologie, très clairement, tout l'ensemble de son système, spécialement les bases abstraites de sa morale.

L'entrevue dura près de trois heures. Après avoir pris un peu l'air en parcourant l'antique et vénérable cité des chevaliers teutoniques, Karamzine s'assura à la poste d'une place pour Berlin. La poste prussienne, à cette époque, ne transportait pas encore sa clientèle dans ces lourds, mais confortables carrosses qu'elle a fait fabriquer depuis, et contre lesquels, sauf l'asphyxie en été et les cahots en toute saison, le patient ne sait trop au juste quelles plaintes formuler, si grande envie de se plaindre que lui suggère la durée du trajet. Les véhicules alors en usage n'étaient que d'incommodes charrettes où les bonnes places se trouvaient d'autant plus rares pour le commun des mortels qu'elles étaient accaparées le plus grossièrement du monde par tout ce qui, de près ou de loin, tenait à l'armée. Selon leur habitude, la morgue et la brutalité borussiennes en bottes fortes se donnèrent plus d'une fois les coudées franches devant Karamzine, qui d'ailleurs n'eût pas souffert d'être personnellement victime de ces scandaleux abus de la force. A Marienbourg comme à Kœnigsberg, à Elbing, où il ne vit que des caricatures humaines fabriquant de la fumée et buvant de la bière, à Dantzig, qui était encore une ville polonaise, mais que des batteries prussiennes cernaient déjà de toutes parts, à Stolpe, à Stargard, partout enfin, il fut désagréablement impressionné par l'attirail militaire auquel se heurtait son regard et par la tenue plus ou moins martiale de la bourgeoisie elle-même. Jusque dans le fond de sa voiture, il avait la vision d'un camp traversé à la hâte et n'en finissant jamais. « Je n'aurais pas appelé la Destinée une mère, s'il m'avait fallu vivre avec de pareilles gens », écrivit-il avant de mettre pied à terre dans la capitale du Brandebourg.

Ce fut le 29 juin qu'il y arriva, et le 9 juillet qu'il en déguerpit, huit jours plus tôt qu'il n'avait d'abord compté le faire. La vérité est qu'il s'y sentit envahi, débordé, énervé par un ennui incommensurable. Berlin cependant était alors en fête, et Karamzine put y apercevoir la famille royale à un spectacle de gala. Mais, faute d'égouts et de mesures hygiéniques, « c'étaient partout des odeurs à se boucher le nez ». De plus, il fallait compter à toute heure avec une inquisition policière qui multipliait à plaisir les formalités vexatoires. Les plus riches seigneurs, de leur côté, ne se faisaient remarquer que par les raffinements d'une avarice sordide. Enfin les gens lettrés s'abandonnaient à des tournois de plume qui ressemblaient fort à des querelles de portefaix. Durant les dix jours qu'il passa sur les bords de la Sprée, notre philosophe errant goûta cependant quelques joies intellectuelles. Il visita, entre autres, Nicolaï, qu'il trouva fort poli pour un libraire allemand; Ramler, qu'il surnomme l'Horace germanique, et le professeur Moritz, déjà célèbre par ses doubles études de philologie et de psychologie. Il assista encore à une représentation de *Menschenhass und Reue*[1], de Kotzebue, et du *Don Carlos* de Schiller. Toutefois, en retrouvant le lendemain l'actrice qui avait figuré la reine de toutes les Espagnes dans le principal rôle d'un modeste opéra-comique de Duni, *La Laitière et les deux Chasseurs*, Karamzine éprouva une certaine désillusion peu favorable à l'intendant des théâtres de Sa Majesté prussienne. Il ne passa pas non plus sans une certaine satisfaction patriotique devant la statue de Frédéric-Guillaume, dit le Grand, dont le piédestal tout au moins avait été quelque peu ébréché par l'arme blanche de ses compatriotes. Sa visite à Postdam le laissa assez froid, malgré le temple russe, sans fidèles, il est

---

[1] *Misanthropie et repentir.*

vrai, qu'il s'y fit ouvrir. Il lui sembla qu'il arpentait une place-forte dont la population se serait retirée à la veille d'un siège, laissant à la garnison seule le soin d'attendre et de repousser l'ennemi.

En s'échappant de la « sablière royale prussienne », c'est-à-dire du Brandebourg, Karamzine se dirigea vers la Saxe Électorale. Dresde, durant les trois journées qu'il s'y arrêta, lui plut infiniment par sa situation d'abord, par ses collections ensuite. La fameuse galerie de tableaux le transporta. A l'église catholique, il s'agenouilla tout ému sous les foudroyantes et célestes harmonies de l'orgue. Les boulets prussiens de 1760, dont la ville portait encore çà et là les traces, n'avaient heureusement pu détruire ces merveilles. Regrettons pour Karamzine qu'il n'ait pas eu le temps de jeter un coup d'œil sur cette aimable réduction de la nature alpestre qui a reçu le nom de Suisse saxonne. Il prit du moins une idée de Meissen, en s'acheminant vers Leipzig, en compagnie de deux étudiants et d'un maître d'école. Il ne resta à Leipzig, la ville la plus animée qu'il eût encore vue, assure-t-il, que du 14 au 19 juillet, mais il employa singulièrement bien son temps au profit de sa curiosité littéraire et de sa passion pour les hommes célèbres. Non content d'avoir admiré au jardin Wendler et dans le temple Saint-Jean les deux monuments de Gellert, il trouva encore moyen de lier connaissance avec l'historien Beck, avec un Kleist[1], qui malheureusement n'était ni le héros de Kunnersdorf, ni l'auteur de la *Cruche cassée*, avec Christian Felix Weisse, l'éditeur du *Kinderfreund*, qu'il alla visiter un beau matin à sa maison de campagne[2], enfin et surtout avec le Dr Ernest Platner, professeur d'esthétique et en ce moment recteur de l'Université. Le Dr Platner l'emmena même souper à l'*Ange bleu*, dans un de ces cercles où la science germanique s'élabore joyeusement *inter pocula*. Quelque affabilité qu'on lui eût témoignée, il ne garda pas néanmoins un souvenir absolument sans nuages de ces fréquentations passagères. « Le savant allemand, » écrivit-il plus tard[3], « reçoit avec un sourire orgueilleux n'importe quelle louange comme un tribut qui lui est dû et fait peu de cas de celui qui le lui adresse. » Il faut croire après cela que Karamzine avait mar-

[1] Peut-être le *Landrath* Franz-Alexander Kleist, né à Postdam.
[2] Sans doute à Stötteritz.
[3] A propos de Bonnet.

ché quelque part sur un petit bout de pédanterie.

Le 20, il était à Weimar, après avoir longé cette adorable vallée de la Saale où Davoust devait, dix-sept ans plus tard, écraser les derniers tronçons de l'armée du grand Frédéric et venger Rosbach. Dès la porte de la ville, notre voyageur interpellait à brûle-pourpoint le sergent de garde, pour savoir si Wieland, Herder et Gœthe n'étaient pas absents. De Schiller, le quatrième héros de la tétrarchie, il ne pouvait être question, puisqu'il enseignait alors l'histoire à Iéna. Les trois « étoiles » de Weimar n'avaient pas cessé de planer sur la ville, mais, quand leur jeune admirateur voulut les contempler de près, on lui répondit tout d'abord qu'elles étaient pour le moment à la Cour du duc. Une seconde tentative chez Herder fut bientôt plus heureuse. Karamzine, à la vérité, n'avait pas toujours parfaitement bien compris ce qu'il avait lu de ses œuvres, mais cette fâcheuse circonstance ne l'empêcha pas d'être accueilli avec une bonhomie qui sentait son patriarche évangélique. Herder, du reste, ne l'entretint pas exclusivement de ses livres; il lui parla beaucoup aussi de l'Italie, dont il était assez récemment revenu, et il se montra si éloquent sur ce sujet, si enchanté de ses souvenirs que son interlocuteur se sentit, à son tour, pris d'une subite envie d'aller voir sur les lieux l'Apollon du Belvédère, la Vénus de Médicis, et tant d'autres chefs-d'œuvre artistiques que les Électeurs de Saxe n'avaient pas encore réussi à transporter dans leurs palais, grâce à l'or de la Pologne. Avec Wieland, la première entrevue laissa beaucoup plus à désirer. L'auteur d'*Obéron*, en voyant cet inconnu tomber du pôle nord dans son cabinet, lui fit à peu près pour commencer la mine que de nos jours un galant homme ne manquerait guère de faire à un *interviewer* importun et effronté. Sa défiance cependant et son mauvais vouloir se dissipèrent peu à peu à la chaleur de cette âme pure et loyale, qu'il avait failli méconnaître, malgré toute la finesse de son atticisme. L'audience qu'il finit par lui accorder fut en somme fort longue, et la causerie y prit bien vite l'allure la plus dégagée, la plus cordiale, flottant de la poésie à la philosophie. Le tout se termina par des embrassements qui ne furent pas sans émotion. Quant à Gœthe, Karamzine n'aperçut que son profil se dessinant, un soir, à sa fenêtre. Lorsque, le lendemain, il vint frapper à sa porte, Gœthe était allé rejoindre Schiller à Iéna. Du reste, le patient auteur de

Faust n'était guère connu alors que par *Goetz* et *Werther*. Il n'avait pas encore donné au monde moderne l'exemple de cette incomparable sérénité d'esprit et de cette sagesse toujours en progrès qui aurait dû servir d'idéal au xixᵉ siècle. Notre jeune touriste sut à peine en mourant tout ce qu'il avait perdu le jour où il n'avait pas rencontré Gœthe au logis.

Ces dévotions littéraires une fois achevées à Athènes-sur-Ilm, Karamzine prit la route de Francfort par la Thuringe et la Hesse. A Erfurt, qui n'était pas encore prussifié, il se fit montrer, non seulement la cellule dans laquelle Luther avait vécu de 1505 à 1512, mais aussi le tombeau des deux femmes du comte de Gleichen, unies dans la mort, comme elles l'avaient été, d'après la légende, pendant leur vie. La poste l'amena ensuite à Gotha, au moment où l'on y tirait un fort beau feu d'artifice. Par malheur, il ne put jeter qu'un simple coup d'œil sur la Wartbourg, et encore d'assez loin. Il arriva à Francfort le 27 juillet, *via* Hirschfeld, après avoir occupé ses loisirs forcés par la lecture du *Vicaire de Wakefield*, dont il s'était prudemment muni à Leipzig. Ce fut sur les bords du Mein, le lendemain de son arrivée, qu'il apprit la prise de la Bastille[1]. Le *Rœmer*, la salle du couronnement des empereurs, la bulle d'or, l'église catholique, la synagogue, la rue aux Juifs, captivèrent successivement sa curiosité. Malgré une pluie persistante, dont il essaya de se consoler en lisant le *Fiesco* de Schiller, il entreprit aux portes de la ville une petite excursion sur le champ de bataille de Bergen, puis, une autre plus longue, à cheval, jusqu'à Darmstadt, où il désirait se présenter au *Hofprediger* Stark, qu'il ne trouva pas. Le 2 août, il franchit enfin le Rhin à Mayence, et ne put retenir un cri d'admiration en l'honneur du fleuve, dont les eaux impétueuses s'enfuyaient devant lui, et de ses riants coteaux, hérissés à perte de vue de vignobles déjà pleins de promesses. Il se priva lui-même de la vue des ruines historiques de Heidelberg en adoptant la route du Palatinat qui le conduisit par Mannhein, Oppenheim et Worms jusqu'en Alsace. La lettre qu'il écrivit de Strasbourg pour épancher ses premières impressions sur la France servira de préambule à notre publication.

[1] « Hier je n'ai été que chez Villemer, riche banquier de la ville. Nous avons parlé ensemble des récents événements de Paris ! Quelles choses s'y passent ! Notre A.. , qui s'y est rendu il y a deux semaines, a-t-il cru voir dans Paris de pareilles scènes ? » — Lettre du 29 juillet.

Il ne tarda pas cependant à quitter la plaine de l'Ill et notre pays presqu'aussitôt après y être entré, pour faire à Bâle ses premiers pas sur le territoire suisse. L'Allemagne du nord, presque à demi-slave ou scandinave, ne l'avait qu'insuffisamment préparé à ces vivants et sombres vestiges du moyen âge que l'Helvétie conserve dans ses principaux centres avec une piété parfois un peu farouche et que la nature a si magnifiquement encadrés dans les incomparables lignes des Alpes. Ce monde si nouveau, si grand, fut pour Karamzine comme un coup de foudre. La belle collection Fesch, le parc d'Arslesheim, la maison de Paracelse se disputèrent les restes de sa surprise attentive et charmée. Les horloges bâloises, toujours en avance d'une heure sur celles du même méridien, ne furent pas le moindre de ses étonnements. A peine hors des portes de Bâle, sur le chemin de Zurich, il ne put résister aux transports que lui causait la vue des hautes cimes, désolées ou verdoyantes, dont, pour la première fois, il se sentait entouré comme par une légion de géants. S'élançant hors de sa voiture de louage, il se jeta sur l'herbe, non loin du fleuve, pour embrasser le sol. « Oh! Suisses, » s'écria-t-il en se relevant, « remerciez-vous bien chaque jour et à chaque instant le ciel de votre bonheur?» Après avoir traversé l'enclave autrichienne de Rheinfelden et passé la nuit à Brugg, il atteignit enfin ces bords de la Limmat sur lesquels avait vécu Gessner, l'un de ses poètes favoris.

Ce ne fut toutefois ni le culte rétrospectif de Gessner, ni même la contemplation du lac qui prirent la meilleure part dans le séjour de Karamzine à Zurich. Se donnant à peine le temps de déposer ses bagages à l'hôtellerie *Zum Raben*, il courut chez Lavater, l'un des contemporains dont la célébrité hantait le plus son imagination. Cette fois, un courant immédiat de sympathie réciproque s'établit entre le maître et le disciple, ou, pour mieux dire, entre l'idole et le lévite. L'inventeur de la « physiognomonie », qui était pasteur, comme l'on sait, ne se borna pas à ouvrir son âme au futur historiographe de l'Empire russe, il lui ouvrit aussi sa maison et l'emmena même avec lui visiter ses amis dans les montagnes voisines. Karamzine fit une autre échappée, sans lui, mais avec un ami, à l'effet de juger *de visu* de la chute du Rhin auprès de Schaffhouse. Il se procura ainsi l'occasion de loger une nuit sous le même toit que Montaigne en 1581. Bref, il ne quitta Zurich et Lavater qu'à la fin du mois d'août pour se rendre à Berne par Baden et Aarau. Son désir était d'arriver à temps pour visiter l'*Oberland* dans de bonnes conditions. Lorsqu'on lit aujourd'hui les pages que notre auteur a consacrées à cette partie de la Suisse, on est singulièrement étonné de voir combien l'aspect des lieux et la manière d'être des gens y ont peu changé. La mendicité infantile et professionnelle, « avec ou sans fleurs », les charretées d'Anglais ou d'Allemands se succédant joyeusement le long des chemins et formant une sorte de *gulf-stream*, ou de chaîne sans fin, des « mylords » de Bristol jetant des piécettes à des chanteurs, sinon napolitains, du moins piémontais, voilà les spectacles qui frappent déjà Karamzine tout autant que la cherté exorbitante de la vie pour les étrangers, que les pieuses et bizarres inscriptions des châlets bernois, ou encore que l'ours vivant et laïquement sacré qui symbolise le génie propre du canton. Par exemple, il se produisit sous ses pas, et surtout au-dessus de sa tête, un phénomène bien rare de nos jours : le temps se maintint au beau aussi longtemps que lui-même resta en route. Grâce à cette faveur vraiment précieuse d'un ciel clément, notre intrépide et radieux Moscovite, habitué à se contenter en fait de hauts sommets de la modeste « Montagne aux moineaux », put accomplir tout à son aise, dès la fin du xviiie siècle, le pèlerinage pédestre et classique, bien connu des clients de la maison Cook et Cie, qui du lac de Thunn conduit à la partie de la vallée de l'Aar appelée le *Haslithal*. A Lauterbach, il s'extasia devant la longue écharpe aérienne que laisse flotter dans l'air le Staubach, puis, un peu plus loin, devant la chute écumeuse et mugissante du Trimmerbach. A Grindelwald, il se risqua sans guide dans le dédale des pyramides bleues du glacier et redescendit le long de la moraine. A la Wengernalp[1], perdu à demi dans l'immensité des solitudes alpestres, il entendit les sourdes détonations des avalanches lointaines se mêlant au beuglement des vaches en train de paître dans le pré d'à-côté. L'Eiger, la Jungfrau, le Schreckhorn, le Wetterhorn lui apparurent tour à tour comme des divinités ou des spectres géologiques largement drapés dans leur épais linceul de neige étincelante. Puis, par Rosenlaui, dont le glacier avait alors la réputation d'être le plus beau de toute la Suisse, il descendit jusqu'à Reichenbach et à Meyringen, où il assista

---

[1] Et non pas Wengenalp, comme les éditeurs de Karamzine l'impriment encore aujourd'hui.

à des fiançailles ainsi qu'à une lutte d'athlètes. La pluie ne le surprit qu'à Tracht, au moment où il s'embarquait sur le lac de Brienz pour revenir à la ville des ours. La sauvagerie sublime de la nature qu'il venait de traverser avait un peu brouillé sa mémoire avec la notion du temps. Toutefois, quoique ses lettres ne soient plus très exactement datées, il paraît avoir abandonné Berne pour Lausanne le 11 septembre.

Le chef-lieu du canton de Vaud ne fut pour lui qu'une courte étape, qu'un point de départ surtout pour toucher barres à Vevey et évoquer aux environs de Clarens l'ombre de Rousseau. Nous donnerons à notre appendice le récit complet de ce nouvel acte d'adoration littéraire. Karamzine était pressé d'arriver à Genève, d'abord, parce qu'il y avait donné rendez-vous aux lettres de ses amis, et ensuite, parce qu'il comptait y passer l'hiver. Il s'y trouvait dès le 2 octobre, et il n'en sortit que le 4 mars suivant; il y séjourna donc cinq grands mois, c'est-à dire un peu plus qu'à Paris même. Afin de mettre un terme, dans la mesure du possible, aux ennuis matériels de sa vie ambulante, il loua chez une dame Lagier une chambre à raison de dix roubles par mois et s'assura de son dîner régulier dans une pension, moyennant quatre roubles par semaine. Quant à son déjeuner, il se fit une habitude en même temps qu'une fête d'aller le chercher hors du canton, tantôt en Savoie, tantôt dans le pays de Gex, dépendance de la Bresse et du Bugey. Il fréquenta avec une prédilection toute particulière le village genevois de Genthod où l'attirait la présence du célèbre naturaliste Bonnet. Bonnet, à son tour, se laissa captiver par les mérites de toute espèce du nouveau venu et l'admit sans réserve, comme Lavater, dans son intimité quotidienne. A deux reprises, nous retrouvons Karamzine chez Voltaire à Ferney. Il s'éloigna même plus d'une fois assez sensiblement de son quartier général pour entreprendre de véritables petits voyages plus ou moins en zig-zag. C'est ainsi qu'en novembre une sorte de reconnaissance pittoresque l'entraîna sur les pentes du Jura à Aubonne, la patrie du voyageur Tavernier. En janvier, il poussa ses pérégrinations jusqu'à Neuchâtel et Yverdon. Dans les intervalles, il consacrait les mauvaises journées à fouiller en détail la ville si originale dont il était momentanément l'hôte et où devait s'achever sa vingt-troisième année. Bien avant Topffer, il parle de la Treille et du Bastion, sinon avec la même fantaisie humoristique, du moins avec l'accent particulier qu'inspirent les choses aimées, et il suggère presque à son lecteur le même besoin d'apprendre à les connaître. Quant à l'organisation politique de la République qu'il voyait fonctionner sous ses yeux, il faut bien le dire, cette organisation lui laissa aussi peu de regrets que la vie mondaine de l'oligarchie locale, devenue plus morose que jamais, depuis qu'elle redoutait de voir sombrer dans le gouffre de la Révolution les capitaux confiés par elle à l'habileté de Necker.

Les beaux jours revenus, ou du moins tout près de revenir, Karamzine replia enfin sa tente pour prendre la direction de Lyon. Il avait en partant l'intention bien arrêtée de descendre d'abord par la vallée du Rhône jusqu'à la Méditerranée et de donner un coup d'œil à la Provence ainsi qu'au Languedoc avant de venir dans le nord étudier notre capitale et ses premières convulsions. Nous verrons en temps et lieu quelle circonstance fortuite le décida à tronquer brusquement ses séduisants projets. Il se peut aussi que les inquiétudes de ses amis n'aient pas été sans peser sur sa décision. Dès le 20 septembre 1789, l'un d'entre eux, Pétrove, lui écrivait : « Je redoute ton passage à travers la France, où il y a maintenant tant de désordre.¹ » Nous n'avons du reste qu'à bien marquer ici la place qu'occupe son séjour en France dans l'ensemble de son voyage circulaire en Europe, puisque c'est précisément cette partie de sa correspondance que nous traduisons. Nous avons donné la date de son entrée; il nous suffira d'indiquer la date de sa sortie. Ce fut en juillet, mais nous ne savons pas au juste le jour, qu'il s'embarqua à Calais pour Douvres ².

« L'Empire de briques, » comme il appelle spirituellement l'Angleterre, ne lui déplut pas au

---

¹ *Rousskii Arkhive*, année 1863, p. 484.

² Il a reproduit si finement le dialogue de deux Allemands, avec lesquels il fit la traversée sur le *packet-boat*, que nous ne résistons pas au plaisir de le communiquer à nos lecteurs : « Auprès de moi sont assis en ce moment deux Allemands, — des artisans, à ce qu'il semble, — qui, croyant que personne ne les comprend, causent librement entre eux. — « Qu'allons-nous voir en Angleterre ! dit l'un; nous connaissons à présent les Français; il n'y a guère de bon sens chez eux. » — « Je crois, répondit l'autre, que l'Angleterre, elle aussi, ne nous plaira pas beaucoup. Où y a-t-il mieux que notre chère Allemagne, mieux que nos bords du Rhin? » — « Où y a-t-il mieux que Weindorf? dit le premier avec un sourire; c'est là que vit Annette. » — « C'est vrai, répondit le second avec un soupir; c'est là que vit Annette. Et pas bien loin de là vit aussi Lise, » ajouta-t-il avec un sourire. — « Ah! ce n'est pas loin », répondit le premier avec un soupir pareil. — « Encore six ou sept mois, » dit l'un en prenant son compagnon par le bras. — « Encore six ou sept mois, répéta l'autre, et nous serons en Allemagne. » — « Oui, nous serons sur les bords du Rhin. » — « Nous serons à Weindorf. » — « Là où vit Annette. » — « Là où vit Lise ! » — « Que Dieu le veuille, que Dieu le veuille, » dirent-ils d'une seule voix, et ils se serrèrent fortement, fortement la main l'un à l'autre. » — Auerbach ou Hacklaender n'auraient pas mieux décrit la scène.

premier abord, malgré l'odeur *sui generis* qui ne manqua pas de surprendre son odorat et qu'il attribua tout simplement à l'âcre fumée du charbon de terre. Il rencontra dès le début un certain nombre d'Anglaises fort jolies, et il fut d'autant plus sensible à ce plaisir, tout platonique d'ailleurs, de ses yeux, que chez nous, d'après ce qu'il assure, il en avait été absolument privé. Les rosiers grimpants qui de toutes parts tapissaient les cottages de leur verdure luxuriante et de leurs fleurs embaumées le prédisposèrent aussi très avantageusement en faveur de ce monde nouveau où il était venu promener sa jeunesse. Ses relations suivies avec l'ambassade et le consulat de Russie lui facilitèrent d'ailleurs l'accès de maint édifice ou de maint spectacle bien fait pour lui laisser d'ineffaçables impressions. Non-seulement nous pouvons le suivre à la Tour de Londres, à Newgate, à King'sbench, à Bedlam, au *British Museum*, au Musée de l'*East India Company*, à Westminster, à Sommerset-house, dans les divers palais royaux de la métropole, sur le dôme de Saint-Paul, où il marivauda fort agréablement avec une marquise émigrée, au Wauxhall et au Ranelagh, au milieu du monde qui s'amuse, ou bien encore à Greenwich et à Windsor, dont le parc lui inspira une fort belle méditation sur la vanité des espérances et des souvenirs qui se partagent par moitiés à peu près égales toute la vie humaine ; mais encore il nous permet d'assister avec lui à une représentation de Haymarket où l'on joua *Hamlet* avec des costumes et des rubans à la française ; à une exécution du *Messie* de Haendel, par neuf cents voix ou instruments, en présence du roi Georges et de Pitt ; enfin à une élection parlementaire, voire même à une séance de l'interminable procès de Hastings, séance qui lui donna l'occasion d'entendre des orateurs tels que Fox, Wilkes et Sheridan.

La variété et l'intérêt de tant de scènes prises sur le vif ne réussirent pas cependant à gagner sa sympathie au peuple et aux mœurs de la Grande-Bretagne, de quelque prestige qu'eût pu les entourer à l'avance le grand renom de certaines institutions libérales, telles que le jury, l'*habeas corpus*, etc. D'abord, si Karamzine comprenait sans difficulté l'anglais qu'il lisait, il entendait fort mal les sifflements mystérieux et insaisissables dont se composait la langue parlée, et son esprit ne se trouvait plus ici, comme en Allemagne ou en France, de plain-pied, pour ainsi dire, avec celui de tout le monde. Mais le peu qu'il saisit au vol et surtout ce qu'il vit à satiété suffirent largement pour l'édifier sur les aspérités désagréables du caractère anglais. Sa bienveillance ordinaire ne put prendre le change sur cet égoïsme tantôt brutal, et tantôt hypocrite, qui sert de règle invariable à toutes les actions britanniques et qui a fait de nos voisins d'outre-Manche le type le plus pur, comme une épreuve avant la lettre, de la race anglo-saxonne. Il prit fort gaiement son parti d'insultes qui lui furent lancées par des gens en voiture, un jour qu'il se rendait à pied à des courses, mais jamais il ne put se faire à cette invincible froideur des âmes qui jetait à chaque instant je ne sais quelle douche glacée sur son affabilité spontanée et ardente. Malgré tout, Karamzine ne quitta Londres qu'avec son avant-dernière guinée. Il s'embarqua en septembre 1790, à la fois heureux de rentrer chez lui et malheureux d'avoir épuisé son programme. Après avoir subi les fatales bourrasques de l'équinoxe et du Sund, il put bientôt saluer d'un cri de triomphe la lointaine silhouette de Kronstadt miroitant au bout de l'horizon.

Tel est, retracé à grands traits, le cadre du voyage d'instruction et de distraction que Karamzine, de sa vingt-troisième à sa vingt-quatrième année, entreprit à travers la civilisation de l'Europe centrale et septentrionale. Toutefois, il n'avait pas été seul à goûter les joies de cette longue école buissonnière dirigée par le meilleur des Mentors : une précoce raison. C'était en effet la plume aussi à la main que notre jeune Russe voyageait, et les quelques heures de loisir qu'il arrachait çà et là aux tentations sans cesse renaissantes, parfois même aux lassitudes de sa curiosité, il les employait à transformer en lettres les notes fugitives qu'il avait jetées instantanément sur son carnet. Les heureux destinataires de ces lettres étaient surtout les Plechtchéiève, avec lesquels Karamzine était très lié depuis quatre ou cinq ans et auxquels son mariage devait un peu plus tard l'attacher par des liens fraternels. Une fois de retour à Moscou, et installé au milieu d'eux, dans leur maison de la Tverskaia, il revit ses improvisations épistolaires, afin de les publier dans le *Journal de Moscou*, qu'il venait de fonder avec quelques-uns de ses amis et qu'il allait alimenter, non seulement en qualité de touriste, mais aussi comme poète, romancier et traducteur. Nous nous permettrons de conjecturer que le texte primitif des lettres dut subir à ce moment d'importantes retouches. S'il en était autrement, nous ne pourrions que féliciter l'auteur d'être arrivé du premier coup, au milieu même du jaillissement tumultueux de ses pensées, à cette ordonnance si régulière, à cette clarté méthodique et sans effort visible, à cette élégante possession de soi-même qui exclut presque jusqu'à la moindre redite.

Quel qu'ait été alors le travail de transvasement et d'épuration destiné à donner aux *Lettres d'un voyageur russe* leur forme définitive, il est certain en tout cas qu'elles firent littéralement fureur. A la fin du règne de Catherine II, il n'existait encore que fort peu de recueils périodiques dans le genre du *Journal de Moscou*; c'était une première raison pour que tous les regards se tournassent vers l'unique point d'où filtraient les premiers rayons de la lumière. Ces rayons de lumière apportaient d'ailleurs à la société russe la révélation d'un monde nouveau. Ils lui permettaient de prendre comme une première vision de cette Europe merveilleuse placée au-delà des marais de la Pologne et des pinèdes de la Prusse, dans la région des rêves insaisissables. Sans doute la femme de génie qui régnait alors sur l'immense Empire des tzares avait bien pu attirer à sa Cour, sur des ponts d'or enguirlandés de flatteries, quelques-uns des grands hommes dont Pierre-le-Grand avait été trouver les prédécesseurs à domicile. Mais ces fantaisies d'une souveraine, prodigue en tout genre, n'avaient fait qu'irriter l'impatience publique. Karamzine déchirait le voile interposé entre la classe éclairée de la nation russe et le reste des Européens. L'attrait même de son sujet lui assurait à l'avance le succès. La diversité piquante de ses observations et les autres mérites de son œuvre achevèrent de lui conquérir tous les suffrages.

Le résultat obtenu peut se mesurer au nombre des éditions qui ne tardèrent pas à se succéder. Dès 1797, les *Lettres* commencèrent à paraître en volumes. « Je voulais beaucoup changer à cette nouvelle publication, » dit l'auteur dans son avant-propos, « je n'y ai presque rien changé ». Toutefois le Ve et avant-dernier tome de cette édition in-16, édition *princeps*, est daté de 1801. Il avait donc dû y avoir une certaine interruption entre le commencement et la fin. Presque parallèlement à cette réimpression de l'original, se produisit une traduction en allemand, préparée sous les yeux de Karamzine par un certain Johann Richter, et qui, vers 1800, se vendait à Leipzig chez Friedrich Hartknoch. D'autres éditions russes, d'un format plus ample et d'une typographie plus soignée [1], portent le millésime de 1803, 1804, 1814, 1820, 1834 et 1848. Celle de 1848, qui forme un ensemble de 790 pages, fait partie de la collection de M. Smirdine. Enfin, l'année dernière précisément (1884), par une étrange coïncidence, deux librairies ont eu simultanément l'idée de présenter de nouveau l'ouvrage au public, qui l'oubliait peut-être un peu pour des peintures d'un coloris plus moderne. Par malheur, M. Léon Polivanove, l'auteur de l'excellente notice qui ne dépasse pas encore 1801, n'a reproduit que des fragments de ces lettres. M. Souvorine, lui du moins, les a publiées intégralement en deux parties dans sa bibliothèque populaire, et il a eu la bonne fortune de pouvoir les faire précéder d'une petite étude écrite par le savant M. Bouslaïève. Nous-mêmes, en France, nous avons eu depuis longtemps, sans le savoir, la possibilité de faire connaissance avec Karamzine, Parisien de passage. A l'occasion en effet de son premier centenaire, un ami des lettres et de

---

[1] Nous avons pu en feuilleter quelques-unes à la Bibliothèque impériale de Péterbourg, grâce à l'obligeance de son directeur, M. l'académicien Bytchkove.

notre pays, M. de Porochine, a publié, en 1867, à Paris, une traduction de son *Voyage*. Une préface fort élogieuse et divers commentaires placés çà et là attestent le zèle que M. de Porochine avait apporté à son travail. Pourquoi faut-il qu'il ait passé à peu près la moitié des lettres, et surtout qu'il ait cru partout devoir émonder, resserrer, dénaturer en un mot le texte qu'il avait sous les yeux ? Au lieu d'une façon de voir et de dire essentiellement personnelle, il n'est plus resté, grâce à ce système de condensation, qu'une phraséologie sans accent propre, sans relief quelconque, le style enfin de tous ceux qui n'en ont pas.

La traduction que nous offrons au public (nous ne parlerons pas des quelques notes que nous avons ajoutées) se distingue de celle de M. de Porochine, et c'est là sa seule raison d'être, par la résolution que nous avons prise de ne supprimer ni une lettre ni une phrase, à l'exception toutefois de quelques rares passages, d'une nature exclusivement intime, sinon d'apparence un peu oiseuse, et dont, en tout cas, nous avons toujours eu grand soin d'indiquer la place exacte, ainsi que le sens. En revanche, nous avons restreint notre cadre, en nous bornant au voyage de Karamzine en France. C'est aux Allemands, aux

Suisses et aux Anglais à prendre leur bien où ils le trouveront facilement. Lorsque nous aurons dit que c'est seulement le tiers des *Lettres* que nous présentons dans cet in-12, on comprendra notre réserve. Quant au style, nous nous sommes appliqué à en suivre du plus près possible le contour précis, sans chercher à rien atténuer même de ce qu'on pourrait en appeler les défauts. Au reste, hâtons-nous de le dire, le style de cet ouvrage, qui contribua puissamment à son succès, qui fut le premier modèle en Russie d'une langue vraiment classique, quelque chose d'analogue aux *Lettres* de Guez de Balzac, ou plutôt au *Discours de la Méthode*, ce style n'a guère de défauts, abstraction faite des écarts d'imagination qu'il convient de laisser au compte de l'homme lui-même. Il a pour trait caractéristique une limpidité simple et aimable qui rend aisée la tâche du traducteur. La pensée y apparaît sous les mots avec une netteté telle qu'on la saisit sans beaucoup d'efforts. L'école en somme à laquelle appartient Karamzine est celle qui possède l'art de dire beaucoup avec un très petit choix de vocables et qui n'a pas besoin d'aller chercher dans les bas fonds d'un dictionnaire savant ou dans l'argot du jour la menue monnaie d'une idée incertaine, absente, ou banale. La transparence avec laquelle nous apercevons l'âme même du narrateur fait songer involontairement à une belle statue sans prétention et presque sans voiles. Sa phrase ne provoque jamais la comparaison avec un matamore s'évertuant à dissimuler son néant intellectuel sous les plis insolents de sa cape et les soubresauts de sa rapière. Lorsque, plus tard, la langue russe aura été inscrite à son tour sur nos programmes scolaires, ne fût-ce qu'à titre facultatif, nous ne voyons guère d'œuvre plus convenable à mettre entre les mains de commençants qu'il s'agit avant tout de ne pas rebuter par d'inutiles difficultés grammaticales et par ces bonds capricieux de la pensée qui sont comme le cachet propre du mauvais goût, j'allais dire sa marque de fabrique.

Le lecteur jugera par lui-même la valeur historique et morale des *Lettres*. Assurément elles ne suffiront pas pour conquérir aussi chez nous à Karamzine le titre d'historien, et il aura assez peu ajouté à ce que nous savons sur notre passé national. Il convient toutefois de reconnaître qu'il nous a laissé un tableau de Paris en 1790, composé sans doute un peu comme une mosaïque, tout à fait de seconde main et peu sûr en ce qui concerne l'archéologie, mais improvisé, en revanche, d'une main alerte et à l'aide d'un pinceau qui est celui d'un coloriste. Incontestablement, il y a là un document de valeur pour l'histoire ou la description de notre grande ville à un moment donné. Sachons aussi gré à notre hôte, qui ne s'est jamais dérobé au devoir de nous dire la vérité, fût-elle amère, d'avoir jugé avec tant de sang-froid et de bon sens cette Révolution française dont il ne fit qu'entrevoir les débuts, mais dont, sur ces premiers symptômes, il ne crut pouvoir augurer rien de bon. Il avait pourtant apporté avec lui, outre un admirable fonds d'optimisme poétique, une forte provision d'illusions politiques et sociales, empruntées à nos écrivains les plus illustres. Le premier choc avec la réalité suffit pour détruire l'enchantement. Il n'y a rien de tel que de considérer d'un peu près un gouvernement dit d'opinion publique pour être promptement dégoûté du système et surtout de ceux qui l'exploitent. Karamzine ne fut pas longtemps la dupe des hommes ou des choses. Qu'eût-il éprouvé, qu'eût-il écrit, si, au lieu de venir à Paris en 1790, il y fût venu, comme l'Anglais John Moore, par exemple, en 1792[1]? Au-

[1] Ce *Voyage* a paru aussi dans la *Revue de la Révolution*.

jourd'hui que la lutte est plus ardente que jamais sur ce terrain, que les uns étalent avec un aveugle acharnement toutes les misères de l'ancien régime, tandis que les autres persistent à ne voir dans 1789 que le germe empoisonné et fatal de la Terreur, il est doux de rencontrer un jeune étranger de vingt-quatre ans, qui, témoin oculaire et fortuit de quelques scènes de cette époque si profondément troublée, garde, en dépit de sa disposition à l'enthousiasme, assez d'impartialité pour tenir la balance égale entre la monarchie à l'agonie et la démocratie au berceau, entre ses aspirations secrètes et la vérité des faits, et qui, finalement, pense déjà de la Révolution à peu près ce que, selon toute vraisemblance, en pensera la postérité, *sine irâ et studio*.

Peut-être trouvera-t-on quelquefois l'écrivain plus lyrique qu'il ne convient à un observateur. Nous ne songerons pas à nous en fâcher. Ce souffle printanier ne nuit jamais à la bonne foi de sa narration, et il y ajoute je ne sais quel charme dont l'à-propos aujourd'hui semble plein de délices. Il n'y a pas à en défendre Karamzine, il est disciple de Rousseau, et disciple très convaincu, à ce moment de sa vie. Assurément, Rousseau, qui n'est guère à la mode de nos jours, s'est montré fort grand ami du paradoxe, et sa façon de pratiquer la morale vulgaire a justement fait tort à l'autorité de ses recommandations, de ses conseils les plus philanthropiques. Plût au ciel cependant qu'à l'heure présente nous n'en fussions encore, en fait de littérature pernicieuse, qu'au *Devin du Village* et à la *Nouvelle Héloïse!* Par malheur, des *impresarii* de mauvaise librairie, pour qui les lettres ne sont qu'un prétexte, ont depuis un quart de siècle étrangement perverti l'imagination publique. Le réalisme mercantile, pour appeler l'hydre par son nom, a tué net la poésie. Il s'est fait comme une nuit, pleine d'angoisses, dans le monde moral. Une désillusion hautaine et précoce, parfois affectée, ce qui est le signe le plus grave, est venue marquer ou confirmer de la manière la plus douloureuse la flétrissure des jeunes âmes. Ajoutez à cela un parti-pris de frivolité à outrance, le dédain railleur de tout sérieux et de toute foi, l'habitude de jongler avec les idées en se moquant de soi-même en même temps que des autres, de traiter dans le langage de Mascarille ou de Pasquin les questions de l'ordre le plus élevé, et vous aurez réuni les principaux phénomènes morbides qui caractérisent notre démocratie inquiète et corrompue. C'est contre cette diathèse néfaste de l'esprit contemporain que Karamzine nous offre un excellent antidote. Avant tout, il est bon et sincère. L'air qu'on respire autour de lui est un air frais, pur et sain. Mieux que personne il enseigne, comme sans s'en douter, l'art d'être jeune, cet art qui est peut-être encore après tout la meilleure recette pour rester naturellement honnête. Plus d'un même de ses jeunes concitoyens pourra le relire avec fruit, en ce temps de désenchantement « scientifique » et de nihilisme de convention. Nous ne croyons pas en tout cas qu'on ait jamais écrit un meilleur guide du Russe à Paris, et nous serions heureux qu'on vînt toujours chez nous, des bords de la Néva ou de la Moskva, avec des intentions aussi sérieuses.

Quant à la biographie ultérieure de Karamzine, c'est assez que nous ayons fait connaître l'homme et surtout qu'il se fasse connaître luimême, tel qu'il était au moment, où, pour la première fois, et avec un naturel si parfait, il livra au public comme la fleur de son *moi*. Nous n'avons pas à raconter ici le reste de sa vie, qui fut à la fois des plus laborieuses et des plus enviables. Pendant que ses fictions romanesques, entre autres, *Natalie, la fille du Boyard*, ou *la malheureuse Lise*, faisaient leur chemin dans le monde, la fantaisie du poète s'épanchait de toutes parts et sous toutes les formes. Cette incessante activité en vers et en prose ne l'empêcha pas de continuer à s'occuper passionnément des littératures étrangères et des moyens les plus propres à en répandre le goût dans sa patrie. A cet égard, Karamzine, qui avait déjà eu le mérite de dégager la vieille langue russe du moule des formules surannées et pédantesques, Karamzine, dis-je, aura encore été en Russie l'initiateur d'un vaste et fécond renouvellement intellectuel. Au commencement de ce siècle, il s'engagea enfin et définitivement dans la voie où il devait rencontrer une célébrité assez semblable à la gloire. Après s'être marié au gré de son cœur, et avoir fondé le *Messager de l'Europe* (*Viestnike Évropy*), qui vit encore et se porte fort bien, il se voua pour toujours aux études historiques. Le premier canevas de l'œuvre magistrale qu'il projetait fut soumis en 1811 au tzare Alexandre Ier qui en goûta assez médiocrement, il faut bien le dire, l'inspiration générale et les tendances. Par un singulier renversement des situations, le souverain craignait que l'historien ne montrât un attachement excessif pour le passé et trop de répugnance pour l'esprit de réforme qui chez lui s'alliait étroitement au mysticisme. Le travail n'en fut pas moins encouragé d'un côté et poursuivi de l'autre. Malheureusement l'invasion française et l'incendie de Moscou, au milieu duquel s'engloutit la bibliothèque de l'infatigable travailleur, retardèrent l'apparition de l'*Histoire de l'Empire russe*. Ce fut seulement en 1818 qu'elle vit le jour, et le succès fut immédiat autant qu'unanime. Il n'existait encore aucune œuvre du même genre dans la littérature russe, et l'érudition, le patriotisme, l'éloquence avaient collaboré d'une manière à peu près égale à celle-ci. Doté d'une pension de cinquante mille roubles et vivant le plus souvent à Tzarskoié-Sélo, presque dans l'intimité de la famille impériale, l'historiographe de la Russie passa ses dernières années dans la pleine possession de tous les biens qui composent d'ordinaire le bonheur humain. Ce bonheur, il est vrai, ne dura pas aussi longtemps qu'il aurait pu durer. Karamzine mourut en effet le 22 mai 1826, au moment où, par l'ordre de Nicolas Ier, l'on équipait un vaisseau qui devait l'emmener soit en Italie, soit en Provence, pour y rétablir sa santé depuis longtemps languissante. Ses restes mortels furent déposés à la laure[1] d'Alexandre Nevskii, où, plus tard, vinrent les rejoindre ceux de Joukovskii. Un monument modeste a perpétué son souvenir sur les lieux mêmes où s'étaient écoulées ses premières années, au faîte de la haute colline où Simbirske se dresse entre le Volga et son affluent la Sviaga.

[1] On appelle ainsi : (*lavra*, du grec λαυρος, ample) les trois principaux monastères de la Russie.

VOYAGE EN FRANCE

Strasbourg, 6 août 1789.

A travers de larges et vertes plaines, — où l'opulente Nature épanche dans les vergers et dans les champs toute l'exubérance de sa fécondité, et, dans une coupe écumeuse, présente au mortel le breuvage de l'enthousiasme et d'une douce joie, j'arrivai de Manheim à Strasbourg, hier, à sept heures du soir.

Quel agrément, quelle gaieté on éprouve à passer d'un pays dans un autre, à voir de nouveaux objets, grâce auxquels il semble que notre âme elle-même se renouvelle, et à goûter cette inappréciable liberté de l'homme qui lui permet de s'appeler justement le roi de la création terrestre! Tous les autres animaux, étant comme attachés à de certains climats, ne peuvent sortir des limites que leur ont assignées la Nature, et meurent là où ils sont nés. L'homme, au contraire, par la force de sa puissante volonté, erre de région en région, cherche partout des jouissances et les trouve, devient partout l'hôte aimé de la Nature, qui lui ouvre en tout lieu de nouvelles sources de satisfaction, et partout se réjouit de son existence, en bénissant sa qualité d'homme.

Et quelle sagesse dans ces liens de la société, grâce auxquels je trouve dans chaque pays toutes les commodités possibles de la vie, comme si elles avaient été inventées exprès pour moi; grâce auxquels les habitants de toutes les contrées m'offrent les fruits de leurs travaux, de leur industrie et m'invitent à prendre part à leurs distractions, à leurs amusements!

En un mot, mes amis, voyager, c'est alimenter son esprit et son cœur. Que l'hypocondriaque voyage donc, afin de se guérir de son hypocondrie! Que le misanthrope voyage, afin de se mettre à aimer l'humanité! Voyage enfin quiconque le peut!

A la frontière, notre postillon s'arrêta. « *Vous êtes déjà en France, Messieurs* »[1], nous dit un homme mal vêtu après s'être approché de notre voiture, « *et je vous en félicite* ». C'était un douanier, qui, pour son compliment, voulait nous soutirer quelques piécettes d'argent français.

Partout, en Alsace, il y a de l'agitation. Des villages entiers prennent les armes, et les paysans cousent des cocardes à leurs chapeaux. Les maîtres de poste, les postillons, les femmes du peuple parlent de la révolution.

A Strasbourg commence une nouvelle insurrec-

---

[1] Nous prendrons l'habitude de donner en italiques tous les mots qui se trouvent en français dans le texte russe.

tion [1]. La garnison tout entière de la ville se mutine. Les soldats, qui n'obéissent plus aux officiers, boivent sans payer dans les auberges, vont et viennent dans les rues en faisant du tapage, insultent leurs chefs, etc. Sous mes yeux, une troupe de soldats ivres a arrêté un prélat allant en voiture, et l'a forcé à boire de la bière dans la même cruche que son cocher, à la santé de la nation. Le prélat pâlit un peu de peur, et d'une voix tremblante répéta : « *Mes amis, mes amis !* » — « *Oui, nous sommes vos amis,* » crièrent les soldats ; « *bois donc avec nous !* » Les cris dans les rues ne cessent pas, pour ainsi dire. Mais les habitants se bouchent les oreilles et vaquent tranquillement à leurs affaires. Les officiers sont assis à la fenêtre, et sourient en regardant les mutins. — Je viens d'aller au théâtre et je n'ai rien remarqué chez les spectateurs que de la joie. Les jeunes officiers passaient d'une loge à l'autre, et applaudissaient de tout cœur avec leurs mains pour tâcher d'étouffer le vacarme des séditieux ivres, qui, trois fois, a jeté le trouble parmi les acteurs en scène.

Cependant, dans les environs même de Strasbourg des bandes de brigands pillent les monastères [2]. On

[1] La première avait eu lieu le lundi 21 juillet et s'était terminée par le pillage de l'Hôtel de Ville auquel assista et qu'a raconté Arthur Young. Karamzine n'arriva que pour l'émeute militaire qui suivit. Mais il avait entendu à Darmstadt le 1er août, en dînant à table d'hôte, le récit des désordres du 21 fait par un Strasbourgeois qui en avait été témoin. — Voy. sur ces scènes *Strasbourg pendant la Révolution*, par E. Seinguerlet; Paris, 1881, p. 1-30.

[2] « Au mois de juillet 1789, une bande furieuse s'était portée devant la maison du receveur du chapitre de Murbach à Saint-

raconte que dans les villages il est venu un individu qui s'est donné pour le comte d'Artois, et qui a excité les paysans au désordre en prétendant que le Roi donne au peuple pleine liberté jusqu'au 15 août, et que, jusqu'à cette date, chacun peut faire ce qu'il veut. Ce bruit a obligé le gouverneur à publier que, seule, une méchanceté infernale, digne d'un châtiment exceptionnel, avait pu répandre un pareil bruit.

*

L'église cathédrale de la ville est une majestueuse construction gothique, et sa tour est réputée la pyra-

Amarin ; elle l'avait sommé de livrer les titres qu'il conservait, et elle avait fini par tout saccager. Ce premier exploit enhardit la bande ; les gens mal famés du pays vinrent la grossir. Au nombre de plusieurs milliers d'individus, qui avaient fait arme de tout, les pillards se dirigèrent vers Cernay et par Uffholtz sur Guebwiller, qui était le lieu de résidence du chapitre de Murbach. On se représente aisément la consternation de la population. Ce fut le 27 juillet que les pillards commencèrent leur œuvre à Guebwiller. Nous ne décrirons pas, dans leurs hideux résultats, les scènes de plusieurs jours de dévastation. Un chanoine, que ses infirmités avaient empêché de se retirer, M. de Reichenstein, fut insulté, jeté par terre et foulé aux pieds. Les fenêtres du château abbatial volèrent en éclats, les portes furent enfoncées, les meubles les plus précieux furent brisés à coups de hache, les livres et les manuscrits furent jetés dans la rue ; en un instant la bibliothèque séculaire avait cessé d'exister... Les chanoines de Lautenbach, dans la vallée de Guebwiller, furent aussi l'objet de violences brutales. Il y eut des démonstrations plus ou moins tumultueuses contre le couvent de Murbach, contre l'abbaye de Munster et contre l'abbaye de Masevaux. Les chanoinesses de la dernière abbaye se retirèrent à Belfort, et les religieux de Murbach durent se réfugier à Colmar. » — *La persécution religieuse en Alsace de 1789 à 1801*, par l'abbé L. Winterer, Rixheim, 1876.

mide la plus élevée de l'Europe[1]. Quand on est entré dans l'intérieur de ce vaste temple, où il n'y a jamais de jour bien clair, il n'est pas possible de ne pas ressentir de la vénération. Mais, si l'on veut entretenir en soi ce noble sentiment, qu'on ne regarde pas les bas-reliefs des corniches et des colonnes, on y voit des figures allégoriques d'une bizarrerie qui prête à rire. Par exemple, des ânes, des singes et d'autres animaux ont été sculptés sous le costume monacal de différents Ordres ; les uns, avec un air important, font la procession ; d'autres font des cabrioles, etc... Sur un bas-relief on a représenté un moine avec une nonne dans une position très inconvenante. — Les vêtements liturgiques des prêtres et l'ornementation des autels tiennent du prodige. Imaginez-vous qu'un seul crucifix d'argent, donné à l'église par Louis XIV, vaut 600 mille thalers ! — Par un escalier tournant, composé de 725 marches, je suis monté presque au faîte de la tour, d'où l'on ne peut rien regarder en bas sans un certain effroi. Les gens dans les rues font l'effet d'insectes rampants, et la ville entière, à ce qu'il semble, pourrait être mesurée en un instant avec une aune[2]. Les villages autour de Strasbourg étaient à peine visibles. A plus de dix milles bleuissaient les montagnes. On dit que, par un temps très clair, il est possible d'apercevoir jusqu'aux cimes neigeuses des Alpes ;

---

[1] La flèche de la cathédrale de Strasbourg s'élève à 142 mètres au-dessus du sol.

[2] Le texte porte *archine*, mesure qui dépasse un peu sept décimètres.

mais je ne les ai pas aperçues, malgré toute la tension que j'ai donnée à mon regard. — L'horloge de cette tour, à cause de la variété de ses mouvements, passait autrefois pour une merveille de mécanique; mais il est probable que les fiers artistes de notre temps ne pensent pas de même [1]. — Parmi les cloches, dont la plus grande pèse 204 quintaux, on m'a montré celle qui s'appelle « d'Argent », laquelle pèse 48 quintaux et ne sonne, à ce qu'on m'a dit, que le jour de la Saint-Jean. On y conserve aussi une grande corne de chasse. On raconte qu'il y a quatre cents ans les Juifs de la ville voulurent en ouvrir les portes à l'ennemi, et convinrent de lui donner le signal avec cette corne. Le complot fut découvert; beaucoup de Juifs furent brûlés, beaucoup, ruinés, et les autres, chassés de la ville. En souvenir de ce complot heureusement déjoué, on sonne dans cette trompe deux fois chaque nuit. — Sur les murs du clocher, les voyageurs écrivent leurs noms, ou bien des vers, ou bien ce qui vient à l'esprit de chacun. Je trouvai même des inscriptions russes que voici : « Nous sommes venus ici, et nous avons été horriblement fatigués. — C'est haut ! — Bonjour, cher compatriote ! — Quelle vue ! »

Dans l'église luthérienne de Saint-Thomas, j'ai vu le monument en marbre du maréchal comte de Saxe [2],

---

[1] Il ne s'agit ici que de la vieille horloge construite au XVIe siècle par le mathématicien Dosypodius et les frères Habrecht. Celle de M. Schwilgué, qui est le chef-d'œuvre peut-être de l'art, de l'art au moins des complications, ne date que de 1842.

[2] Érigé en 1777.

œuvre célèbre du sculpteur Pigalle. Le maréchal, avec son bâton, descend les degrés d'un tombeau et regarde avec mépris la Mort qui lui ouvre un cercueil. A droite, deux lions et un aigle, dans le trouble et l'effroi, figurent les armées alliées vaincues par le comte, en Flandre. Du côté gauche, on a représenté la France sous la forme d'une très belle femme qui, avec tous les signes d'une vive douleur, cherche d'une main à le préserver et, de l'autre, écarte la Mort. Attristé, le Génie de la vie tourne sa torche vers la terre. De ce même côté, flottent les étendards victorieux de la France. — L'artiste a voulu qu'on admirât son talent ; de l'avis des connaisseurs, il a atteint son but. Moi, qui ne suis pas connaisseur, j'ai regardé les figures une première, une seconde, une troisième fois, mais mon cœur est resté aussi froid que le marbre dont elles sont faites. La Mort, sous la forme d'un squelette, habillé d'un manteau, m'a répugné. Ce n'est pas ainsi que les anciens la représentaient, et tant pis pour les artistes modernes qui nous effrayent avec de pareilles images! Sur le visage du héros, je voudrais voir une autre expression. J'aurais souhaité qu'il prêtât plus d'attention à la douleur de la France qu'à cet affreux squelette. En résumé, Pigalle, d'après moi, est un artiste de talent, mais un mauvais poète. — Au-dessous de ce monument, dans un caveau sombre, on a placé le cercueil où gît le corps embaumé du maréchal. Son cœur est enfermé dans une urne posée sur le cercueil. Ses entrailles ont été ensevelies dans la terre. Louis XV, soit par sensibilité, soit pour toute autre raison, ne voulut pas réaliser le dernier souhait du maréchal mourant, qui tendait à ce que son corps fût brûlé. « *Qu'il ne reste rien de moi dans le monde,* » dit-il, « *que ma mémoire parmi mes amis !* »

L'Université de la ville est presque aussi célèbre que celle de Leipzig ou de Gœttingen. Beaucoup d'Allemands et d'Anglais viennent s'y instruire. Seulement, parmi les professeurs strasbourgeois, il y en a très peu qui soient connus dans le monde savant comme auteurs [1]. On les appelle paresseux en comparaison de leurs collègues. Il se peut qu'ils soient plus riches que les autres. En Allemagne, c'est la pauvreté qui en pousse beaucoup à se faire auteurs.

Pour en finir avec la ville, je vous dirai qu'elle est très peuplée, mais que les rues sont très étroites et qu'on ne peut louer l'architecture des maisons.

La parure que les femmes portent sur la tête est tout à fait étrange. Après les avoir peignés et pommadés, elles assemblent leurs cheveux de devant et de derrière sur le milieu de leur tête, et attachent au sommet une petite couronne. Rien ne saurait être plus laid que cette parure.

En ce qui concerne l'allemand qu'on parle ici, il

---

[1] Karamzine, qui venait d'Allemagne, où on rabaissait sans doute les Alsaciens, n'était pas très au courant sur ce point. Il paraît même avoir ignoré qu'un certain nombre de ses jeunes compatriotes suivaient alors les cours de cette Université. M. A. Schricker (*Zur Geschichte der Universitaet Strassburg*, 1872, p. 53) en porte le nombre à 44, Livoniens compris, de 1785 à 1787. M. J. Krug-Basse (*L'Alsace avant 1789*, p. 295), ne parle que de 11.

est fort corrompu. Dans les meilleures sociétés, c'est toujours du français qu'on se sert.

..... Adieu, mes amis. Demain matin je porterai moi-même ma lettre à la poste. Adieu, jusqu'à Bâle.

P.-S. — On m'a dit que Lavater, il y a quelques jours, était à Bâle pour y voir Necker. Ici j'ai fait la connaissance d'un *magister*, homme très aimable, qui m'a conduit à l'Université, à l'amphithéâtre d'anatomie, au jardin botanique, et qui vient, au dîner ainsi qu'au souper, de boire à la santé des amis que j'ai laissés dans mon pays. Au souper, nous avons assisté à une dispute très vive entre officiers, sur le point de savoir ce que doit faire, dans les conjonctures actuelles, un honnête homme, Français et officier. « Mettre la main sur le fourreau de son épée, » disaient les uns, « et se tenir prêt à défendre la bonne cause. » — « Prendre sa retraite, » disaient les autres. — « Boire et se rire de tout, » murmura un vieux capitaine, après avoir vidé sa bouteille.

Bâle.

« Prenez bien garde, Messieurs ! » nous dit, à Strasbourg, un officier, lorsqu'avec les autres voyageurs j'eus pris ma place dans la diligence. « La route n'est pas sans danger; il y a en Alsace beaucoup de brigands. » Nous nous regardâmes les uns les autres. — « Quand on n'a pas beaucoup d'argent, on n'a pas peur des brigands, » dit un jeune Genevois, qui était venu avec moi de Francfort. « Moi, j'ai un coutelas et un chien, » dit un jeune homme en veste rouge. — « Qu'y a-t-il à craindre ? » nous écriâmes-nous tous. Nous partîmes et nous arrivâmes heureusement à Bâle.

L'Alsace est une très belle province. Les villes et les villages que nous avons traversés sont tous bien bâtis. Des deux côtés de la route s'étendent des champs fertiles. Les montagnes de la Lorraine, avec les ruines de leurs châteaux où chevaliers et brigands se sont succédé, présentent au regard je ne sais quoi de romantique, et donnent de la variété à l'aspect des larges plaines, fatigantes pour la vue. Ces montagnes s'éloignent de plus en plus et s'assombrissent de telle façon qu'on finit par ne plus rien voir d'elles, si ce n'est une ligne obscure. De l'autre côté, vers le Rhin, s'élèvent les crêtes noires des montagnes du *Schwarzwald* qui, à une distance incommensurable, limitent l'horizon. Auprès de la route, de temps en temps, on aperçoit des villages et de petits bois.

La poste française va beaucoup plus vite que la poste allemande. Le postillon (en veste bleue avec un collet rouge, et enfoncé dans des bottes qui auraient convenu à un géant atteint d'hydropisie) agite continuellement son fouet et oblige ses chevaux à aller au trot. Après six, neuf et douze verstes[1], on change d'attelage, et à chaque station il faut payer d'avance la taxe pour la poste, soit, en monnaie russe, une vingtaine de kopièkes par mille (*lieue*). Nous étions partis de Strasbourg à six heures du matin, et à huit heures du soir nous n'étions plus déjà qu'à trois verstes de Bâle, c'est-à-dire que nous avions parcouru en un jour vingt-neuf milles de France, soit quatre-vingt-sept verstes. Il nous fallut passer la nuit en cet endroit, parce qu'à huit heures juste les portes de Bâle se ferment et ne se rouvrent, jusqu'au matin, pour qui que ce puisse être [2].

[1] La verste égale 1066 mètres.

[2] Karamzine entrant ici en Suisse, nous sommes obligés de le quitter presque aussitôt après l'avoir rejoint au milieu de son voyage ; c'est en effet uniquement dans notre pays que nous nous proposons de le suivre. Toutefois, de même que nous venons de l'accompagner dans une province que de néfastes

Genève, 2 octobre 1789.

Quel est l'hôte de la République de Genève qui n'a pas considéré comme une agréable obligation d'aller à Ferney, qu'a habité le plus célèbre des écrivains de notre siècle ?

Je m'y rendis à pied avec un jeune Allemand. L'ancien château de Voltaire est construit sur un endroit exhaussé, à quelque distance du village de Ferney, d'où y conduit une belle allée. Devant la maison, sur la gauche, nous vîmes une petite église avec cette inscription : « Voltaire à Dieu [1]. »

« Voltaire fut un des plus constants adorateurs de la Divinité, » dit Laharpe dans son *Éloge* du sage de Ferney. « *Si Dieu n'existait pas, il faudrait l'inventer ;*

événements ont arrachée à la France, mais qui en 1789 était tout à fait nôtre, on nous permettra d'emprunter aux lettres écrites de Suisse par notre voyageur un passage relatif à Voltaire et à une de ses résidences, qui se trouve encore aujourd'hui sur notre territoire national.

[1] Plus exactement : *Deo erexit Voltaire.*

ce beau vers fut une des pensées de sa vieillesse, et c'est le vers d'un philosophe [1]. »

L'homme qui vint à notre rencontre se montra peu disposé à nous introduire dans la maison ; il disait que son maître, à qui l'héritière bien connue de Voltaire [2] a vendu ce château, ne voulait permettre à personne d'y entrer ; mais nous l'assurâmes de notre reconnaissance, et aussitôt s'ouvrit pour nous la porte du sanctuaire, c'est-à-dire des pièces où vécut Voltaire et où tout est resté tel que de son vivant. L'ameublement des chambres est bien et assez riche. Dans la pièce où se trouve le lit de Voltaire, on avait conservé son cœur, mais Mme Denis l'a emporté avec elle à Paris. Il n'est resté qu'un monument tout noir, sur lequel est écrit, au milieu : *Son esprit est partout et son cœur est ici*, et en haut : *Mes mânes sont consolés, puisque mon cœur est au milieu de vous*. Des portraits pendent aux murs : le premier est celui de notre Impératrice, brodé en soie, avec cette inscription : *Présenté à M. de Voltaire par l'auteur*. J'ai regardé ce portrait avec plus d'attention et avec plus de satisfaction que les autres. Le second est celui du feu roi de Prusse ; le troisième, celui de Lekain, célèbre acteur de Paris ; le quatrième, celui de Voltaire lui-même, et le cinquième, celui de la marquise du Châtelet, qui fut son amie et plus que son amie.

---

[1] Nous rétablissons le texte original, que Karamzine a un peu altéré ! Nous ferons de même, en pareil cas, toutes les fois que nous aurons pu retrouver le passage traduit.

[2] Madame Denis.

Parmi les gravures, je remarquai les portraits de Newton, de Boileau, de Marmontel, de d'Alembert, de Franklin, d'Helvétius, de Clément XIV, de Diderot et de Delille. Le reste des estampes et des tableaux n'a pas d'importance.

La chambre à coucher de Voltaire lui servait aussi de cabinet; c'est de là qu'il instruisait, touchait et divertissait l'Europe. Oui, mes amis ! Il faut avouer qu'aucun des écrivains du XVIIIe siècle n'a exercé autant d'influence sur ses contemporains que Voltaire. On peut dire à sa louange qu'il a propagé cette tolérance mutuelle en matière de croyances qui est devenue le caractère de notre époque, et surtout qu'il a confondu la hideuse hypocrisie, à laquelle encore au commencement du XVIIIe siècle on offrait de sanglants sacrifices dans notre Europe[1]. Voltaire écrivit pour des lecteurs de toute espèce, pour les gens instruits comme pour ceux qui ne l'étaient pas ; tout le monde le comprenait et tout le monde était captivé par lui. Personne mieux que lui n'excellait à faire ressortir le ridicule en toute chose, et aucune philosophie ne put résister à son ironie. Le public se rangeait toujours de son côté, parce qu'il lui procurait le plaisir de se moquer ! — Du reste, dans ses écrits, nous ne trouvons pas ces grandes idées que le Génie de la Nature, pour ainsi dire, inspire directement aux

---

[1] Toutefois je ne puis pas approuver Voltaire, lorsqu'il ne distingue pas de la superstition la vraie religion chrétienne, laquelle, suivant l'expression d'un de ses compatriotes, se trouve par rapport à elle, c'est-à-dire à la superstition, comme la justice par rapport à la chicane. — *Note de Karamzine.*

mortels élus ; mais ces idées aussi ne sont intelligibles que pour un petit nombre de personnes, et par cela même le cercle de leur action est très limité. Chacun aime à voir l'essor de l'alouette printanière ; mais qui oserait suivre du regard l'aigle planant vers le soleil ? Qui ne sent les beautés de *Zaïre* ? Mais *Othello* compte-t-il beaucoup d'admirateurs ? Celui qui lit et apprend par cœur des pages entières de Racine ne sait pas qu'il y a un Gœthe dans le monde.

La situation du château de Ferney est si belle que je ne suis pas sans porter envie à Voltaire. De ses fenêtres, il pouvait voir le Mont-Blanc en Savoie, la montagne la plus élevée de l'Europe [1], avec sa suite de masses neigeuses, et en même temps des plaines verdoyantes, des jardins et d'autres objets agréables. Le parc de Ferney a été dessiné par lui-même et témoigne de son goût. Ce qui m'a plu par-dessus tout, c'est une longue allée ; quand on y entre, il semble qu'elle aboutit aux montagnes mêmes. Une grande et limpide pièce d'eau sert de miroir aux grands arbres qui ombragent ses bords.

Tous les habitants de Ferney connaissent le nom de Voltaire. Assis sous les branches d'un châtaignier, j'y lus avec un intérêt tout particulier ce passage de l'*Éloge* de Laharpe [2] :

« Ses vassaux qui l'ont perdu, leurs enfants, héritiers de ses bienfaits, diront au voyageur qui se sera

---

[1] Karamzine se trompe au détriment de sa propre patrie ou du moins du Caucase, où l'Elbrous atteint 5,646 mètres.

[2] Nous donnons encore ici le texte même.

détourné pour voir Ferney : «Voilà les maisons qu'il a bâties, les retraites qu'il a données aux arts utiles [1], les terres qu'il a rendues à la culture et dérobées à l'avidité des exacteurs. Cette colonie nombreuse et florissante est née sous ses auspices et a remplacé un désert. Voilà les bois, les avenues où nous l'avons vu tant de fois. C'est ici que s'arrêta le chariot qui portait la famille désolée de Calas. C'est là que tous ces infortunés l'environnèrent en embrassant ses genoux. Regardez cet arbre consacré par la reconnaissance et que le fer n'abattra point ; c'est celui sous lequel il était assis, quand les laboureurs ruinés vinrent implorer ses secours qu'il leur accorda en pleurant et qui leur rendirent la vie. Cet autre endroit est celui où nous le vîmes pour la dernière fois. » — Et, à ce récit, le voyageur qui aura versé des larmes en lisant *Zaïre* en donnera peut-être de plus douces à la mémoire des bienfaits. »

Nous dînâmes à l'auberge de Ferney avec deux jeunes Anglais, et nous bûmes d'excellent vin de Champagne, en souhaitant la béatitude céleste à l'âme de Voltaire.

De Genève à Ferney, il n'y a pas plus de six verstes, et, à sept heures du soir, j'étais déjà chez moi [2].

---

[1] On sait que Voltaire accueillit chez lui à Ferney beaucoup d'artistes qui avaient été obligés de quitter Genève. — *Note de Karamzine.*

[2] Dans le courant du mois de janvier 1790, Karamzine retourna à Ferney avec un comte de Moltke, qui arrivait de Paris, et auquel se joignirent deux autres Danois, Baggesen

Village dans les montagnes du pays de Gex,
4 mars 1790, à minuit.

Nous sommes partis aujourd'hui de Genève après dîner, dans une voiture anglaise à deux places, que j'ai louée jusqu'à Lyon pour quatre louis d'or, plus un écu, et, par une route unie, très belle, nous nous sommes rapprochés du Jura. Tout mon chagrin s'est dissipé. Une gaieté calme, indéfinissable, une douce satisfaction l'a remplacé dans mon cœur. Jamais, jusqu'ici, je n'ai voyagé d'une façon aussi agréable, avec autant de confortable. Mon excellent compagnon, la voiture commode, le conducteur obligeant, le changement de lieux, la pensée de ce que je vais bientôt voir, tout cela m'a mis dans la plus heureuse disposition, et chaque nouvel objet a avivé ma joie. Becker [1] était aussi gai que moi. Notre cocher lui-

---

et Becker. — Nous laisserons maintenant Karamzine séjourner en Suisse pendant tout l'hiver et nous reprendrons son récit au moment où il en sortit.

[1] Becker était le jeune homme en veste rouge dont Karamzine avait fait la connaissance inopinée dans la diligence de

même était aussi heureux que nous. Quel beau départ !

A un endroit où la chaîne du Jura, il y a quelques milliers d'années, s'entrouvrit sur ses bases avec un craquement tel que peut-être les Alpes, l'Apennin et les Pyrénées en tremblèrent, nous entrâmes en France avec un horrible vent du nord et nous fûmes abordés par les douaniers qui, avec la plus grande politesse, nous dirent qu'ils étaient obligés de visiter nos effets. Je donnai à Becker la clef de ma malle, et j'entrai au cabaret. Là, devant la cheminée, étaient assis des « montagnards ». Ils me regardèrent avec fierté, et se retournèrent vers le feu ; mais, lorsqu'ils eurent entendu mon compliment : « *Bonjour, mes amis,* » ils soulevèrent leurs chapeaux, s'écartèrent et me firent place auprès du feu. Leur air sérieux m'amena à penser que des gens qui vivent au milieu des rochers, des précipices déserts, sous le tumulte des vents, ne peuvent avoir un caractère gai ; une sombre tristesse sera toujours le fond de leur personnalité, car l'âme de l'homme est le miroir des objets qui l'entourent.

Ce cabaret de frontière est une vivante image de la pauvreté. Deux pierres brutes, placées l'une sur l'autre, tiennent lieu de perron, et il faut les gravir comme une montagne des Alpes. A l'intérieur, rien

---

Strasbourg à Bâle. Depuis ce temps, ils ne s'étaient presque plus quittés. Becker avait pour père le pharmacien de la Cour à Copenhague. Il avait étudié la médecine et la chimie en Allemagne. D'ordinaire, il voyageait pédestrement avec son chien. C'est un mal de pied qui l'avait obligé en Alsace à renoncer à son mode de locomotion habituel.

absolument que des murailles nues, une très grande table et dix ou douze lourdes souches ou billots qualifiés de chaises; le sol est briqueté, mais défoncé presque partout. — Au bout de quelques minutes, Becker arriva et se mit à parler avec moi en allemand. Un vieillard, qui était assis derrière la table et mangeait du pain avec du fromage, tendit les oreilles, sourit et dit : *Deutsch, deutsch !* nous donnant à entendre qu'il savait dans quelle langue nous causions entre nous. « Ne vous étonnez pas » continua le vieillard, « j'ai servi plusieurs campagnes en Allemagne et dans les Pays-Bas, sous le commandement du vaillant maréchal de Saxe. Vous avez certainement entendu parler de la bataille de Fontenoy ; c'est là que j'ai été blessé au bras gauche. Voyez, je ne peux pas le soulever plus haut que cela. » — « Brave soldat ! » dis-je, après m'être approché de lui et avoir saisi sa main droite, « laisse-moi te regarder. » — L'invalide sourit. « Y a-t-il longtemps que tu es en retraite, bon vieillard ? » demanda Becker. — « Il y a trente ans, » répondit-il ; « c'est long, n'est-ce pas, seigneur ? Il y a bien du temps que mon général en chef repose sous la terre. » — « Nous avons vu son tombeau. » — « Vous avez vu son tombeau ? Où ? » — « A Strasbourg, mon ami. » — « A Strasbourg ! C'est loin d'ici ; je n'irai jamais jusque-là, mais j'aurais bien voulu rendre hommage à sa cendre. C'était un héros, Messieurs, — un général comme il n'y en a plus à présent, comme il ne peut plus y en avoir. Les soldats l'aimaient à l'égal d'un père. Il me semble

que je le vois encore maintenant. Quel regard !
Quelle voix ! Le jour de notre victoire, on le traînait
dans une charrette. Une cruelle maladie ne lui permettait pas de se tenir à cheval. Cependant il donnait des ordres, des encouragements, et nous
nous battîmes comme des lions, comme des désespérés. J'oubliai ma blessure et ne me laissai choir à
terre que lorsque toute notre armée, d'une voix unanime, proclama sa victoire et lorsque les ennemis
s'enfuirent loin de nous comme des lièvres effrayés.
Quelle journée ! Quelle journée ! » — Le vieillard
releva bien haut la tête, et parut en une minute rajeuni de plus de vingt années. Le nombre des rides
sur son visage usé avait diminué, ses yeux ternes
étaient devenus plus brillants, et le guerrier octogénaire, avec sa lourde béquille, était tout prêt à marcher contre les armées coalisées de l'Europe entière.
Je demandai du vin, lui en versai un verre, et dis :
« A la santé des braves vétérans qui ont bien mérité
de la patrie ! » — « Et des jeunes voyageurs ! » ajouta
le vieillard avec un sourire, et il vida son verre jusqu'au fond. Nous apprîmes de lui qu'il vivait chez un
petit-fils dans un des villages de la montagne, qu'il
allait faire visite à un autre, et qu'il était entré au
cabaret pour prendre un peu de repos. Sur ces entrefaites, il nous fallut partir. J'aurais eu bien envie de
lui donner un écu, mais je craignis de blesser la
noble fierté de ce vieux héros. Il nous conduisit jusqu'au seuil et cria aux douaniers : « J'espère, Messieurs, que vous avez été polis avec ces seigneurs

étrangers ! » — « Certainement ! » répondirent-ils en riant, et ils nous souhaitèrent un heureux voyage, sans nous demander la moindre menue monnaie.

Nous cheminâmes longtemps au milieu des éboulements du Jura qui, des deux côtés de la route, s'élevait comme une muraille de granit, et, sur ces rochers effrayants, au-dessus de nos têtes, le long d'étroits sentiers, allaient et venaient des gens, courbés sous de lourds fardeaux, ou poussant devant eux des bêtes de somme. On ne saurait sans effroi lever les yeux jusqu'à eux ; il semble qu'à tout moment ils sont près de tomber. On nous arrêta à la première forteresse française, le Fort-de-l'Écluse, qu'on peut appeler inaccessible, parce que de tous côtés il est entouré d'abîmes et de talus abrupts. Cent hommes peuvent défendre ce fort contre dix mille ennemis. La garnison locale se compose de 150 invalides, sous le commandement d'un vieux major, qui devait inscrire son visa sur notre passeport. J'ai oublié de vous dire qu'on m'en a donné un à Genève ainsi conçu :

« Nous, syndics et Conseil de la ville et République
« de Genève, certifions à tous ceux qu'il appartiendra
« que Monsieur Karamzine, âgé de vingt-quatre ans,
« gentilhomme russe, lequel allant voyager en France,
« afin qu'en son voyage il ne lui soit fait aucun dé-
« plaisir ni moleste, Nous prions et affectueusement
« requérons tous ceux qu'il appartiendra et auxquels
« il s'adressera de lui donner libre et assuré passage
« dans les lieux de leur obéissance, sans lui faire ni

« permettre être fait aucun trouble ni empêchement,
« mais lui donner toute l'aide et l'assistance qu'ils
« désireraient de nous envers ceux qui de leur part
« nous seraient recommandés. Nous offrons de faire
« le semblable toutes les fois que nous en serons re-
« quis. En foi de quoi nous avons donné les présentes
« sous notre sceau et seing de notre secrétaire, ce
« premier mars mil sept cent quatre-vingt-dix.

« Par mesdits seigneurs, syndics et Conseil,

« Puerari. »

De cette façon, si quelqu'un en France m'offense, j'ai le droit d'en porter plainte à la République de Genève, et elle est obligée de prendre ma défense ! Mais ne vous imaginez pas que les « magnifiques syndics » m'aient donné cette pièce par une faveur particulière. N'importe qui peut obtenir un pareil passeport.

A la nuit, nous arrivâmes à l'endroit qu'on appelle la « Perte du Rhône ». Nous sortîmes de la voiture et nous voulûmes descendre au bord du fleuve ; mais notre excellent cocher ne nous le permit pas, nous assurant qu'un seul pas malencontreux pouvait nous coûter la vie. Pas bien loin de la route brillait un feu. Nous trouvâmes là une toute petite maison, à la porte de laquelle nous frappâmes. En moins d'une minute, parurent six ou sept hommes qui, après avoir appris ce que nous voulions, se munirent de lanternes et nous conduisirent, ou, pour mieux parler, nous entraînèrent en bas, à travers pierres et rochers. A la faible lueur des lanternes, nous aperçûmes un lieu d'une sauvagerie horrible. Le vent mugissait, le fleuve mugissait, et tout cela réuni composait je ne sais quel spectacle dans le goût d'Ossian. Des deux côtés, des rangées d'énormes blocs de pierre resserrent le Rhône qui coule avec une rapidité et un vacarme épouvantables. Enfin ces murailles en saillie se rencontrent, et le fleuve disparaît entièrement sous elles ; on n'entend plus que le bruit de son cours souterrain. On peut aller et venir, sans aucune espèce de danger, sur les rochers qui forment au-dessus de lui une voûte élevée. A quelques sagènes [1] plus loin, il s'échappe d'un tourbillon d'écume, s'élargit peu à peu, poursuit sa course avec un peu moins d'impétuosité, et devient clair entre ses rives. — Nous restâmes là environ quarante minutes, puis nous retournâmes à la voiture, non sans avoir fait cadeau de quelque monnaie à nos six guides [2].

Après avoir parcouru encore quatre verstes, nous nous arrêtâmes dans un pauvre petit village pour y passer la nuit. A l'auberge, on nous donna une chambre très bonne et très proprement arrangée ; on apporta du feu dans la cheminée, et, en moins d'une heure, on nous apprêta un souper consistant en six

---

[1] La sagène correspond à sept pieds environ, exactement à 2 mètres 13 centimètres.

[2] En souvenir de cette scène nocturne, je garde plusieurs pierres brillantes, trouvées auprès de l'endroit où disparaît le Rhône. — *Note de Karamzine.*

ou sept plats avec dessert. En bas, les habitants de la montagne se divertissaient et chantaient leurs chansons rustiques [1], qui, jointes au bruit du vent, jetèrent mon âme dans la tristesse. Je prêtai l'oreille aux mélodies, et j'y trouvai quelque chose d'analogue à nos chansons populaires, si touchantes pour moi. Chantez, montagnards, mes amis, chantez, et, par le charme de l'harmonie, adoucissez les douleurs de l'existence ! car, vous aussi, vous avez des chagrins, auxquels l'homme pauvre ne peut se dérober derrière aucune montagne, derrière aucun abîme ! Dans votre sauvage contrée aussi l'ami pleure son ami, le fiancé sa fiancée. — La maîtresse de l'auberge nous a raconté l'anecdote suivante :

Toutes les jeunes filles de ce village-ci jetaient leurs regards sur l'aimable Jean ; tous les jeunes garçons n'avaient d'yeux que pour la gracieuse Lisette. Jean, depuis sa première enfance, avait aimé uniquement Lisette. Lisette aimait uniquement Jean. Leurs parents encourageaient cette tendre inclination mutuelle, et les heureux amants espéraient être bientôt unis à jamais. Un jour, en se promenant ensemble dans les montagnes avec d'autres jeunes gens, ils

---

[1] Karamzine, se trouvant en présence de Français perdus dans les replis du Jura, est déjà frappé de leurs chants et de leur gaieté. Cette impression, qui persistera, est d'autant plus à noter qu'elle concorde parfaitement avec celle du Dr Rigby à Lille (1789), de John Moore (1792), de Willebrandt (1756), de Mme Laroche (1785), etc... On chercherait en vain aujourd'hui quelque chose de ce contentement, qui n'était pas feint, là où a pénétré « la pensée moderne », sous forme de socialisme et de grève.

arrivèrent au bord d'un effroyable abîme. Jean saisit Lisette par le bras et lui dit : « Éloignons-nous ! Cela fait peur ! » — « Poltron ! » lui répondit-elle en souriant. « N'es-tu pas honteux d'avoir peur ? La terre est solide sous nos pas. Je veux jeter là un coup d'œil. » Elle dit, et, s'échappant de ses bras, elle s'approcha de l'abîme. A l'instant même des pierres roulèrent sous ses pieds. Elle poussa un grand cri, voulut se rattraper, mais n'y parvint pas. La montagne craqua, tout s'écroula, l'infortunée fut entraînée dans le gouffre et périt ! Jean voulait se jeter après elle, ses jambes fléchirent sous lui, il tomba à terre privé de sentiment. Ses camarades pâlirent d'effroi. Ils crièrent : Jean ! Jean ! Mais Jean ne répondit pas. Ils le poussèrent, mais il resta silencieux. Ils approchèrent la main de son cœur, il ne battait pas. Jean était mort ! On retira Lisette du précipice, son crâne était fracassé, son visage... Mais mon cœur frissonne. Le père de Jean entra dans un couvent. La mère de Lisette mourut de chagrin. Je ne puis en écrire davantage. Adieu.

6 mars 1790.

A cinq heures du matin, nous partîmes hier de notre village dans les montagnes. Un vent épouvantable menaçait à tout moment de renverser notre voiture. De tous les côtés nous étions environnés de précipices dont chacun me rappelait Lisette et Jean, — précipices au fond desquels on ne peut regarder sans terreur. Et cependant j'y regardai, et, dans cette terreur, je trouvai je ne sais quel inexplicable plaisir, qu'il faut attribuer à une disposition personnelle de mon âme. Le bord de chaque abîme est entouré de rocs aigus, mais le long de la profondeur ou tout en bas on voit un très beau gazon arrosé par des cascades. Des boucs téméraires descendent jusque-là et broutent la verdure. Dans d'autres endroits, sur le faîte de rochers, l'herbe couvre les tristes restes de vieux châteaux du temps de la chevalerie, jadis inabordables. Là, la déesse de la Mélancolie, dans son manteau de mousse, est assise silencieusement sur les ruines, et de ses yeux immobiles contemple le cours des siècles qui, l'un après l'autre, ne font que passer dans l'éternité, laissant à peine une ombre distincte sur le globe terrestre. — Ces pensées, ces images se présentaient à mon âme, et pendant des heures entières je demeurai assis tout rêveur, sans même dire un seul mot à mon cher Becker.

La route, dans ces lieux sauvages, est assez large pour que deux voitures puissent aisément passer de front. Il a fallu percer des montagnes entières de rochers afin de la continuer. Jugez un peu des terreurs, du travail et des millions qu'elle a coûtés ! C'est de cette manière que la civilisation d'une nation laborieuse et politique consacre, pour ainsi dire, son triomphe sur la Nature, et que les barrières de granit s'émiettent comme de la poussière sous la hache de l'homme tout puissant, qui, derrière les abîmes et les montagnes, cherche des êtres moraux semblables à lui pour leur dire avec un sourire fier : « Et moi aussi je vis dans le monde ! »

Enfin j'étouffai dans la voiture, j'en sortis et j'allai à pied loin, bien loin en avant. Dans un bois je rencontrai quatre jeunes femmes habillées en amazones, avec une robe verte et un chapeau noir, toutes blondes et très jolies de figure. Je m'arrêtai et les regardai avec étonnement. Elles aussi me regardèrent, et l'une d'elles me dit avec un sourire malicieux: « Prenez garde à votre chapeau, monsieur. Le vent pourrait l'emporter. » Alors je me rappelai que je devais ôter mon chapeau et saluer ces jeunes beautés. Elles se mirent à rire et passèrent. — C'étaient des Anglaises qui voyageaient ; une voiture à quatre place les suivait. Du reste, nous ne rencontrâmes que fort peu de passants.

Hier soir, nous descendîmes dans de vastes plaines. J'en ressentis une certaine joie. Pendant longtemps il ne s'était présenté à mes regards que d'immenses chaînes de hautes montagnes, et la vue de la terre plate avait quelque chose de nouveau pour moi. Je me rappelai la Russie, ma chère patrie, et il me sembla qu'elle n'était plus si loin. C'est ainsi qu'apparaissent nos champs, me disais-je, en m'abandonnant à cette rêverie sentimentale, c'est ainsi qu'apparaissent nos champs, lorsque le soleil printanier fait fondre leur vêtement de neige et germer les semailles d'automne, espoir de l'année courante ! — La soirée était très belle ; les vents de la montagne s'étaient tus ; une agréable chaleur s'échappait des rayons de l'astre en train de se coucher. Mais tout à coup il me vint à la pensée que mes amis pouvaient n'être plus de ce monde... Adieu toutes mes agréables impressions ! J'aurais voulu retourner dans les montagnes et y entendre le bruit du vent.

Dans les lieux les plus sauvages, dans les plus misérables villages, nous avons trouvé d'excellentes auberges, une table copieuse et une chambre propre avec une cheminée. Pour le dîner, habituellement on nous prenait, à tous deux, soixante-dix sous (environ un rouble vingt kopièkes) ; pour le souper et le coucher, quatre-vingts ou quatre-vingt-cinq sous, ce qui fait, dans notre monnaie, un rouble et demi. Deux choses principalement m'ont frappé dans les auberges françaises : la première, c'est qu'au souper on ne donne pas de soupe, par conséquent *on soupe sans soupe ;* la seconde, c'est que l'on met seulement sur la table des cuillers avec des fourchettes, dans la supposition que chaque voyageur a son couteau. Nulle part, je n'ai vu d'inscriptions aussi malpropres que dans ces auberges. « Pourquoi ne les effacez-vous pas » ? demandai-je un jour à l'hôtesse. — « Il ne m'est jamais arrivé d'y jeter les yeux » répondit-elle. « Qui se mettrait à lire de pareilles sottises ? »

Dans un petit hameau, nous avons trouvé une grande affluence de peuple. « Que vous arrive-t-il ? » demandai-je. — « Notre voisin André », me répondit une jeune femme; « qui tient l'hôtel à l'enseigne de la Croix, a dit hier, dans un moment d'ivresse, devant tout le monde, qu'il se moquait[1] de la nation. Tous les patriotes se sont ameutés et voulaient le pendre. Néanmoins ils se sont enfin apaisés, lui ont permis de dormir en paix, et aujourd'hui, en public, dans l'église, l'ont obligé, après s'être agenouillé, de demander pardon au Dieu de miséricorde. » — J'ai pitié du pauvre André !

[1] Mot à mot : *cracher sur la nation*. C'est le signe habituel mépris chez les gens du peuple en Russie.

Lyon, 9 mars 1790.

A deux milles, nous aperçûmes Lyon. Le Rhône, qui de nouveau se montrait le long de la route et dans un lit fort élargi, nous conduisit vers cette ville, l'une des premières de la France. Il sépare en même temps la Bresse du Dauphiné, une des provinces françaises les plus vastes, que couronnent à distance des montagnes chargées de neige, rejetons des géants de la Savoie. De loin, Lyon ne nous parut pas aussi grand qu'il l'est en réalité. Cinq ou six flèches seulement se dressaient au-dessus de la sombre multitude des maisons. Les villages qui longent la route sont très bien bâtis. — Lorsque nous fûmes arrivés plus près, nous découvrîmes le quai du Rhône avec sa rangée de magnifiques maisons à cinq ou six étages; c'est une vue splendide ! — A la porte de la ville, on nous arrêta. L'employé de l'octroi nous demanda très poliment si nous n'avions pas de marchandises, et, sur notre réponse négative, regarda dans le coffre

de la voiture, salua et se retira, sans avoir touché à
nos malles. Nous suivîmes le quai, et je me rappelai
le bord de la Néva. Un long pont de bois se courbe
en travers du Rhône [1], et de l'autre côté de la rivière
sont semées çà et là de jolies maisonnettes d'été, en-
tourées de jardins. Après avoir passé auprès du
théâtre, — un vaste édifice, nous nous arrêtâmes à
l'*Hôtel de Milan*[2]. Quatre hommes se précipitèrent sur
nos valises pour les détacher, et en une minute tout
fut porté dans la maison, quoiqu'on ne nous eût pas
encore donné de chambres. La maîtresse de l'hôtel vint
à notre rencontre avec un sourire que je n'avais vu
sur aucun visage, ni en Allemagne, ni en Suisse. Par
malheur, tous les logements se trouvaient occupés,
hormis un seul, qui était très sombre. L'affable hôtesse nous assura que le lendemain elle nous en don-
nerait un plus convenable. Soit ! dîmes-nous, et
nous nous habillâmes en un tour de main, afin d'aller
à la comédie. Pendant ce temps, le domestique qui
arrangeait la chambre nous apprit, dans le désir de
la parer à nos yeux, que peu auparavant elle avait

---

[1] Un compatriote de Karamzine nommé Kalikove, si nous ne
nous trompons, et qui avait passé par Lyon en allant en Italie,
a écrit à propos de ce pont : « Un pont de bois de 163 toises,
qui se démonte pièce à pièce, traverse le Rhône à Lyon et présente à l'œil étonné le cours rapide du fleuve. Le quai qui le
borde offre au piéton son trottoir spacieux. M. Morand, auteur
de cette industrieuse construction, prouve que tout est facile à
l'homme de génie. » — *Manuel du voyageur en Italie*. Rome et
Paris, chez Lamy, 1785.

[2] Cet hôtel existe toujours sur la place des Terreaux. En regardant à l'une de ses fenêtres, on a l'Hôtel de Ville à sa gauche.

été habitée par une belle dame aux sourcils et aux yeux noirs, qui venait de Constantinople.

A cinq heures, nous nous rendîmes au théâtre, et nous prîmes un billet pour le parterre. Les loges, le parquet, le paradis, tout était encombré de monde. Vestris, le premier danseur de Paris, avait promis de divertir pour la dernière fois le public lyonnais par la souplesse de ses jambes. Tout était bruyant autour et au-dessus de nous, comme une ruche d'abeilles. Cette liberté extraordinaire m'étonna. Que dans une loge ou au parquet une dame quelconque vînt à se lever de sa place, plusieurs voix du parterre se mettaient à crier : Assis ! Assis ! *A bas ! A bas !* Autour de nous il n'y avait pas beaucoup de gens comme il faut. A cause de cela, je décidai Becker à aller au parquet ; mais on nous dit qu'il n'y restait plus aucune place, et un jeune homme nous conduisit dans une loge du troisième étage, où nous trouvâmes une dame et notre connaissance, le baron Baelwitz, maître de la Cour des princes de Schwarzbourg, qui le même jour étaient arrivés à Lyon et étaient descendus aussi à l'*Hôtel de Milan*. La dame m'offrit une place à côté d'elle ; mais je craignis de la gêner, et j'allai dans une autre petite loge, où il n'y avait personne, sur la scène même. Le rideau se leva. On jouait la comédie des *Plaideurs*. Je n'entendais que la moitié des mots, mais je fis moins attention à la pièce qu'aux personnes qui, sans interruption, venaient dans la loge où je me trouvais, et puis s'en allaient. A peine eût-on baissé le rideau que, de tous les côtés, se répandirent sur la scène des acteurs et des actrices en négligé, des danseurs et des danseuses, etc., etc... Les uns se prenaient par le corps et se mettaient à danser, les autres riaient, quelques-uns criaient; c'était un spectacle nouveau ! Vestris, en costume de berger, bondissait comme une chèvre folâtre. La musique joua de nouveau, tous les héros de théâtre se dispersèrent, le rideau se leva et le ballet commença. Vestris parut. Un tonnerre d'applaudissements retentit dans tous les coins de la salle. Pour dire la vérité, le talent de ce danseur est merveilleux. Il a l'âme dans les jambes, en dépit de toutes les théories des observateurs de la nature humaine, qui cherchent cette âme dans les fibres du cerveau. Quelle figure ! Quelle souplesse ! Quel équilibre ! Je n'avais jamais pensé qu'un danseur fût capable de me procurer tant de plaisir ! De cette façon, chaque art, porté à sa perfection, est agréable à notre âme ! — Les applaudissements des Français transportés couvraient la musique. Dans l'attitude d'un amant passionné, dont le cœur, en de langoureux soupirs, se confond avec le cœur de celle qu'il aime, Vestris disparut aux yeux des spectateurs, embrassa sa bergère et se jeta, pour respirer, sur un petit banc. On joua encore une comédie en un acte, très vide. Puis commença un nouveau ballet. Vestris parut de rechef, et de rechef les acclamations saluèrent chaque mouvement de ses jambes. Pendant ce temps, deux messieurs en habit de voyage s'étaient assis auprès de moi. Voici leur conversation :

Premier voyageur (*se tournant vers moi*). « Dans la loge à côté de nous se trouve un Russe, je crois ? »

Moi. (*Après avoir regardé dans l'autre loge*). « Il y a un Allemand, un Danois ; quant au troisième, je ne sais. »

Premier voyageur. « J'ai du moins l'honneur de parler avec un Russe. »

Moi. « Je suis Russe. »

Second voyageur. « Cela ne se peut ! Vous êtes Français ? »

Moi. « Je suis Russe. »

Premier voyageur. « Oh ! chez vous, en Russie, on mène joyeuse vie. N'est-il pas vrai ? »

Moi. « Très joyeuse vie. »

Premier voyageur. « Y a-t-il longtemps que vous êtes ici ? »

Moi. « Environ trois heures. »

Premier voyageur. « D'où êtes-vous venu ? »

Moi. « De Genève. »

Premier voyageur. « Ah ! c'est une belle ville ! Qu'y dit-on de Necker ? »

Moi. « On le loue généralement. »

Premier voyageur. « Où allez-vous ? »

Moi. « A Paris. »

Second voyageur. « A Paris ? Bravo, bravo ! Nous en arrivons à l'instant. Quelle ville ! Ah ! Monsieur, quels plaisirs vous y attendent ! Des plaisirs dont ici, à Lyon, on n'a pas l'idée. Assurément vous êtes descendu à l'*Hôtel de Milan* ? Nous aussi. (*A son compagnon.*) Mon ami, nous partons demain ? »

Premier voyageur. « *Oui.* »

Second voyageur. « Il est vrai qu'il faut de l'ar gent... »

Premier voyageur. « Que dis-tu là ? Tous les Russes sont riches comme Crésus. Ils ne vont pas à Paris sans argent. »

Second voyageur. « Comme si je ne le savais pas ! La vérité pourtant est qu'on peut s'amuser aussi sans beaucoup d'argent, aller chaque jour aux théâtres, aux promenades. »

Premier voyageur. « Cinq, six mille livres par mois, à la rigueur, sont assez ! Ah ! pour moi, j'ai dépensé bien plus ! »

Second voyageur. « *Bravo ! Vestris, bravo !* »

Premier voyageur. « Très beau ! *C'est dommage qu'il soit bête ! Je le connais très bien.* — Le comte Mirabeau a eu une affaire, dit-on... »

Second voyageur. « Avec le marquis... »

Premier voyageur. « A quel propos ? »

Second voyageur. « Le marquis l'a blessé au vif à l'Assemblée nationale [1]. — *(Se tournant vers moi.)* Paris ne peut certainement manquer de vous plaire. Vous pouvez y dépenser ce que vous voulez. En ce

---

[1] Il est sans doute fait ici allusion à une interruption assez vive lancée par le marquis de Foucault à Mirabeau, qui se vit rappeler à l'ordre pour avoir parlé de « correspondances empoisonnées ». Mais la séance où se produisit cet incident est celle du 9 mars, et de plus, celle du soir. Il faut en conclure que la lettre de Karamzine est mal datée. Ce n'est pas la seule occasion où il paraisse avoir un peu perdu la notion exacte du temps, ou du quantième. Peut-être aussi comptait-il encore à la russe.

qui regarde mon compagnon, il y a vécu d'une façon trop somptueuse. Tu dois avouer que Lisette t'a coûté cher. »

Premier voyageur. « Ah ! » (*Il cligne des yeux et se rengorge.*)

Moi. « D'où êtes-vous ? me permettrai-je de vous demander. »

Second voyageur. « Nous sommes du Languedoc, nous avons fait un long séjour à Paris, et maintenant nous retournons à Montpellier. »

Premier voyageur (*se penchant en dehors*). « Bravo, bravo, Vestris ! (*Il frappe avec sa canne contre le décor.*) C'est le premier danseur de l'univers. — (*Il devient pensif et soupire.*) En mourant, je pourrai dire que j'ai épuisé toutes les jouissances de la vie ; j'ai tout vu... »

Second voyageur. « Il a tout vu et tout approfondi ! Tais-toi là-dessus, mon ami ! Ah ! ah ! ah ! »

Premier voyageur. « *Mais oui, oui!* C'est vrai ! — Vous connaissez certainement ce comte russe qui vient de passer l'hiver à Montpellier ? »

Moi. « Le comte B...? Par ouï-dire. »

Premier voyageur. « Il a dîné chez moi, dans ma maison de campagne. *Brave homme !* » (*Il devient pensif et se rengorge.*)

Second voyageur. « Vraiment, vous parlez le français dans la perfection. »

Moi. « Pardonnez... je le parle très mal. »

Premier voyageur (*se penchant en dehors*). « Très beau, très beau ! »

Moi. « Vous êtes fort indulgent. »

Premier voyageur. « L'habit noir est tout ce qu'il y a de plus convenable pour l'étranger à Paris. »

Second voyageur. « Noir et de soie. — Les femmes chez vous sont-elles jolies ? »

Moi. « Très belles. »

Premier voyageur. « Oh! personne ne connaît les femmes comme moi! Nous avons vu des Allemandes, des Italiennes, — (*après un silence*) des Espagnoles, — (*après un silence*) des Turques, (*après un silence*), etc., etc... »

Second voyageur. « Oh! toi, tu les connais très bien! Ah! ah! ah! »

Premier voyageur. « Vous êtes venu par eau ? »

Moi. « Pardonnez-moi. »

Premier voyageur. « Par terre, alors. Mais comment donc s'appelle cette ville de Russie d'où l'on peut aller par eau en Anglotorre ? »

Moi. « Vous parlez sans doute de Péterbourg?[1] »

Premier voyageur. « Oui, oui! C'est dommage seulement qu'il fasse si froid chez vous. (*Se tournant vers son ami.*) La barbe et les moustaches des cochers en gèlent. — Bravo, bravo, Vestris! »

Sur ces entrefaites, Becker entra dans notre loge et se mit à causer avec moi en allemand.

---

[1] Les Russes ne connaissent guère et n'écrivent pas Saint-Pétersbourg. Leur capitale moderne, construite par Pierre le Grand, a reçu tout simplement le nom de son fondateur, qu'on ne peut confondre avec saint Pierre.

Premier voyageur (se tournant vers Becker). « Vous êtes Allemand ? »

Becker. « Pardonnez-moi, — je suis de Copenhague. »

Premier voyageur « Ah ! — Votre langue ressemble à l'allemand. Vous dites bien, n'est-ce pas, *Ia, mein Herr* ? Et où allez-vous ? »

Becker. « A Paris, — *(me montrant)* avec monsieur. »

Premier voyageur. « Bravo ! *Tant mieux !* »

Le ballet se termina et le rideau s'abaissa. Le parquet, les loges, le parterre, tous les assistants, d'une voix unanime, se mirent à crier : *Reste ici, Vestris, reste ici!* Les cris se prolongèrent durant quelques minutes. Le rideau se releva encore. Vestris s'avança. Quel aspect modeste ! Quelle douceur dans tous ses dehors ! Quels saluts ! Il tenait son chapeau contre son cœur. On était obligé de se boucher les oreilles pour échapper au vacarme des applaudissements. Vestris s'arrêta. Soudain tout se tut. — On aurait pu entendre travailler une sauterelle.

Vestris. « C'est seulement pour un mois qu'on m'a permis de m'éloigner de Paris. Le mois est fini, et à présent je devrais partir, mais... »

Ici sa voix se brisa ; il leva les yeux en l'air, en tâchant de rassembler ses forces. Tonnerre effroyable d'applaudissements ! Mais subitement tout se tut de nouveau.

Vestris. « Afin de vous témoigner ma gratitude

pour la bienveillance dont vous m'avez honoré, je danserai encore demain [1]. »

Un *bravo* éclatant s'unit à l'applaudissement universel, et le rideau se ferma. L'enthousiasme était si grand qu'en cet instant les Français, avec leur légèreté, auraient été capables de proclamer Vestris leur dictateur.

Les messieurs polis, avec lesquels j'avais eu l'entretien ci-dessus rapporté, me souhaitèrent un heureux voyage et promirent de me chercher à Paris avant un mois. Une fois arrivés dans notre chambre, nous nous assîmes, Becker et moi, devant la cheminée (où des bûches de chêne brûlaient avec une clarté très vive), et, non sans une sorte d'admiration, nous parlâmes de la politesse française.

Le lendemain, on nous donna deux chambres assez petites, mais gaies, dont les fenêtres ouvraient sur la place des Terreaux devant l'Hôtel de Ville, où il y a toujours une foule de gens, sans compter la multitude des marchandes qui revendent des pommes,

---

[1] Le *Courier* (*sic*) *de Lyon*, gazette quotidienne rédigée par M. Chapagneux, avocat, écrivait dans son numéro du 6 mars : « M. Vestris, premier danseur de l'Académie royale de musique, confirme sur notre théâtre la réputation extraordinaire que lui ont méritée ses talents. Légèreté, grâces, expression, ensemble, aplomb, tout est porté, dans ce favori de Terpsychore, au dernier point de perfection. Les attitudes, les situations qu'un peintre habile pourrait imaginer, M. Vestris les rend sur le théâtre avec autant de vérité que de hardiesse. Ses gestes, ses pas, ses yeux, son visage sont toujours en correspondance, et, par un accord magique, enlèvent le spectateur. Le public espère que M. Vestris cèdera à l'empressement que sa supériorité commande en donnant sur ce théâtre le plus de représentations qu'il lui sera possible. »

des oranges douces ou amères, et toute sorte de bagatelles. Après nous être habillés, nous allâmes flâner par la ville.

Les rues, en général, sont étroites, sauf deux ou trois qui rentrent dans la moyenne. Le quai de la Saône est très bien bâti. L'eau de cette rivière est aussi verte que celle du Rhône, mais elle est très trouble. Sans cesse des femmes, qui ici font fonction de bateliers, nous criaient : « Ne voulez-vous pas passer la rivière ? » Cependant il y a beaucoup de ponts, et ils ne sont pas loin l'un de l'autre. La plus grande et la plus belle partie de la ville s'étend entre les deux rivières. Derrière la Saône, s'élève une haute montagne, au sommet de laquelle on a construit des monastères et quelques maisons. La vue du haut de cette montagne est une des plus belles qui existent. On a toute la ville sous ses yeux, — pas une méchante petite ville, mais une des plus grandes de l'Europe. Les montagnes neigeuses de la Savoie (du milieu desquelles, quand le temps est clair, émerge, avec ses trois têtes, le Mont-Blanc, notre connaissance de Genève) s'étagent avec la chaîne du Dauphiné en amphithéâtre et limitent le domaine de la vue. Les vastes plaines verdoyantes qui s'étalent au delà du Rhône, dans la direction du Dauphiné, — plaines où déjà s'annonce le printemps, — sont extrêmement gracieuses. C'est par là que passe la route du Languedoc et de la Provence, heureuses contrées toujours fleuries, où l'air pur est saturé, pendant tout le printemps et l'été, d'odeurs aromatiques, et où déjà embaument les muguets [1]. — Au milieu de la grande place, ornée d'allées touffues, et de tous les côtés entourée par de superbes maisons, se dresse, sur un piédestal de marbre, une statue en bronze de Louis XIV, de la même taille que le monument de notre Pierre de Russie, quoique ces deux héros aient été fort inégaux par leur grandeur d'âme et par leurs actes. Ce sont ses sujets qui ont rendu Louis XIV illustre ; c'est Pierre qui a illustré ses sujets. Le premier n'a contribué que partiellement aux progrès de l'instruction ; le second, comme le Dieu resplendissant de la lumière, est apparu à l'horizon de l'humanité et a illuminé les ténèbres profondes qui régnaient autour de lui. Sous le gouvernement du premier, des milliers de Français laborieux furent forcés de quitter leur patrie ; le second attira dans son empire d'habiles et utiles étrangers. Je respecte le premier comme un puissant souverain ; mais, le second, je le révère comme un grand homme, comme le bienfaiteur de l'humanité, comme mon propre bienfaiteur [2]. — A cette occasion, je dirai que

---

[1] Karamzine eût trouvé dans le midi beaucoup plus de lavande que de muguet.

[2] Le texte russe donne en note les vers que le poète anglais Thomson a consacrés à Pierre le Grand dans son poème *The Winter*. Un parallèle entre Louis XIV et le régénérateur de la Russie avait déjà été tenté par Addison, dans son *Spectator*. Nous croyons que Karamzine était un peu victime des légèretés commises par Voltaire à propos de Louis XIV. Quand on a lu les *Mémoires* de Richelieu, la magistrale monographie de Mazarin par M. Chéruel et l'*Histoire de Louvois*, par M. C. Rousset, on se demande si Louis XIV avait bien été le premier à déchirer l'édit de Nantes.

la pensée de placer la statue de Pierre le Grand sur un rocher brut est pour moi une pensée très belle, incomparable, car ce rocher est l'image frappante de l'état dans lequel se trouvait la Russie à l'époque de son réformateur. L'inscription courte, énergique et profonde : A PIERRE Ier, CATHERINE II ne me plaît pas moins. Je n'ai pas lu ce qu'il y a d'écrit sur le monument du roi de France [1].

A une heure, nous rentrâmes pour dîner. Plus de trente personnes étaient assises à la table. Chacun prenait ce qu'il voulait. Heureux celui devant lequel se trouvaient les meilleurs plats ! Mais la table était très abondamment servie.

Après dîner, je me rendis avec une lettre chez Matthisson [2], poète allemand, qui élève les enfants d'un banquier de la ville. « Ah ! vous parlez allemand, vous aimez la littérature allemande, la loyauté allemande ! » En prononçant ces paroles, il se jeta dans mes bras. Je me félicitai encore plus de sa connaissance que lui de la mienne. En Allemagne, elle aurait été moins agréable pour moi qu'en France, où

---

[1] Notre voyageur ne trouverait plus sur la belle statue de la place Bellecour, statue fondue à Paris en 1674 et inaugurée à Lyon en 1713, que l'inscription suivante substituée au nom de Louis XIV par la sottise de la municipalité lyonnaise et reproduite sur deux faces du piédestal : *Chef-d'œuvre de Lemot, sculpteur lyonnais*. Ce chef-d'œuvre est d'ailleurs fort contestable au point de vue de l'art et fort plat comme intention.

[2] Friedrich Matthisson, né en 1761 auprès de Magdebourg. Il avait été attiré à Lyon en 1788 par son ami Bonstetten; il n'en partit qu'en 1794. Il est l'auteur d'élégies, d'odes, de poésies descriptives assez oubliées aujourd'hui, quoique Beethoven ait rendu son *Adélaïde* immortelle.

je ne cherche pas la sincérité, ni un cœur sympathique, et où je ne les cherche pas, parce que je n'espère pas les y trouver. Avec un gracieux empressement, il retira bien vite de son bureau ses papiers et me lut trois pièces qu'il venait de composer. Je l'écoutai avec un plaisir réel. Une douce tendresse, une vive sensibilité, une langue pure font la beauté de ses chants. Il s'arrêta tout à coup, me regarda, sourit et dit : « N'est-ce pas, je me suis un peu pressé de vous présenter ma Muse ? Hélas ! La malheureuse, à l'heure qu'il est, n'a fait encore aucune connaissance dans Lyon ! »

Je souris aussi et lui serrai la main, l'assurant que que j'aimais sa Muse de tout mon cœur.

De chez lui, je me rendis à la comédie. On jouait le *Devin du Village*, de Rousseau. J'entendis avec le plus vif plaisir la musique de ce bel opéra. Les dames de Paris avaient bien raison de dire que l'auteur en devait être très sensible. Je me le représentai, avec sa barbe et sa perruque mal frisée, assis dans une loge du théâtre de Fontainebleau, le jour de la première représentation de son opéra, et se dérobant aux regards du public transporté. Pendant le ballet, nous admirâmes de nouveau le talent de Vestris. A peine le rideau eût-il commencé à baisser que tout le monde se mit à crier : « Vestris ! Vestris ! » Le rideau se leva de nouveau. Le danseur épuisé s'avança au milieu du bruit des applaudissements, avec les mêmes grimaces d'humilité que le jour précédent. On eût dit qu'il attendait un juge, bien que la décision irrévocable du public éclatât dans tous les coins de la salle. Le bruit s'apaisa en une seconde. Vestris se tenait comme cloué à sa place et ne disait mot. Un murmure d'impatience se répandit. Le public attendait un discours, oubliant qu'un danseur n'est pas un rhéteur, oubli pardonnable à des Francais! En ce moment, Vestris pouvait être sifflé. Tout se tut de nouveau. Le danseur rassembla ses forces, et dit : « *Messieurs ! je suis pénétré de vos bontés, — mon devoir m'appelle à Paris.* »

Cela suffit au public. On applaudit et on cria *bravo!* Vestris doit être content de Lyon sous tous les rapports. Son talent y a été récompensé par des éloges et de l'argent. Je l'ai rencontré plusieurs fois dans les rues. « Vestris ! Vestris ! » criaient les passants, et chacun le montrait du doigt. Ainsi la souplesse des jambes est une vertu honorable ! Quant à ce qui concerne la récompense en argent, pour chaque représentation, il a reçu 520 livres. En ce moment, tous les comédiens de la ville soupent chez lui (il demeure à l'*Hôtel de Milan),* et ils font un bruit tel que je n'espère pas m'endormir.

★

Aujourd'hui, dans la matinée, Matthisson nous a conduits chez un sculpteur qui, en Italie, a formé son ciseau d'après les modèles des artistes de l'antiquité. Il nous reçut poliment, et nous montra des statues exécutées avec beaucoup de talent. Le peintre

le sculpteur ont autant besoin d'une imagination vive que le poète ; l'artiste lyonnais n'en manquait pas. Il fait maintenant sur commande une statue qu'un jeune mari a l'intention d'offrir à sa femme, heureuse mère d'un charmant garçon qui approche de l'adolescence. L'artiste a représenté un très beau garçon, dormant du tranquille sommeil de l'innocence sous le solide bouclier d'une Minerve figurée d'après les idées des artistes grecs, avec un talent remarquable. En bas on voit la figure d'Ulysse. — « A présent, je travaille peu », dit-il, « étant obligé (*ici il soupira*) de prendre souvent les armes et de monter la garde, comme tous les autres citoyens. La vue des statues que je ne puis achever me jette dans le découragement. Ah ! Messieurs, vous ne pouvez entrer dans les souffrances de l'artiste qu'on arrache à son travail. »
— Voilà un véritable artiste ! me dis-je.

Nous allâmes à l'hôpital. C'est un vaste édifice sur le bord du Rhône[1]. Dans la première salle où l'on nous introduisit il y avait environ deux cents lits sur plusieurs rangées ! Oh ! quel spectacle ! mon cœur en palpita. Sur un visage, je voyais l'épuisement de toutes les forces, une faiblesse languissante ; sur un autre, l'attaque furieuse de la mort et la défense énergique de la vie ; sur un troisième, la victoire de la première : la vie s'en allait et s'envolait sur l'aile des

---

[1] Soufflot en avait commencé dès 1737 la réédification qui fut interrompue sous la Restauration. L'institution elle-même remontait au VIe siècle, à Childebert, fils de Clovis, et à sa femme Ultrogothe.

soupirs. C'est ici qu'il faudrait venir rassembler des traits pour le tableau de l'humanité souffrante, en ajoutant ombre sur ombre. Mais quelle tâche ! Qui en soutiendrait l'horreur ? — Au milieu de la mort et de la maladie, les joies langoureuses de la convalescence frappèrent aussi mes yeux. De blêmes jeunes gens jouaient avec des fleurs ; le sentiment des beautés de la Nature se réveillait dans leur cœur ! Un vieillard, se soulevant sur son grabat, levait les yeux au ciel, les promenait autour de lui, puis de nouveau les levait au ciel. « Ainsi je vivrai encore ! » disaient ses regards joyeux. « Je jouirai encore de la vie ! » disaient avec gaieté ceux d'un homme et d'un adolescent entrés en convalescence. Quel mélange de sentiments ! Comment mon sein pouvait-il les contenir tous à la fois ?

Nous passâmes de cette façon d'une salle à l'autre. Chacune est consacrée à un genre particulier de maladies ; dans l'une sont les phthisiques ; dans une autre, les estropiés ; dans une troisième, les femmes en couches, et ainsi de suite. Partout une merveilleuse propreté, partout un air pur. Les soins donnés aux malades sont également dignes des éloges de tout ami de l'humanité, et où peut-on les prodiguer avec plus de plaisir ? La pitié ! la compassion ! saintes vertus ! Des « sœurs de charité », c'est ainsi qu'on les nomme, servent dans cette « maison de larmes », et la conscience de leurs bienfaits est leur seule récompense. Celles-ci prient agenouillées ; celles-là vont et viennent entre les malades, leur présentent les remèdes, les aliments. Quelques-unes de ces vertueuses filles sont très jeunes; la bonté est peinte sur leur visage. Au milieu de chaque salle se dresse un autel; chaque jour on y dit la messe. « Voici une chambre », nous dit notre guide en nous montrant une porte, « où il faut payer par jour vingt livres, avec les médicaments, la nourriture et le service; mais elle est vide. » — « Et que paient les pauvres? » — « Dix sous par jour tout compris, et vingt, quand on veut avoir un lit avec des rideaux. » — « Qu'y a-t-il ici? » demandai-je en montrant une petite chapelle dans un coin de la cour. — « Voyez », répondit le guide, et quatre cercueils, recouverts d'un drap noir, se présentèrent à mon regard. — « Chaque jour », continua-t-il, « il meurt ici quelques personnes. Aujourd'hui, grâce à Dieu! il n'en est mort que quatre. Ce soir, on les emportera. » Je me détournai avec effroi de ce sombre séjour de la mort. « Maintenant je vous conduirai à la cuisine. » — C'est de l'à-propos, me dis-je, tout en suivant. Dans une salle immense, où se trouvaient beaucoup de fourneaux, bouillaient des marmites, gisaient des bœufs et des veaux entiers. « Et tout cela sera mangé dans la journée? » demandai-je. — « Mille malades », me fut-il répondu, « mangent pour le moins autant que cinq cents personnes en bonne santé. Je ne compte pas la quantité de médecins et d'ecclésiastiques qui vivent ici. Voici leur réfectoire. »

Nous entrâmes dans une grande pièce, encombrée de tables. L'heure du dîner n'était pas encore arrivée;

mais quelques-uns des honorables ecclésiastiques garnissaient leur estomac de petits pains et de beurre; ils déjeunaient.

« Est-ce tout ? » demandai-je en sortant de la salle. — « Voyez ici. C'est derrière ces grilles de fer qu'on garde les fous. »

Un de ces malheureux était assis dans la galerie, derrière une petite table sur laquelle il y avait un encrier. Il tenait à la main du papier et une plume, et restait accoudé sur la petite table, perdu dans ses rêveries. « C'est un philosophe », me dit le guide avec un sourire; « le papier et l'encrier lui sont plus précieux que le pain. » — « Et qu'écrit-il ? » — « Qui le sait ? N'importe quelles sottises. Mais pourquoi le priver d'une satisfaction aussi inoffensive ? » — « C'est vrai ! » me dis-je en soupirant. « Pourquoi le priver d'une satisfaction inoffensive ? »

Nous rentrâmes pour dîner à l'*Hôtel de Milan.*

Lyon, mars 1790.

Aujourd'hui, après dîner, j'ai été à la grande église des Chartreux [1], et mon guide, avec de grands airs d'importance, m'a raconté les miracles qui donnèrent lieu à la fondation de cet Ordre monastique, l'un des plus sévères qui existent. En l'an 1080, — on ne sait pas dans quelle ville, — on ensevelissait un mort. A l'instant même où le prêtre lisait la dernière prière et souhaitait le repos éternel à son âme, le mort souleva la tête et cria d'une voix terrible : « La justice céleste me poursuit ! » Le prêtre frissonna d'abord, mais, au bout de quelques instants, il reprit possession de lui-même et voulut achever de lire sa prière. Tout à coup un bruit violent et un craquement se firent entendre dans l'église, le cercueil s'agita, les lumières s'éteignirent, et le mort d'une voix encore plus terrible s'écria : « La justice céleste me condamne ! » Bruno, originaire de Cologne, qui était témoin de cet effrayant

[1] A la Croix-Rousse. Une statue de saint Bruno se dresse au-dessus de la porte de l'église.

miracle, résolut sur-le-champ de quitter le monde. Avec quelques-uns de ses amis (la légende dit qu'ils étaient six), il alla trouver l'évêque de Grenoble, tomba à ses pieds, et lui demanda de leur assigner un endroit solitaire où ils pourraient passer leur vie dans la dévotion et dans des méditations utiles pour leur salut. L'évêque, le jour auparavant, sommeillant après dîner sur un moelleux duvet[1], avait vu en rêve un nuage blanc descendre du ciel sur une verte prairie auprès du jardin d'un monastère, et bientôt, en ce même lieu, sept étoiles avaient jailli de la terre. Bien persuadé que ces sept étoiles se rapportaient aux sept étrangers qui étaient venus vers lui, il assigna à Bruno et à ses amis la prairie en question, sur laquelle, en peu de temps, ils construisirent un nouveau monastère, qui fut la première Chartreuse.

Je questionnai avec la plus grande curiosité mon guide sur les détails de la vie menée par ces reclus. Les lois de leur Ordre les obligent à ne pas sortir du monastère, à éviter toutes relations avec les gens et à observer éternellement un silence absolu. Ils passent leurs journées à lire, ou bien ils travaillent au jardin, ou bien ils restent assis les bras croisés, attendant avec impatience leur dîner, qui constitue la distraction principale de leur triste confrérie. A cinq heures de l'après-dîner, ils se couchent pour dormir, à neuf, ils se lèvent, puis, deux heures après, se couchent pour dormir, et ainsi de suite. Étrange exis-

---

[1] Il faut pardonner à Karamzine cette innocente épigramme que Boileau ne se serait pas interdite.

tence ! Les fondateurs de cet Ordre ont mal compris l'essence morale de l'homme, façonnée, pour ainsi parler, en vue d'une activité sans laquelle nous ne trouvons ni repos, ni jouissance, ni bonheur. La solitude est agréable, quand elle est une détente ; mais une solitude sans interruption est un acheminement vers le néant. Au début, notre âme se révolte contre cette réclusion, préjudiciable à sa nature. Le sentiment du vide (car l'homme par lui-même est un simple fragment, une partie ; ce n'est qu'avec des êtres moraux semblables à lui et avec la Nature qu'il forme un tout) — le sentiment du vide le tourmente ; finalement tous les nobles instincts s'assoupissent dans son cœur, et, du premier degré de la création terrestre, il tombe dans la sphère des créatures inconscientes [1].

Je me tenais au milieu de l'église et je regardais les nombreux autels sur lesquels brillaient l'argent et l'or. Le soir venait. Tout, autour de moi, commençait à s'assombrir, tout était calme. — Soudain les portes s'ouvrirent et les tristes frères du silence, en vêtements blancs, parurent à mes yeux. Abaissant leurs regards à terre, l'un après l'autre ils s'avançaient vers le maître-autel, et, en passant devant une cloche

[1] Il est probable que Karamzine ne songeait pas autant aux Chartreux, en écrivant ce passage, qu'à certains couvents russes, tels que celui de Kiève, où la superstition a poussé de pauvres moines à s'enterrer vivants jusqu'au cou. Nous n'avons pas d'ailleurs besoin de faire remarquer à nos lecteurs que les réflexions de Karamzine sur les Chartreux attestent une profonde ignorance des services rendus par cet Ordre. Voy. *Saint-Bruno et l'Ordre des Chartreux*, par l'abbé Lefebvre.

suspendue dans l'église, ils la frappaient doucement de la main. Le son lugubre s'en répandait sous les voûtes assombries, et la pensée de la mort se présentait avec vivacité à mon âme. Je sortis du temple, j'aperçus le soleil couchant, et mon cœur fut consolé...

★

J'aime les restes de l'antiquité ; j'aime les vestiges des siècles passés. Après être sorti de la ville, j'ai visité aujourd'hui des monuments dus aux orgueilleux Romains, des ruines de leurs célèbres aqueducs[1]. L'épaisse muraille avec des arcades, de quelques archines de hauteur, est composée de petites pierres, incrustées, pour ainsi dire, dans une chaux épaisse, si étonnamment dure que rien ne peut la briser. C'est dans cette muraille que les conduites avaient été placées. Les Romains voulaient vivre dans la mémoire de la postérité et ils ont élevé des constructions telles que des siècles entiers ne pussent pas les détruire. Dans les temps de philosophie où nous vivons, on ne pense pas de même. Nous comptons nos jours, et leur limite est la limite de tous nos désirs, de tous nos projets. Nous ne portons pas notre regard au-delà, et personne ne tient à planter un chêne sans l'espérance de se reposer sous son ombre. Les Anciens hocheraient la tête, s'ils renaissaient à présent et qu'ils en-

[1] C'est évidemment sur le plateau de Fourvières que Karamzine avait dirigé sa promenade, et, probablement l'aqueduc dit du Mont-Pilat qu'il aura visité.

tendissent nos sages raisonnements. Nous aussi, nous rions des illusions des Anciens et de leur étrange amour de la gloire.

J'allai de là aux bains romains, qui appartiennent maintenant à un monastère des femmes [1]. En passant le long du mur du jardin et des cellules de ce monastère, je fus sur le point de me trouver mal à cause de l'air méphitique qui se dégageait de ce lieu. Médiocre hommage rendu à l'antiquité ! Au lieu de couvrir la route de fleurs sous nos pas, les excellentes sœurs versent là, par les fenêtres, toute espèce d'ordures ! Après cela, messieurs les Français, vous pouvez vous dispenser de crier contre les barbares de l'Asie qui transforment en étables les magnifiques temples de l'antiquité ! La construction n'est pas grande, et se compose de corridors dans lesquels la lumière entre par une fenêtre percée au sommet des voûtes. C'est donc ici que les opulents Romains venaient s'abandonner à la mollesse ! me dis-je. C'est donc ici que n'importe quelle beauté romaine, entourée de la foule de ses esclaves, se baignait dans l'onde cristalline, tandis que quelque beau jeune homme, captivé par ses charmes, non loin de là, se transportait par l'ima-

---

[1] « On montre encore à présent sur la montagne de Saint-Just, dans la vigne des religieuses Ursulines, un réservoir bâti par les Romains pour y conserver les eaux qui venaient par ces aqueducs. Ce réservoir, qui est un monument très curieux et tout entier, a quarante-cinq pieds de long et quarante-quatre de large, et la muraille trois pieds d'épaisseur. » — Piganiol de la Force, *Nouveau voyage de France*, 1778. Les « bains romains » sont aujourd'hui, croyons-nous, enclavés dans le grand séminaire.

gination en-dedans de ces murs et souhaitait d'être l'heureux dieu de la source dans l'eau de laquelle se rafraîchissait la belle ! — La fable d'Alphée et d'Aréthuse me revint à la pensée ; pourquoi ? Je ne sais. Je me serais mis volontiers à vanter la délicatesse des fictions de la mythologie, mais je me tus bientôt, voyant que mon guide — le jardinier du monastère — ne se souciait pas le moins du monde de m'écouter. A cette occasion, je me rappelai aussi ce que j'avais lu dans les *Dialogues* de Lucien sur la mollesse des Romains opulents. Lorsqu'au sortir du bain ils retournaient chez eux, des esclaves les précédaient toujours, criant « Gare ! » à chaque petit caillou qui se trouvait sur la route, afin que l'orgueilleux Romain, qui avait toujours les yeux levés vers le ciel, ne trébuchât pas et ne tombât pas.

« Qu'est-ce que ceci ? » demandai-je au jardinier, en apercevant dans les corridors des barils, des pots, des paniers, etc. — « C'est ici ma cave », me répondit-il, « et je suis très heureux quand les voyageurs ont la curiosité de la visiter. »

Je passai avec plaisir quelque temps dans le jardin du monastère, causant avec le jardinier, qui, étant très bavard, me raconta toute espèce d'histoires sur ses religieuses. « Les vieilles », dit-il, « sont grondeuses, grossières et ennuyeuses ; elles restent assises dans leurs cellules et causent politique ! Les jeunes, au contraire, sont tristes, aiment à se promener dans les allées sombres, regardent la lune et soupirent du fond de leur cœur. »

Ensuite je fus dans une petite église souterraine, du temps des premiers Chrétiens[1]. C'est là que, se dérobant à leurs persécuteurs, ils épanchaient leur cœur dans d'ardentes prières. Mais on les y découvrait, et le sang des infortunées victimes rougissait le sol du temple. On montre l'endroit où reposent leurs ossements. — Dans cette sombre église, beaucoup de femmes étaient agenouillées et priaient Dieu en silence. D'autres versaient des larmes. Quelques-unes, dans une sainte extase, se frappaient la poitrine et touchaient de leurs lèvres blêmes le sol glacé. Non, la dévotion n'est pas encore détruite en France.

Je regagnai la rue fort pensif. Tout y était bruyant et gai. Des danseurs bondissaient, des musiciens jouaient, des chanteurs chantaient, et des groupes de peuple exprimaient leur satisfaction par des applaudissements sonores. Il me sembla que j'étais dans un autre monde. Quel pays ! Quelle nation !

Six heures sonnèrent. Le théâtre était rempli de spectateurs. Je m'assis dans une loge à côté de deux jeunes dames. On représentait une nouvelle tragédie,

---

[1] Probablement la crypte, aujourd'hui restaurée, de saint Irénée, où l'on garde les ossements de dix-neuf mille martyrs immolés sous Septime-Sévère, ossements auxquels les calvinistes, en 1562, auraient mêlé des débris d'animaux morts. Elle est située en arrière de Fourvières, au bout de la rue des Macchabées, à côté d'une église plus moderne. On y lit encore aujourd'hui cette inscription : « Cette crypte fut construite par saint Patient, évêque de Lyon au ve siècle, sur l'emplacement du lieu (sic) où saint Pothin et saint Irénée envoyés à Lyon par saint Polycarpe, disciple de l'apôtre saint Jean, réunissaient les premiers chrétiens. De nombreux martyrs y furent ensevelis. »

Charles IX [1], œuvre de Chénier. Un roi faible, dirigé par une mère superstitieuse et par un prélat à l'âme fort noire, qui lui parle toujours au nom du ciel, consent à verser le sang de ses sujets, parce qu'ils ne sont pas catholiques. L'action est terrible ; mais toute espèce de terreur n'est pas bonne pour animer un drame. Le grand secret de la tragédie, que Shakespeare a ravi dans le sanctuaire du cœur humain, reste un secret pour les poètes français, et *Charles IX* est froid comme la glace. L'auteur a eu en vue les nouveaux événements, et chaque mot qui se rapporte à la situation actuelle de la France a été accueilli par les applaudissements des spectateurs. Mais qu'on retranche les allusions, et la pièce paraîtrait ennuyeuse à tout le monde, même à un Français. Sur la scène on ne fait que causer, et on n'agit jamais, suivant la coutume des tragiques français. Ce sont des discours interminables et remplis de sentences surannées. Un acteur parle tout le temps, et les autres bâillent de désœuvrement et d'ennui. Une seule scène m'a ému, c'est celle où l'assemblée des fanatiques tombe à genoux et reçoit la bénédiction du méchant prélat, où, au bruit des épées, ils jurent de détruire les hérétiques [2]. Le fait principal de la tragédie n'est que

---

[1] Cette pièce, qui portait un sous-titre fort ambitieux : *L'école des rois*, avait été jouée à Paris pour la première fois au *Théâtre-Français* le 4 novembre 1789. On trouvera d'intéressants détails sur cette représentation et sur ses suites dans *Le théâtre de la Révolution*, par H. Welschinger, p. 47-53.

[2] C'est la scène des *Huguenots* bien connue sous le nom de « bénédiction des poignards ».

raconté et par suite émeut médiocrement le spectateur. Le vertueux Coligny meurt derrière la scène. Sur le théâtre, il ne reste que le malheureux Charles qui, dans un violent accès de fièvre chaude, tantôt se jette à terre, et tantôt se relève. Il aperçoit, non pas en réalité, mais seulement en imagination, Coligny mis à mort, comme Sinave aperçoit Trouvore [1] mis à mort. Il se trouve mal, mais n'en récite pas moins un discours pathétique de deux cents vers. « *C'est terrible !* » dirent les dames assises à côté de moi.

Matthisson vint chez nous au sortir du théâtre, et resta dans ma chambre jusqu'à minuit. Dans notre cheminée flambaient des bûches de chêne, le thé et le café bouillaient. Matthisson me lut des lettres de Wieland, écrites non pas à lui-même, mais à la célèbre Mme La Roche, l'auteur de l'*Histoire de mademoiselle Sternheim* et d'autres romans, — lettres dans lesquelles l'âme bonne et tendre du vieux poète se reflète comme dans un pur miroir. La Roche aime Matthisson et lui envoie copie de sa correspondance. — Trois heures se passèrent pour nous comme trois minutes. B... nous raconta d'intéressantes anecdotes de son voyage à pied, parmi lesquelles je vous communiquerai celle-ci [2]......

---

[1] *Sinave et Trouvore*, tragédie russe de Soumarokove. Les deux héros, deux frères épris de la même princesse, étaient des compagnons de Rourike.

[2] Nous passons cette anecdote, parce qu'elle est très longue, que Karamzine ne la raconte que de seconde main, et qu'elle n'intéresse en aucune façon l'état ou les mœurs de la France à l'époque de la Révolution.

★

Vous avez lu *Tristram*, et vous vous rappelez l'histoire de ses tendres amants [1]. Vous vous rappelez Amandus qui, séparé de son Amanda, se mit à parcourir le monde, tomba en captivité chez des pirates et pendant vingt ans resta dans une prison souterraine, parce qu'il ne voulait pas trahir son Amanda et qu'il ne rendait pas amour pour amour à une princesse marocaine. Vous vous rappelez Amanda, qui parcourut l'Europe entière, l'Asie et l'Afrique, nu-pieds et les cheveux en désordre, demandant dans chaque ville, à chaque porte, des nouvelles de son Amandus, et forçant l'écho des bois sombres, l'écho des montagnes pierreuses à répéter son nom : *Amandus! Amandus!* Vous vous rappelez comment ces amoureux se retrouvèrent enfin à Lyon, leur ville natale, se reconnurent, se jetèrent dans les bras l'un de l'autre et — tombèrent morts... Leurs âmes s'envolèrent vers le ciel sur les ailes de la joie! Vous vous rappelez que le tendre Sterne, en s'approchant du lieu où, d'après une tradition, devait se trouver leur tombe, et sentant le feu et la flamme dans son cœur, s'écrie :

---

[1] Voy. *Tristram Shandy*, de Sterne, l. VII, chap. 30 et suiv. D'après le père Ménestrier, l'un des vieux historiens de Lyon, le monument qui avait servi de point de départ à la légende, n'aurait été qu'un autel élevé à un prêtre d'Auguste nommé *Amandus* par deux de ses affranchis. L'inscription votive a été conservée, mais le monument avait disparu de la porte de « Vèze » avant même 1778.

« Ombres tendres et fidèles ! il y a longtemps, longtemps que je voulais verser ces larmes sur votre tombe ; recevez ce don d'un cœur sensible ! » — Mais vous vous rappelez aussi que Sterne ne put y répandre ses larmes, parce qu'il ne découvrit pas la tombe des deux amants ! [1] Hélas ! et moi de même, je ne pus la découvrir. Je questionnai..., mais les Français ne songent plus à présent qu'à leur révolution, et non pas aux monuments de l'amour et de la tendresse.

Quel étranger, après avoir été ici, ne se souvient encore de deux autres malheureux amants, qui, il y a vingt ans, se suicidèrent à Lyon ?

Un Italien nommé Faldoni, beau et bon jeune homme, enrichi des meilleurs dons de la nature, aimait Thérèse et était aimé d'elle. Déjà s'approchait le jour heureux où, avec le consentement unanime de leurs parents, ils devaient s'unir en mariage ; mais le sort cruel ne voulait pas leur bonheur. Le jeune Italien, par un accident quelconque, se blessa à la grande artère du pouls [2], d'où il résulta une maladie incurable. Le père de Thérèse, redoutant de donner sa fille à un homme qui pouvait mourir le jour même du mariage, se décida à repousser l'infortuné Faldoni, mais ce refus ne fit qu'enflammer encore davantage les amants, et, ayant perdu l'espoir d'être unis par les liens de l'amour licite, ils résolurent de s'unir dans les froids embrassements de la

---

[1] Voy. *Tristram Shandy*, l. VII, chap. 31.
[2] L'artère radiale.

mort. Non loin de Lyon, dans un petit bois de marronniers, s'élève un temple rustique, consacré au Dieu de la miséricorde et orné par la main de l'art grec. C'est là que se rendit, tout pâle, Faldoni, et qu'il attendit Thérèse. Bientôt elle parut, dans tout l'éclat de sa beauté, en robe blanche de mousseline, celle qui avait été cousue pour ses noces, et avec une couronne de roses sur ses cheveux châtains. Les amoureux tombèrent à genoux devant l'autel et — posèrent sur leur cœur des pistolets enguirlandés de rubans roses; ils se regardèrent l'un l'autre, s'embrassèrent, et ce baiser enflammé fut pour eux le signal de la mort. Un coup de feu retentit, ils tombèrent, en se saisissant l'un l'autre, et leur sang se confondit sur le sol de marbre [1].

. . . .

★   ★

« Regarde! regarde! » cria mon cher Becker. Je me précipitai à la fenêtre, et je vis qu'autour de l'Hôtel de Ville se rassemblait une foule bruyante. « Qu'est-ce que cela veut dire? » demandâmes-nous au domestique qui arrangeait ma chambre. — « Quelque nouvelle sottise! » me répondit-il. Mais j'étais curieux de connaître cette sottise, et avec Becker je descendis dans la rue. Nous demandâmes à cinq ou

---

[1] Karamzine exprime ensuite, dans une longue tirade, sa réprobation contre le suicide. Nous omettrons ce passage d'un sentiment élevé, mais tout personnel.

six hommes la cause de ce bruit ; mais tous nous répondirent : « *Qu'en sais-je ?* » Enfin l'affaire s'éclaircit. Une vieille femme s'était disputée dans la rue avec un vieil homme ; un bedeau était venu à la défense de la femme ; le vieillard avait tiré de sa poche un pistolet et avait voulu faire feu sur le bedeau ; mais les gens qui passaient dans la rue s'étaient jetés sur lui, l'avaient désarmé et l'entraînaient... *à la lanterne*, quand un détachement de la garde nationale avait rencontré cette foule, lui avait repris le vieillard et l'avait conduit à l'Hôtel de Ville. Voilà quelle était la cause de l'agitation. Le peuple, qui est devenu en France le plus terrible des despotes, demandait qu'on lui livrât le coupable et criait : *A la lanterne !* Le bedeau criait : *A la lanterne ! à la lanterne !* Les vieilles marchandes criaient : *A la lanterne ! à la lanterne !* Ceux qui faisaient le plus de bruit et qui excitaient les autres au tumulte étaient les mendiants et les oisifs, qui ne veulent pas travailler à une époque qu'on appelle celle de la liberté française.

Un inconnu, assez mal habillé, s'approcha de moi et de Becker, et, avec un air amical, nous dit : « Depuis une demi-heure, vous êtes suivis par un homme à mine suspecte ; tenez-vous sur vos gardes. Vous êtes certainement des étrangers : *sauvez-vous, messieurs,* sauvez-vous ! » Je le regardai dans les yeux, et me convainquis qu'il voulait seulement nous effrayer. Mais Becker, je ne sais pourquoi, rougit un peu et me saisit la main. Son regard me disait : « Nous ne nous quitterons pas l'un l'autre. » Nous rentrâmes toutefois sans encombre à l'*Hôtel de Milan.* Le peuple se dispersa dans la soirée, et nous allâmes nous promener tranquillement sur le bord du Rhône [1].

★

Nous avons dîné aujourd'hui chez M. T..., riche marchand, avec quelques-uns des savants de Lyon [2] ; et, le soir, nous avons été à la promenade hors de la ville. Riches et pauvres, jeunes et vieux, affluaient sur les vertes prairies, se félicitaient mutuellement du printemps et jouissaient de la chaude soirée. Il n'était pas resté dans la ville, je crois, le quart de ses habitants, et chacun avait mis son plus beau costume. Les uns étaient assis sur le gazon et buvaient du thé ; d'autres mangeaient des biscuits, des petits gâteaux et régalaient leurs connaissances. Je circulai au milieu de ces milliers de gens comme dans un bois, ne connaissant personne et n'étant connu de personne. Cependant, en voyant autour de moi des visages joyeux, je me réjouis de tout cœur. A la fin, je sortis

[1] Lyon, en mars 1790, avait été fort agité par l'élection des vingt officiers municipaux qui devaient l'administrer. Le vendredi 12, avait eu lieu, à l'Hôtel de Ville, le recensement des votes émis le 3 du même mois. Le mardi 16, eut lieu un second tour de scrutin pour les élections complémentaires. Voy. le *Journal de Lyon* du 17 mars 1790. Dès le 7 mars, on avait, du perron de l'Hôtel de Ville, tiré des coups de feu sur M. de Gugy, lieutenant-colonel du régiment suisse de Sonnenberg.

[2] Bonnet à Genève avait donné à Karamzine des lettres de recommandation pour MM. Gilbert et de la Tourette, président et secrétaire de l'Académie de Lyon.

de la foule, m'assis sous un arbuste verdoyant, aperçus une violette et la cueillis; mais il me sembla qu'elle n'avait pas une aussi bonne odeur que nos violettes. Cela vient peut-être de ce que je ne pouvais pas donner cette fleurette à la plus aimable des femmes ou au plus fidèle de mes amis.

Lyon, 1790.

Non, mes amis, je ne verrai pas les fertiles régions du sud de la France, dont' mon imagination était déjà charmée !... Becker n'a pas reçu ici de lettre de change, et, restant seulement avec six louis d'or, s'est décidé à se rendre tout droit à Paris. Il fallait, ou me séparer de lui, ou bien sacrifier pour lui ma curiosité, mes rêves, le Languedoc et la Provence.

Pendant quelques instants, j'ai lutté avec moi-même, assis tout pensif devant la cheminée. Durant ce temps, l'aimable Danois mettait en ordre sa valise, dans laquelle se trouvaient beaucoup de mes effets. « Voici tes livres, » disait-il, « tes lettres, tes mouchoirs, prends-les ! Peut-être ne nous reverrons-nous plus ! » — « Non, » dis-je, me levant de ma chaise et me jetant avec émotion dans les bras de Becker ; « nous irons ensemble ! »

Tombeau de la tendre Laure, illustrée par Pétrarque ! désert de Vaucluse, séjour de ces amants passionnés ! fontaine bruyante et écumeuse, qui as étanché leur soif ! je ne vous verrai pas !... Prairies [1] de la Provence, où embaument le thym et le romarin ! mon pied ne foulera ni vos fleurs ni votre verdure !... Temple de Diane à Nîmes, immense amphithéâtre, inappréciables débris de l'antiquité ! je ne vous verrai pas ! — Je ne te verrai pas non plus, patrie de Ponce-Pilate [2] ! Je ne monterai pas sur la haute montagne, sur la haute tour où ce malheureux a été emprisonné ! Je n'entreverrai pas cet effroyable abîme dans lequel il se jeta de désespoir. — Pardonnez-moi, lieux si intéressants pour le voyageur sensible !

Ce ne fut pas sans larmes que nous nous séparâmes de Matthisson. Il me donna comme souvenir quelques-unes de ses dernières compositions et dit : « Je ne sais où j'irai plus tard, mais aucun climat ne changera mon cœur et partout je me souviendrai avec plaisir de nos relations ; n'oubliez pas Matthisson ! » Je quitte sans regret nos autres connaissances de Lyon.

Demain, à cinq heures du matin, nous prenons place dans le bateau de la poste et nous allons à Châlon. Nous avons déjà réglé nos comptes avec notre courtoise hôtesse. Chaque journée ici nous coûte environ un louis d'or.

Il fait nuit maintenant. — Becker dort, moi, je ne puis. Je suis assis à une petite table, et par mes rêveries je m'envole vers ma patrie, auprès de vous, mes chers amis.

[1] Nous laissons subsister le mot de Karamzine, qui permet de pressentir combien de surprises l'attendaient sur les bords de la Méditerranée.

[1] Une note de notre voyageur nous apprend qu'il s'agit de Vienne (Isère).

Sur la Saône.

Le soleil se lève, le brouillard s'est dissipé, notre barque glisse sur l'azur ondulé qu'éclairent des rayons d'or. Auprès de moi est assis un bon vieillard de Nîmes; une jeune et charmante femme dort d'un sommeil profond, la tête appuyée sur son épaule; il couvre la belle de son manteau, craignant qu'elle ne s'enrhume. Un jeune Anglais, dans un coin du bateau, joue avec son chien. Un autre Anglais, avec un air important, bat l'eau de la rivière de sa longue canne et me rappelle les esprits de *Bhagavad-guitâ* qui, par ce procédé, changèrent l'océan tout entier en beurre. Un grand Allemand, debout auprès du mât, fume sa pipe. Becker, tout contracté par l'air froid du matin, cause avec le timonier. Moi, j'écris au crayon sur une petite feuille de parchemin.

Des deux côtés de la rivière s'étendent de vertes prairies; de temps à autre, on voit des coteaux et des collines; partout, de beaux villages, comme je n'en ai trouvé ni en Allemagne, ni en Suisse; des jardins, des maisons d'été, appartenant à de riches marchands, des châteaux seigneuriaux avec de hautes tours; partout, la terre cultivée de la façon la plus parfaite; partout, l'aspect du travail et ses riches fruits.

Je me figurai à moi-même l'état primitif de ces rives couvertes de fleurs... La Saône murmurait ici, au milieu de la sauvagerie et des ténèbres. De sombres forêts bruissaient au-dessus de ses eaux. Les gens vivaient comme des bêtes, en se cachant dans de profondes cavernes ou sous les rameaux de chênes séculaires... Quelle transformation!... Combien a-t-il fallu de générations pour effacer de la Nature toutes les traces de la barbarie originelle!

Mais peut-être, mes amis, peut-être, dans le cours du temps, ces lieux redeviendront déserts et sauvages; peut-être, dans quelques siècles, à la place de ces belles jeunes filles, qui, en ce moment, sous mes yeux, sont assises au bord de la rivière, et démêlent avec un peigne le poil de leurs blanches chèvres[1], apparaîtront des animaux carnassiers qui rugiront comme dans les déserts de l'Afrique... Amère pensée!

Voyez les mouvements de la Nature, lisez l'histoire des peuples, allez en Syrie, en Égypte, en Grèce, et dites à quoi on ne doit pas s'attendre? Tout s'accroît ou décline. Les nations de la terre sont semblables aux fleurs du printemps; elles se flétrissent quand leur temps est venu. Arrive un étranger qui a admiré

---

[1] L'imagination du jeune touriste avait dû y mettre un peu du sien.

jadis leur beauté ; il passe à l'endroit où elles ont fleuri ; il passe, et la triste mousse s'offre à ses yeux !
— Ossian, tu as vivement senti ce mélancolique destin de tout ce qui vit dans ce monde sublunaire, et c'est pourquoi tu émeus mon cœur par tes chants désolés !

Qui peut garantir que la France tout entière, cet État qui est le plus beau de l'univers, le plus beau par son climat, par ses productions, par ses habitants, par ses arts et son industrie, tôt ou tard, ne ressemblera pas à l'Égypte de nos jours ?

Une chose me console, c'est que la chute des nations n'est pas la chute du genre humain tout entier. Elles cèdent leur place à d'autres, et, si l'Europe devenait un désert, alors, au sein de l'Afrique ou au Canada, s'épanouiraient de nouvelles sociétés politiques, avec leurs sciences, leurs arts et leur industrie.

Là où vécurent Homère et Platon, vivent à présent des ignorants et des barbares. Mais, en revanche, dans l'Europe du Nord, on trouve le poète de la *Messiade*, auquel Homère lui-même aurait donné sa couronne de lauriers[1] ; en revanche, au pied du Jura, nous avons vu Bonnet, et à Kœnigsberg, Kant, à côté desquels Platon, au point de vue philosophique, est un enfant.

Je ne puis en écrire davantage.

---

[1] Cette hyperbole n'avait pas été inventée par Karamzine.

Mâcon en Bourgogne, minuit.

Notre voyage est très agréable. La journée a été fort belle, la soirée chaude. Le soleil, tranquille et majestueux, est descendu d'un ciel tout bleu. Il y a longtemps que je n'avais pas vu un crépuscule aussi empourpré que celui-ci.

A midi, nous abordâmes à la rive, en face d'un tout petit village [1]. Quinze ou vingt maîtresses d'hôtel accoururent au-devant de nous. Chacune invitait les « aimables voyageurs » à venir chez elle comme hôtes, leur assurant qu'il y avait d'excellente soupe, d'excellents ragoûts, d'excellent dessert et le meilleur vin du monde. B..., un jeune officier français, deux Anglais et moi nous dînâmes ensemble, et avec une grande reconnaissance nous payâmes trente sous à la maîtresse du logis qui nous avait en réalité parfaitement bien traités.

[1] D'après M. de Porochine, ce village serait Montmerle, bourg de l'Ain. M. de Porochine est dans l'erreur, Montmerle se trouvant en amont de Trévoux, où Karamzine n'était pas encore passé.

Après le dîner, nous nous promenâmes sur le bord de la rivière, nous entrâmes çà et là dans plusieurs chaumières de paysans, et nous vîmes que les gens du pays vivaient dans la propreté et le bon ordre. L'officier, B... et moi nous parlâmes avec eux de leurs affaires, de l'agriculture, et nous badinâmes avec les jeunes villageoises, qui n'ont pas perdu encore le don de rougir. Nous surprîmes une famille pendant son dîner : sur une grande table, couverte d'une nappe assez propre, était une grande soupière, un plat d'épinards et une cruche de lait. — Mais je n'aime guère les chaussures de bois[1] des paysans français, et je ne comprends pas comment ils ne se blessent pas les pieds avec elles.

Vers le soir, nous passâmes devant la ville de Trévoux, qui est située sur le côté droit de la Saône[2]. Elle est connue surtout par les *Mémoires de Trévoux*, journal antiphilosophique des Jésuites, qui, pareil à un nuage noir et orageux, lança avec fracas le tonnerre contre Voltaire et d'Alembert, et menaça de détruire par le feu céleste toutes les productions de l'esprit humain[3].

A neuf heures, nous atteignîmes le rivage de la ville de Mâcon. Nous y soupâmes dans le premier hôtel et nous y bûmes le meilleur vin de Bourgogne.

---

[1] Sans doute les sabots.

[2] Trévoux est en réalité sur la rive gauche de la Saône, mais se trouvait en effet à la droite de Karamzine qui remontait la rivière.

[3] L'influence des encyclopédistes à Péterbourg explique cette crainte plus que vaine.

Il est épais, d'une couleur foncée, et n'a aucune ressemblance avec celui qui chez nous, en Russie, s'appelle Bourgogne.

Nous passons la nuit ici, et à quatre heures nous continuons à naviguer vers Châlon, où nous espérons être demain après dîner.

Fontainebleau, 9 heures du matin.

Avant-hier, nous avons quitté Châlon, de nuit, dans une calèche légère, avec un marchand de Paris, qui, après avoir reçu de nous deux ou trois cents livres, dit que nous pouvions serrer nos bourses jusqu'à Paris. Il paye les chevaux de poste, le dîner, le souper, le thé et le café. Peut-être lui restera-t-il quelques thalers ou écus; mais, en revanche, nous n'avons aucune espèce de soucis.

La poste en France n'est pas plus chère et en même temps elle est incomparablement meilleure qu'en Allemagne. Les chevaux sont partout prêts en cinq minutes. Les routes sont très belles, les postillons ne sont pas paresseux, des villes et des villages apparaissent sans interruption aux regards du voyageur.

En 50 heures, nous avons parcouru 65 milles de France. Partout nous avons vu des lieux agréables, et à chaque station nous étions entourés de mendiants! Notre compagnon, le Français, nous dit qu'ils n'étaient pauvres que parce qu'ils restaient oisifs et paresseux, et qu'à cause de cela ils ne méritaient pas de compassion. Cependant je n'ai pu ni dîner ni souper tranquillement, en apercevant sous la fenêtre ces visages blêmes, ces haillons déchirés.

Fontainebleau est une petite ville entourée de forêts, dans lesquelles les rois de France du vieux temps s'amusaient à chasser la bête fauve [1]. Saint-Louis a écrit au bas d'édits : *Donné en nos déserts de Fontainebleau*. A cette époque, il n'y avait là presque rien, hormis deux ou trois églises et un monastère; mais François Ier construisit dans ce vide un vaste château qu'il embellit des plus beaux produits de l'art italien. Je voulus visiter l'intérieur de ce majestueux édifice, et, moyennant deux écus, j'en vis toutes les particularités remarquables : une fort belle église, la galerie de François Ier avec ses célèbres tableaux, les chambres du Roi et de la Reine, également ornées d'admirables peintures, etc... Dans une grande galerie de ce château, on montre l'endroit où la cruelle Christine, en 1659, fit assassiner, de la façon la plus horrible, le grand maître de sa Cour, qui était son amant, le marquis Monaldeschi. — Dans la salle de bal, décorée par le peintre Nicolo [2], beaucoup de tableaux ont été effacés, parce qu'ils étaient trop scandaleux pour les personnes pieuses. Sauval, avocat au Parlement de Paris, en décrivant « les aventures galantes des rois

---

[1] On fait remonter jusqu'à Louis VII la fondation de la chapelle Saint-Saturnin qui avait été consacrée par Thomas Becket.

[2] Nicolo dell' Abate.

de France », dit que le siècle de François Ier a été on ne peut plus corrompu, et que toutes les productions des poètes et des peintres du temps respirent le dévergondage : « Allez à Fontainebleau, » s'écrie le pieux avocat, qui mourut vers 1670, « et partout sur les murs vous verrez des dieux et des déesses, des hommes et des femmes, qui outragent la nature et se plongent dans des dissolutions des plus monstrueuses ». La vertueuse épouse de Henri IV détruisit beaucoup de ces tableaux [1] ; mais, pour détruire tout ce qu'il y a de pernicieux et de dépravé, il faudrait livrer aux flammes Fontainebleau entier. — Un certain Sublet des Noyers, pendant qu'il était gouverneur de Fontainebleau, fit brûler un tableau de Michel-Ange, pour lequel François Ier avait payé une très grosse somme. Il représentait une Léda nue, et si vivante, dans une situation si impudique, que le gouverneur ne pouvait la voir sans scandale. — J'ai emprunté ces anecdotes à Dulaure.

Nous avons déjeuné ici. Le postillon fait claquer son fouet. Adieu, adieu — jusqu'à Paris.

---

[1] M. de Porochine substitue à cette phrase les lignes suivantes : « En 1643, la reine mère, à son avènement à la Régence, en fit brûler ou effacer pour plus de cent mille écus. » C'est bien en effet ce qu'a écrit Sauval. Karamzine a confondu ici Marie de Médicis avec Anne d'Autriche.

Paris, 27 mars 1790.

Nous approchions de Paris et sans cesse je demandais : « Le verrons-nous bientôt ? » Enfin se découvrit une vaste plaine, et, dans la plaine, Paris, qui en occupait toute la longueur !... Nos regards avides se tournèrent vers cet immense amas d'édifices et s'y perdirent, comme dans l'immensité de l'océan. Mon cœur battait. « La voilà donc, » pensais-je, « la voilà, cette ville qui durant le cours de tant de siècles a été le modèle de l'Europe entière, la source du goût, des modes, dont le nom est prononcé avec respect par les savants et par les ignorants, par les philosophes et les petits-maîtres, par les artistes et les rustres, en Europe et en Asie, en Amérique et en Afrique, dont le nom m'a été connu presque en même temps que le mien même, sur laquelle j'ai lu tant de choses dans les romans, j'ai appris tant de choses des voyageurs, j'ai rêvé et pensé tant de choses !... La voici ! Je vais la voir ! je vais y vivre ! » — Ah ! mes amis ! cet instant a été l'un des plus charmants de mon voyage! Je ne me suis approché d'aucune ville avec des sentiments aussi vifs, avec une pareille curiosité, avec une pareille impatience! — Notre compagnon, le Parisien, en nous montrant Paris avec sa canne, nous disait : « Ici, du côté droit, vous voyez les quartiers Montmartre et du Temple; devant nous est le faubourg Saint-Antoine, et du côté gauche, audelà de la Seine, se trouvent les quartiers Saint-Marcel, Saint-Michel et Saint-Germain. Cette haute flèche gothique est l'antique église Notre-Dame; ce nouveau temple grandiose, dont vous admirerez certainement l'architecture, c'est celui de Sainte-Geneviève, la patronne de Paris; là-bas, dans le lointain, s'élève avec sa brillante coupole l'*Hôtel royal des Invalides*, un des plus vastes édifices de Paris, où les rois et la patrie assurent le repos des guerriers qui ont bien mérité d'eux et qui ont atteint une extrême vieillesse. »

Bientôt nous entrâmes dans le faubourg Saint-Antoine; mais qu'y vîmes-nous? Des rues étroites, malpropres, boueuses, de méchantes maisons et des gens en haillons déchirés. « Voilà donc Paris! » me dis-je, « cette ville qui de loin me semblait si magnifique! » — Mais le décor changea complètement, quand nous débouchâmes sur le bord de la Seine. Là se présentèrent devant nous des édifices magnifiques, des maisons à six étages, de riches boutiques. Quelle multitude de gens! quelle bigarrure! quel bruit! Une voiture court après une autre. A chaque instant on crie : *Gare! Gare!* et le peuple s'agite comme une mer.

Ce bruit indescriptible, cette merveilleuse variété des objets, cette affluence extraordinaire, cette vivacité exceptionnelle du peuple me jetèrent dans une certaine surprise. Il me sembla que, comme un tout petit grain de sable, j'étais tombé en un gouffre effroyable et roulé dans un tourbillon d'eau.

Après avoir traversé la Seine, nous nous arrêtâmes rue Guénégaud, auprès de l'*Hôtel Britannique*. Là, au troisième étage, nous trouvâmes pour nous deux chambres bien éclairées et proprement arrangées, que nous paierons deux louis d'or par mois. La maîtresse de la maison nous combla de politesses. Elle courait, se démenait, désignait la place pour nos lits, nos malles, nos valises, et à chaque mot disait : « *Aimables étrangers*, respectables étrangers » ! Le marchand, notre compagnon de voyage, nous souhaita tous les plaisirs possibles à Paris, et sortit pour retourner chez lui. Quant à nous, en une demi-heure, nous réussîmes à dîner, à nous coiffer et à nous habiller complètement. Nous fermâmes nos chambres, nous descendîmes dans la rue et nous nous mêlâmes aux groupes de la foule, qui, comme les vagues d'une mer, nous entraînèrent jusqu'au célèbre *Pont-Neuf*, où se dresse le beau monument du plus aimable roi de France, Henri IV. Était-il possible de passer devant ? Non ! Mes jambes s'arrêtèrent d'elles-mêmes, mon regard de lui-même se dirigea vers l'image du héros, et pendant quelques minutes ne put s'en détacher.

Laissant Becker devant le piédestal de la statue de

Henri, je me rendis chez M. Bréguet, qui habite à peu de distance du Pont-Neuf sur le *quai des Morfondus*. Sa femme me reçut devant la cheminée, et, après avoir appris mon nom, m'apporta immédiatement une lettre — une lettre de mes bien-aimés ! Imaginez-vous la joie de votre ami !... Vous êtes bien portants et heureux !... Toutes mes inquiétudes furent oubliées en un instant ; je devins joyeux comme un enfant insouciant, je relus dix fois la lettre, j'oubliai Mme Bréguet, et ne lui dis pas un seul mot. Mon âme en ce moment s'occupait uniquement des amis que je sentais si loin. — « Il me semble que vous êtes bien heureux ! » dit la maîtresse de la maison. « Cela fait plaisir à voir. » — Alors je me rappelai où j'étais, je commençai à m'excuser auprès d'elle, mais cela n'allait guère tout seul. Je voulus lui parler de Genève, où elle est née ; mais je ne pus, et finalement je sortis. Becker m'aperçut courant, il vit la lettre dans ma main, il observa mon visage, et se réjouit de tout son cœur, parce qu'il m'aime. Nous nous embrassâmes sur le Pont-Neuf auprès du monument, et il me sembla que, tout de bronze qu'il fût, Henri, en nous regardant, souriait. — *Pont-Neuf !* jamais je ne t'oublierai !

Mon cœur était joyeux. Avec Becker je marchai à travers la ville inconnue, passant d'une rue à l'autre, sans guide, sans dessein et sans but, — et tout ce qui se présentait à nos regards nous saisissait agréablement.

Le soleil s'était couché, la nuit s'approchait et les

lanternes s'allumaient dans les rues. Nous arrivâmes au *Palais-Royal*, immense édifice, qui appartient au duc d'Orléans, et qu'on appelle le centre de Paris.

Figurez-vous un magnifique château carré, et à l'intérieur de ce château, des arcades, sous lesquelles, dans d'innombrables magasins, resplendissent tous les trésors du monde, les richesses de l'Inde et de l'Amérique, joyaux et diamants, argent et or, tous les produits de la Nature et de l'Art; tout ce dont la somptuosité des princes aime à se parer; tout ce qu'invente le luxe afin d'embellir la vie!... Et tout cela est disposé de la façon la plus admirable, pour la séduction des yeux et éclairé par des feux clairs de diverses couleurs, qui éblouissent la vue. — Figurez-vous une masse de gens affluant dans ces galeries et marchant en arrière ou en avant, uniquement afin de se regarder mutuellement! — Là aussi l'on voit des « cafés », les premiers de Paris, où tout est également rempli de monde, où on lit à haute voix les gazettes et les journaux, où l'on fait du tapage, où l'on se querelle, où l'on prononce des discours, etc...

La tête commençait à me tourner. Nous sortîmes des galeries, et nous nous assîmes dans l'allée de marronniers du *Jardin du Palais-Royal*. Là régnaient le calme et l'obscurité. Les arcades épanchaient leur lumière sur la verdure des rameaux, mais cette lumière se perdait dans leurs ombres. D'une autre allée s'échappaient les sons lents, voluptueux d'une tendre musique; un petit vent frais faisait frissonner les jeunes feuilles des arbres. — Des « nymphes de joie » s'approchèrent de nous l'une après l'autre, nous jetèrent des fleurs, soupirèrent, se mirent à rire, nous appelèrent dans leurs grottes, nous y promirent quantité de plaisirs et disparurent comme les apparitions d'une nuit de clair de lune.

Tout me semblait enchantement, île de Calypso, palais d'Armide. Je me laissai aller à une agréable rêverie, et mille pensées romanesques pénétrèrent dans mon âme...

Paris, 2 avril 1790.

« Je suis à Paris ! » Cette pensée produit dans mon âme je ne sais quelle agitation particulière, rapide, inexplicable, charmante... « Je suis à Paris ! » me dis-je à moi-même, et je cours de rue en rue, des Tuileries aux Champs-Élysées ; soudain je m'arrête, je regarde tout avec une curiosité inattendue : les maisons, les voitures, les gens, et mille idées s'éveillent dans ma tête. Ce qui m'était connu par des descriptions, je le vois à présent de mes propres yeux ; je me réjouis et m'égaye du vivant tableau qu'offre la plus grande et la plus célèbre des villes du monde, ville merveilleuse, unique par la variété de ses spectacles.

Cinq journées ont passé pour moi comme cinq heures, dans le bruit, dans la foule, dans les théâtres, dans l'enceinte magique du Palais-Royal. Mon âme est pleine de vives impressions ; mais je ne puis m'en rendre compte à moi-même, et je ne suis pas en état de vous dire quelque chose de suivi à propos de Paris.

Laissez ma curiosité se rassasier : ensuite viendra le moment d'apprécier, de décrire, de louer, de critiquer. A présent, je ne remarquerai qu'une chose qui me paraît le trait principal dans l'aspect de Paris : la vivacité inouïe du peuple dans ses mouvements, sa promptitude surprenante à parler et à agir. Le système des tourbillons de Descartes n'a pu prendre naissance que dans la tête d'un Français, d'un habitant de Paris [1]. Ici tout se précipite vers un but quelconque. Tout le monde a l'air de se poursuivre mutuellement; on donne la chasse aux pensées, on les attrape au vol; on pressent ce que vous voulez dire, afin de vous expédier le plus tôt possible. Quel étrange contraste, par exemple, avec les graves Suisses, qui vont toujours à pas mesurés, vous écoutent avec la plus grande attention, si bien que l'homme timide, modeste, en rougit; qui vous écoutent même encore alors que vous avez cessé de parler; qui pèsent vos mots et répondent avec tant de lenteur, tant de prudence, par crainte de ne pas vous comprendre! L'habitant de Paris, lui, veut toujours deviner. Vous n'avez pas encore fini votre question qu'il vous a fait entendre sa réponse, s'est incliné et a disparu.

[1] Les biographes de Descartes ne seraient pas tout à fait d'accord avec Karamzine sur ce point.

Paris, avril 1790.

En prenant la plume pour vous présenter Paris, si ce n'est dans un tableau complet, du moins dans ses principaux traits, dois-je commencer, comme disaient les anciens, « aux œufs de Léda » et expliquer avec la gravité d'un érudit que cette ville s'est appelée jadis Lutèce, que le nom des habitants de Paris, *Parisii*, signifie « peuple placé sous la protection d'Isis, » c'est-à-dire qu'il provient du grec παρὰ et Ἶσις, encore bien que les peuples de la Gaule n'aient jamais eu la moindre notion de cette déesse égyptienne et n'aient jamais songé à rechercher sa protection ? Faut-il vous traduire quelques passages des *Commentaires* de Jules César (le premier des auteurs anciens qui fasse mention de Paris) et du *Misopogon*, ouvrage composé par l'empereur Julien ; passages qui vous apprendront que Paris, même à l'époque de César, était déjà la capitale de la Gaule, et que l'empereur Julien faillit y être asphyxié par un poêle [1] ? Faut-il

---

[1] Karamzine cite le passage fort connu du *Misopogon*.

m'entourer des œuvres de Jean Hauteville [1], de Guillaume Corrozet [2], de Claude Fauchet [3], de Nicolas Bonfons [4], de Jacques du Breul [5], de Malingre [6], de Sauval [7], de dom Félibien [8], de Colletet [9], de Lamare [10], de Brice [11], de Boisseau [12], de du Pra-

[1] Jean de Hauteville, ou plutôt d'Anville (Eure), a écrit au XIIe siècle un poème latin, tout de fantaisie, intitulé l'*Architrenius*. Une partie en est consacrée aux splendeurs comme aux misères de Paris, spécialement à celles (nous entendons les misères) de la vie des étudiants de l'époque. Il est plus que probable que Karamzine n'avait guère pâli sur l'*Architrenius* et qu'il a simplement copié de confiance le nom de son auteur. La même remarque s'applique à plus d'un des écrivains qui suivent.

[2] Le libraire Gilles Corrozet publia en 1532 *La fleur des antiquités, singularités, excellences, etc..., de la ville de Paris.*

[3] *Les antiquités gauloises et françaises*, par Claude Fauchet, Paris, Leclerc, 1610.

[4] Et non pas Bonfous, comme l'écrit Karamzine. Ses *Antiquités, histoires, chroniques, etc., de la grande et excellente ville de Paris*, ne sont qu'une refonte de la publication de Corrozet, antérieure d'un demi-siècle environ.

[5] *Théâtre des antiquités de Paris* par dom Jacques du Breul, bénédictin de Saint-Germain-des-Prés, 1612.

[6] *Antiquités de la ville de Paris*, par Claude Malingre, Paris, 1640, in-folio. C'est l'ouvrage de du Breul remanié.

[7] *Histoire et recherches des antiquités de la ville de Paris*, par Henri Sauval, avocat au Parlement, 1724, Paris, 3 volumes.

[8] *Histoire de la ville de Paris*, par dom Félibien et Lobineau, Paris, 1725, 5 volumes.

[9] *Le tracas de Paris*, poème burlesque, avec la *Description de Paris* en vers burlesques, par François Colletet (le fils du poète Guillaume), Paris, 1665, in-12.

[10] *Traité de la police avec une description historique et topographique de Paris*, par Nicolas de Lamare, Paris, 1722-1735, 4 volumes in-folio.

[11] *Description de la ville de Paris*, par Germain Brice, Paris, 1706, 4 volumes.

[12] *Topographie française*, par Jean Boisseau, 1641, in-folio.

del [1], de Lemaire [2], de Montfaucon [3], — éblouir vos yeux de la poussière savante de ces auteurs, et vous montrer clairement ce qu'était Paris à ses débuts, alors que les eaux de la Seine réfléchissaient, non pas encore de vastes palais ou églises, mais de méchantes petites maisons, pareilles aux huttes des Alpes; alors que des ponts de bois, et non pas de granit, lui servaient de moyens de communication; alors que sur ses rives l'ouïe des hommes n'était enchaînée ni par Laïs ni par Renaud, mais par les chants sauvages des frères d'Ossian; alors que les Parisiens n'étaient émerveillés ni par l'éloquence de Mirabeau, ni par celle de Maury, mais bien par les Druides aux cheveux blancs, adorateurs des bois de chênes? Faut-il que je suive Paris pas à pas, à travers l'espace des siècles disparus, en marquant toutes ses transformations, ses nouveaux aspects, ses progrès en architecture, depuis la première maison de pierre jusqu'à la colonnade du Louvre? — J'entends votre réponse : « Nous lirons Saint-Foix, ses *Essais sur Paris*, et nous saurons tout ce que tu pourrais nous dire à propos du vieux Paris. Dis-nous uniquement quel effet il t'a produit sous son aspect actuel ; nous ne te demandons rien de plus. » — Ainsi, laissant de côté

---

[1] *Le livre des adresses de la ville de Paris*, pour l'année bissextile 1692, par Abraham du Pradel. Paris, Nion, 1692, petit in-8°.

[2] *Paris ancien et nouveau*, par Lemaire, Paris, 1685.

[3] *Les monuments de la monarchie française*, par dom Bernard de Montfaucon, de la congrégation de Saint-Maur, Paris, 1782

l'antiquité vénérable et tout le passé, je ne parlerai que du seul présent.

Paris s'offre à vous comme une ville magnifique, lorsque vous y entrez par la route de Versailles[1]. Devant soi on découvre des édifices avec de hautes flèches et des coupoles. A droite, la Seine coule auprès de grandes maisons et de jardins pittoresques. A gauche, au-delà d'une grande et verte plaine, se dresse la colline de Montmartre, couverte d'innombrables moulins à vent, qui, en agitant leurs ailes, font l'effet à nos yeux d'une troupe volante de je ne sais quels géants emplumés, autruches ou aigles des Alpes. La route, large, égale, unie comme une table, est éclairée la nuit par des lanternes. A la barrière, la petite maison de l'octroi vous captive par la beauté de son architecture. A travers une vaste prairie, qui semble de velours, vous arrivez aux « Champs-Elysées », qui ne portent pas sans raison ce nom attrayant : c'est un petit bois, planté par les Oréades elles-mêmes, avec de petites pelouses fleuries et des cabanes semées en différents endroits, où vous trouvez tantôt un « café » et tantôt une boutique. C'est là que, le dimanche, se promène le peuple ; on y joue de la musique et les bourgeois y dansent gaiement. Les pauvres gens, épuisés par six journées de travail, respirent sur le frais gazon, boivent du vin et chantent des vaudevilles. Mais vous n'avez pas le temps de contempler toutes les beautés de ce petit bois, de

---

[1] L'ancienne barrière des Bonshommes.

ces gracieux bosquets, disséminés comme par hasard à droite et à gauche de la route. Votre regard se dirige en avant, là où, sur une grande place octogone, s'élève la statue de Louis XV, entourée d'une balustrade en marbre blanc. Approchez-vous, et vous verrez devant vous les allées touffues du célèbre jardin des Tuileries, contiguës à un palais splendide ; c'est une vue superbe ! Une fois entré dans le jardin, vous ne savez qu'admirer : l'épaisse verdure des antiques allées, l'agrément des hautes terrasses qui s'étendent des deux côtés dans toute la longueur du jardin, ou la beauté des bassins, des parterres, des vases, des groupes et des statues. L'artiste Le Nôtre[1], le créateur de ce jardin, le mieux dessiné de l'Europe, en a marqué chaque partie au cachet de l'esprit et du goût. Ce n'est plus le peuple qui se promène ici, comme aux Champs-Elysées, mais bien ce qu'on appelle le « meilleur monde », des cavaliers et des dames qui répandent à terre la poudre et le fard. Montez sur la grande terrasse : regardez à droite, à gauche, en rond : partout se montrent d'immenses constructions, des palais, des églises, les belles rives de la Seine, des ponts de pierre, sur lesquels s'entassent des milliers de gens, où quantité de voitures font leur fracas, — regardez tout cela, et dites ensuite ce qu'est Paris ! Il faut bien l'appeler la première ville du monde, la capitale de la magnificence et du merveilleux.

Restez ici toutefois, pour peu que vous teniez à ne

[1] Et non pas Le Noir, comme le porte l'édition de 1797.

pas changer d'avis ; en allant plus loin, vous verrez... des rues étroites, un mélange choquant de richesse et de misère ; à côté d'une brillante boutique de bijoutier un tas de pommes et de harengs pourris ; partout de la boue, et même du sang, coulant, en petits ruisseaux, des boucheries ; vous vous serrerez le nez et vous fermerez les yeux. Le tableau de la ville somptueuse s'assombrira dans vos pensées, et il vous semblera que de toutes les villes de l'univers, par des conduits souterrains, la malpropreté et l'ordure viennent s'amonceler à Paris. Faites encore un pas, et soudain vous sentirez dans l'air tous les parfums de l'Arabie heureuse ; en d'autres termes, vous vous trouverez dans le voisinage d'un de ces magasins où l'on vend des odeurs et de la pommade ; il y en a une quantité. A chaque pas, en un mot, c'est une nouvelle atmosphère, ce sont de nouveaux objets de luxe ou bien la saleté la plus répugnante, si bien que vous serez obligé d'appeler Paris la plus magnifique et la plus immonde, la plus parfumée et la plus empestée des villes. Les rues sont toutes, sans exception, resserrées et sombres, à cause de la hauteur des maisons. La célèbre rue Saint-Honoré est de toutes la plus longue, de toutes la plus bruyante et de toutes la plus boueuse. Malheur aux pauvres piétons, principalement quand il pleut ! Ou bien vous êtes condamné à pétrir la boue au milieu de la rue [1] ou bien

---

[1] Le pavage, à Paris, est disposé en pente des deux côtés de a rue ; c'est pourquoi au milieu il y a toujours une boue épouvantable. — *Note de Karamzine.*

l'eau, qui coule des toits par des dauphins, ne vous laisse pas un fil de sec. Une voiture est indispensable ici [1], au moins pour nous autres étrangers ; mais les Français savent d'une façon merveilleuse marcher au milieu des saletés sans se salir ; ils sautent artistement de pavé en pavé et se garent dans les boutiques des voitures qui vont vite. L'illustre Tournefort, qui avait fait presque le tour du monde, après être revenu à Paris, fut écrasé par un fiacre, parce que durant son voyage il avait désappris l'art de bondir comme un chamois dans les rues, talent indispensable pour tous ceux qui vivent ici.

Allez tout droit à travers la ville, dans quelque direction qu'il vous plaira et vous finirez par vous trouver sous les ombrages d'épaisses allées appelées *boulevards*. Il y a trois de ces allées, l'une pour les voitures et les deux autres pour les piétons. Elles vont de front et forment un cercle magique, une ceinture des plus belles autour de tout Paris. C'est là que jadis les habitants de la ville se réunissaient pour jouer *à la boule* sur le gazon vert ; de là même vient

---

[1] Pour une voiture de louage convenable, il faut payer par jour quatre roubles. On peut aussi aller en fiacre, c'est-à-dire dans des voitures comme celles de nos *izvochtchikes*, voitures qu'on trouve à chaque carrefour. Il est vrai qu'elles ne sont pas très belles, ni en dehors, ni en dedans. Le cocher est assis sur son siège avec une méchante veste ou un vieux manteau, et, sans interruption, fouette ses deux — non pas chevaux, mais squelettes de chevaux, qui tantôt s'élancent, tantôt s'arrêtent, trottent un peu et derechef ne bougent plus. Dans cet équipage on peut, pour 24 sous, traverser la ville d'un bout à l'autre. — *Note de Karamzine*.

la dénomination de *boule-vert* ou *boulevard* [1]. A l'origine, là où sont les allées, il n'y avait qu'un rempart qui protégeait la capitale de la France contre les invasions de ses ennemis ; les arbres furent plantés beaucoup plus tard. Une partie des boulevards porte le nom d' « anciens », et l'autre, de « nouveaux ». Sur les premiers vous voyez des objets de goût, de prix, de luxe, tout ce que l'oisiveté a imaginé pour occuper l'oisiveté. Ici est la Comédie ; là, l'Opéra ; ici, de superbes palais ; là, les Jardins des Hespérides, où il ne manque que des pommes d'or ; ici, un « café », avec des guirlandes de verdure suspendues ; là, une tonnelle, ornée de fleurs et semblable à un temple champêtre de l'Amour ; ici, un petit bois aimable où l'on entend de la musique, où tantôt une Nymphe agile saute sur une corde raide, où tantôt un escamoteur divertit le public par ses tours de passe-passe ; là, on vous montre les produits les plus rares du règne animal, des oiseaux d'Amérique, des serpents d'Afrique, des colibris et des autruches, des tigres et des crocodiles ; ici, sous un marronnier, est assise Circé, qui vous regarde avec des yeux langoureux, pose la main sur son cœur, et, voyant que vous passez avec indifférence devant elle, s'écrie en soupirant : « Insensible ! Cruel ! » ; là, un jeune élégant débraillé se rencontre avec un *petit-maître* sur le retour, délicatement poudré, le contemple avec un léger

---

[1] L'étymologie généralement admise tire le mot *boulevard* de l'allemand *bollwerk*. Karamzine a peut-être confondu *boulevard* et *boulingrin* (*bowling-green*).

sourire et donne le bras à une chanteuse de l'Opéra ; ici une longue suite de voitures, d'où vous regardent la jeunesse et la vieillesse, la beauté et la laideur, l'esprit et la sottise avec leurs traits les plus caractéristiques, — puis enfin... défile un détachement de la garde nationale. J'ai employé une journée tout entière à faire le tour de cette partie bruyante des boulevards [1].

Ce qu'on appelle les nouveaux boulevards présente un spectacle entièrement différent. Les arbres y répandent plus d'ombrage, les allées y sont plus belles, l'air y est plus pur, mais il y a peu de promeneurs. Vous n'y entendez ni le bruit d'une voiture, ni le piétinement d'un cheval, ni chansons, ni musique. Vous n'y verrez ni fats d'Angleterre ou de France, ni têtes poudrées, ni visages fardés. Ici, sous une ombre épaisse, respire le bon artisan avec sa femme et sa fille. Là, dans l'allée, à pas lents, se promène son fils avec sa jeune fiancée. Plus loin, des champs de blé, des travaux champêtres, des agriculteurs labo-

---

[1] Parmi les magnifiques maisons qui leur sont adjacentes, j'ai remarqué celle du célèbre Beaumarchais. Cet homme n'a pas réussi seulement à tourner la tête au public parisien par une étrange comédie, mais il s'est aussi enrichi d'une façon étonnante. Il n'a pas su seulement rendre par sa plume pittoresque les côtés faibles du cœur humain, mais il les a aussi mis à profit pour remplir sa bourse. Il est à la fois auteur piquant et homme du monde habile, courtisan rusé et marchand sachant fort bien compter. A présent Beaumarchais possède tous les moyens et les ressources nécessaires pour jouir de la vie. Les curieux contemplent sa maison comme une merveille d'opulence et de goût. Un seul bas-relief au-dessus de la porte d'entrée a coûté 30 ou 40 mille livres. — *Note de Karamzine.*

rieux. En un mot, tout est simple, calme et paisible.

Rentrons de nouveau au milieu du bruit de la ville. Charles V disait: *Lutetia non urbs, sed orbis*. Que dirait-il à présent que sa Lutèce a doublé en étendue et doublé aussi par le nombre de ses habitants? Figurez-vous 25,000 maisons à quatre ou cinq étages qui du haut jusqu'en bas sont remplies de monde! Quoi qu'en disent tous les calendriers géographiques, Paris est plus peuplé que Constantinople et que Londres, puisqu'il renferme, d'après le plus récent et le plus fidèle dénombrement, 1,130,400 habitants[1], parmi lesquels figurent 150,000 étrangers et 200,000 domestiques. Allez ici d'un bout à l'autre de la ville: partout la foule va et vient, partout du bruit et du vacarme, dans les grandes et les petites rues. Or il y en a environ mille dans Paris! La nuit, à dix, à onze heures, tout est encore animé, tout s'agite et se promène. A une heure, à deux heures, on rencontre encore beaucoup de monde. Vers trois, vers quatre, on entend de loin en loin le bruit d'une voiture. Toutefois ces deux heures peuvent être appelées les plus paisibles des vingt-quatre. A cinq, apparaissent dans les rues les ouvriers, les Savoyards, les journaliers, et peu à peu la ville ressuscite tout entière.

---

[1] M. de Porochine a traduit à dessein par « six cent mille âmes », ce qui semble beaucoup plus près de la vérité. — M. Smirdine, dans son édition de 1848, comme M. Souvorine, en 1884, ont maintenu, sans commentaire, le chiffre ou l'erreur de Karamzine. Piganiol de la Force, dont notre auteur venait probablement de lire les premières pages (V. *Les Curiosités de Paris*, t. I, p. 1-14) ne parle que de neuf cent mille âmes.

Maintenant voulez-vous examiner avec moi les plus anciens monuments de Paris? — Non, laissons cela pour un autre temps. Vous êtes fatigués, et moi aussi. Il faut changer de sujet, ou plutôt finir.

★

Aujourd'hui j'ai dîné chez M. Glo..., pour lequel j'avais une lettre de Genève. Il est fâcheux de ne pas connaître les usages : je suis arrivé à deux heures, alors que personne dans la maison ne songeait encore à recevoir des hôtes. M. Glo..., après sa promenade matinale, s'habillait dans son cabinet, et sa femme était absorbée par sa lecture du matin. Au bout de dix minutes, cette dernière entra dans le salon, où j'étais assis auprès de la cheminée, tournant les feuillets de la *Poétique* de Marmontel, qui se trouvait sur un écran. Mme Glo... est une femme instruite, d'une trentaine d'années. Elle parle anglais, italien, et (comme Mme Necker, chez qui se rassemblaient jadis d'Alembert, Diderot et Marmontel) elle aime à s'entourer d'auteurs. Nous commençâmes par causer littérature, et avec assez de feu, parce que Mme Glo... contredisait toutes mes opinions. Par exemple, je dis que Racine et Voltaire étaient les meilleurs tragiques de la France; mais elle eut la bonté de m'apprendre que Chénier était un dieu à côté d'eux. Je pensais qu'auparavant on écrivait mieux en France qu'aujourd'hui; mais elle me dit que chez elle il se réunissait une vingtaine d'écrivains qui étaient tous incomparables. Je louai Du Paty ; mais elle m'assura qu'on ne le lisait pas du tout à Paris, que c'était un bon avocat, mais qu'il ne valait rien comme auteur et comme observateur. Je louai le drame de *Raoul*[1], mais elle ne m'en parla qu'avec mépris. En un mot, nos désaccords n'auraient jamais pris fin, si le domestique n'avait ouvert les portes et prévenu Mme Glo... de l'arrivée de ses invités.

Au bout de quelques minutes, le salon était rempli de marquis, de chevaliers de Saint-Louis, d'avocats, d'Anglais. Chaque hôte s'avançait vers la maîtresse du logis avec un froid compliment. Son mari parut après tout le monde, et tourna la conversation sur les partis, les intrigues, les décrets de l'Assemblée nationale, etc., etc... Les Français discutaient, louaient, critiquaient, mais les jeunes Anglais bâillaient. Involontairement, je me rapprochai de ces derniers, et me réjouis de bon cœur, lorsqu'on nous prévint que le dîner était prêt. La table était fort bien servie, mais les orateurs ne se turent pas. Un avocat se distingua entre tous les autres. Il souhaitait d'être ministre uniquement afin de payer en six mois toutes les dettes de la France, de tripler ses revenus, d'enrichir le Roi, le clergé, la noblesse, les marchands, les artistes, les artisans... Enfin, M. Glo... le saisit par la main et d'un air grave lui dit : « Assez, assez, ô homme ma-

---

[1] *Raoul Barbe-bleue*, dont il sera question plus loin, ou peut-être aussi *Raoul de Créqui*, mélodrame lyrique, paroles de Monvel, musique de Dalayrac, qui avait été joué pour la première fois le 31 octobre 1789.

gnanime! » — Je me mis à rire, et, par bonheur, je ne fus pas le seul. Du reste, l'avocat ne s'en montra offensé en quoi que ce soit, et continua à démontrer l'utilité de ses vastes plans, en s'adressant principalement au frère de Necker, qui dînait avec nous et qui l'écoutait avec la plus grande patience. Il existe à présent quantité de ces beaux parleurs dans Paris, surtout sous les arcades du Palais-Royal, et il faut avoir la tête bien saine pour qu'elle n'éprouve aucun malaise de leur éloquence. — Auprès de moi était assis à table un Anglais, homme sensé et grave, qui, après avoir appris que j'étais Russe, m'interrogea sur notre climat, notre genre de vie, etc... Le célèbre voyageur Coxe est son ami; il a été avec lui en Suisse et en Allemagne. — Nous nous levâmes de table à cinq heures, et le maître de la maison me dit que chaque dimanche je pouvais dîner chez lui avec ses amis.

J'avais encore une lettre pour M. N..., vieux gentilhomme provençal. Elle m'avait été donnée par son frère, *émigré*, dont j'avais fait la connaissance à Genève, chez Mme K... Il est presque aveugle, sourd, marche avec peine et vit à Paris à cause de sa femme, qui est jeune, tendre, langoureuse, blonde et qui adore les spectacles, etc... Quel couple mal assorti! Un pareil mariage peut-il être heureux? me disais-je en regardant M. et Mme N..., ce Vulcain et cette Vénus, ce mois d'octobre qui se meurt et ce mois de mai qui est tout en fleurs. O Nature! dans ton empire les roses poussent-elles auprès des neiges? — Ils m'ont accueilli avec une froide bienveillance, comme il est d'usage d'accueillir ici les étrangers; ils m'ont invité à dîner, à souper, etc... M*me* N... me dit qu'à présent on s'ennuyait à Paris, qu'elle irait bientôt en Suisse pour s'y fixer sur cette belle montagne auprès de Neuchâtel, que Rousseau a décrite de sa plume magique dans une lettre à d'Alembert, et qu'elle y vivrait heureuse dans les bras de la Nature[1]. Je la félicitai de son poétique projet.

★

Paris n'est plus maintenant ce qu'il était. Un nuage menaçant est venu planer sur ses tours, et obscurcit la splendeur de cette ville, jadis somptueuse. Le luxe doré, qui y régnait auparavant comme dans sa capitale affectionnée, le luxe doré, après avoir laissé tomber un voile noir sur son visage attristé, a pris son essor dans l'air et s'est dérobé derrière les nuages; il n'est resté qu'un pâle rayon de son éclat, qui brille à peine sur l'horizon, pareil au crépuscule mourant du soir. Les horreurs de la Révolution ont chassé de Paris ses habitants les plus riches; la noblesse la plus illustre s'est éloignée en pays étranger[2]; et ceux qui

[1] On trouvera en effet la description de cet *eldorado* dans la fameuse lettre à d'Alembert sur les spectacles. Le passage commence ainsi : « Je me souviens d'avoir vu dans ma jeunesse, aux environs de Neuchâtel, etc.. »

[2] Karamzine avait rencontré en Suisse plus d'une de ces familles obligées de fuir Paris ou la France. Dès le milieu d'août 1789, il en trouvait une à Bâle : — « Aujourd'hui, au

sont demeurés ici vivent en grande partie dans le cercle étroit de leurs amis et de leurs parents.

« Ici, » me disait l'abbé N..., en suivant avec moi la rue Saint-Honoré, et en désignant avec sa canne de grandes maisons qui sont à présent inoccupées, — « ici, tous les dimanches, chez la marquise D..., se réunissaient les dames les plus à la mode de Paris, les gens connus, les *beaux esprits* les plus célèbres ; les uns jouaient aux cartes, les autres exprimaient leur avis sur la philosophie mondaine, sur les tendres sentiments, sur les plaisirs, sur la beauté, sur le goût. — Là, tous les jeudis, chez la comtesse A..., s'assemblaient de profonds politiques des deux sexes ; on comparait Mably avec Jean-Jacques et on faisait des

---

dîner j'ai été témoin d'une scène touchante. Un homme d'un certain âge, chevalier de Saint-Louis, était assis au bout de la table avec une dame du même âge. Sur leurs visages étaient empreintes la tristesse et la pâleur de l'épuisement. Ils ne prirent pas part à la conversation générale ; ils se regardaient parfois l'un l'autre et essuyaient avec un mouchoir leurs yeux rougis. Tout le monde les regardait avec une compassion respectueuse et avec un air de secrète curiosité ! Un jeune Genevois, assis auprès de moi, me dit à l'oreille : « C'est un gentilhomme français de haut rang avec sa femme ; les événements actuels l'ont obligé de fuir hors de France. » Au moment où l'on nous servait le dessert, il entra dans la salle un jeune homme et une jeune dame en habits de voyage. « *Mon père ! Ma mère ! Mon fils ! Ma fille !* » Et pendant ces exclamations, le chevalier de Saint-Louis et la dame qui était assise à côté de lui tombèrent au milieu de la pièce dans les bras des jeunes gens. Un profond silence se fit dans la salle. Toutes les personnes qui étaient à table comme moi semblèrent pétrifiées ; celui-ci tenait à la main son biscuit, un autre, son petit verre, en restant immobile dans cette position. Tous ceux qui étaient en train de parler se turent et oublièrent de fermer la bouche, à force de tendre leurs regards sur le groupe qui s'embrassait. Tu as passé, ô moment

plans pour une nouvelle « Utopie ». Là, tous les samedis, chez la baronne Ph..., M... lisait ses remarques sur le livre de la *Genèse,* en expliquant aux dames curieuses la nature de l'antique chaos, et il la représentait sous un aspect si épouvantable que la peur faisait tomber en pâmoison les auditrices. Vous êtes venu trop tard à Paris; les temps heureux sont passés ; les soupers divertissants ont pris fin ; *la bonne compagnie* s'est dispersée dans tous les coins de la terre. La marquise D... est partie pour Londres, la comtesse A... pour la Suisse, et la baronne Ph... pour Rome, où elle doit entrer au couvent. L'homme comme il faut ne sait à présent ni où se cacher, ni que faire, ni comment passer sa soirée. »

de silence et de calme! Mais tu as laissé dans mon cœur des traits profonds qui toujours me rappelleront combien les hommes sont sensibles, car cette sensibilité nous changea en pierres, quand nous vîmes le père et la mère, le fils et la fille se presser avec transports dans les bras l'un de l'autre! — Enfin, le chevalier de Saint-Louis, en essuyant les larmes qui coulaient de ses yeux, se tourna vers nous et dit d'une voix brisée : « Excusez, messieurs, excusez les transports de joie de tendres parents qui tremblaient pour la vie de leurs chers enfants, mais qui, grâce au Très-Haut! les voient sains et saufs et les pressent sur leur cœur! Nous sommes privés de notre fortune et de notre patrie, mais, puisque notre fils, puisque notre fille sont vivants, nous oublierons tout le reste! » Là-dessus, en se tenant l'un l'autre par la main, ils sortirent de la salle. Tout le monde se leva et les suivit. Mais, comme on trouva sur le perron leur serviteur, on l'entoura et on lui demanda de nous expliquer la scène que nous venions de voir. — « Ce que je puis vous dire seulement », répondit-il, « c'est que les paysans révoltés ont voulu tuer mon maître, et qu'il a été obligé de chercher son salut dans la fuite, en laissant son château en feu et en flammes, sans même connaître le sort de ses enfants, qui étaient les hôtes de son frère, et qui à présent, comme il le leur avait écrit, sont heureusement arrivés ici. »

Toutefois l'abbé N..., pour lequel j'avais apporté de Genève une lettre de son frère, le comte N..., m'avoua qu'il y avait longtemps que les Français avaient désappris l'art de s'amuser en société, comme ils le faisaient à l'époque de Louis XIV, par exemple, chez la célèbre Marion de Lorme, chez la comtesse de La Suze, chez Ninon de Lenclos, où Voltaire composa ses premiers vers, où Voiture, Saint-Évremond, Sarrazin, Grammont, Ménage, Pellisson, Hénaut brillaient par la vivacité de leur esprit, versaient le sel attique sur la conversation générale, et étaient les législateurs des divertissements et du goût. — « Jean Law », continua mon abbé, « Jean Law, avec la malheureuse invention de sa banque, a détruit l'opulence et l'amabilité des habitants de Paris, en transformant nos marquis enjoués en revendeurs et en usuriers. Là où auparavant se détaillaient toutes les finesses de l'esprit de société, où tous les trésors, toutes les nuances de la langue française s'épuisaient dans d'agréables badinages, dans des mots piquants, on parla... du prix des papiers de banque ; et les maisons dans lesquelles se réunissait la meilleure compagnie devinrent les Bourses. La situation changea. Jean Law se sauva en Italie, mais la vraie gaieté française ne fit plus depuis ce temps que de rares apparitions dans les réunions parisiennes. On se mit à jouer avec fureur ; les jeunes femmes s'assemblèrent le soir afin de se ruiner l'une l'autre, elles jetèrent les cartes à droite et à gauche, et oublièrent l'art des Grâces, l'art de plaire. Puis vinrent à la mode les perroquets et les économistes, les intrigues académiques et les encyclopédistes, les calembours et le magnétisme, la chimie et la dramaturgie, la métaphysique et la politique. Les plus jolies femmes se firent auteurs et trouvèrent moyen... d'endormir même leurs amants. On ne parla plus enfin des spectacles, de l'Opéra, des ballets qu'en formules de mathématiques, et ce fut par des chiffres qu'on expliqua les beautés de la *Nouvelle-Héloïse*. Tout le monde philosopha, se donna de l'importance, subtilisa et introduisit dans la langue des expressions nouvelles, étranges, que Racine et Despréaux n'auraient jamais pu ou voulu comprendre, — et je ne sais pas à quoi finalement nous aurions été obligés de recourir à force d'ennui, si tout à coup le tonnerre de la Révolution n'avait pas grondé au-dessus de nous. »

Sur ces mots, nous nous séparâmes, l'abbé et moi.

★

Hier, dans la Chapelle du château, j'ai vu le Roi et la Reine. La sérénité, la douceur et la bonté sont peintes sur le visage du premier, et je suis persuadé que jamais une mauvaise intention n'a pu naître dans son âme. Il y a sur la terre d'heureux caractères qui, par un instinct naturel, sont incapables de ne pas aimer et de ne pas faire le bien : tel est ce Souverain ! Il peut être malheureux, il peut périr dans le fracas de la tempête, mais l'impartiale Histoire inscrira Louis XVI au nombre des monarques vertueux, et l'ami de l'humanité versera à son souvenir une larme venue du cœur. La Reine, en dépit des coups de la Destinée, est belle et majestueuse, semblable à une rose sur laquelle souffle un vent glacé, mais qui garde encore sa couleur et sa beauté. Marie [1] est née pour être reine. Son port, son regard, son sourire, tout dénote en elle une âme qui n'est pas ordinaire. Il est impossible que son cœur n'ait pas souffert ; mais elle sait cacher sa douleur, et dans ses yeux limpides on ne remarque pas un seul nuage. Tout en souriant comme sourient les Grâces, elle tournait les pages de son livre de prières, jetait un regard sur le Roi, sur la princesse sa fille, et, de nouveau, se plongeait dans son livre. Élisabeth, la sœur du Roi, priait avec beaucoup de ferveur et de dévotion ; il me sembla que des larmes coulaient sur son visage. — Dans l'église il y avait énormément de monde, à ce point que, suffoqué par la chaleur, je me serais trouvé mal, si une dame, remarquant ma pâleur, ne m'avait donné des sels à respirer. Chacun regardait le Roi et la Reine, cette dernière surtout. Les uns soupiraient et s'essuyaient les yeux avec des mouchoirs blancs. D'autres regardaient sans aucune espèce d'émotion, et se moquaient des pauvres moines qui chantaient les vêpres. Le Roi portait un habit violet. La Reine, Mme Élisabeth et la princesse avaient des vêtements noirs, avec un ornement très simple sur la tête.

[1] Karamzine a supprimé *Antoinette*.

J'ai vu le Dauphin aux Tuileries. La belle et tendre Lamballe, à qui Florian a dédié ses *Contes*, le conduisait par la main. Charmant enfant ! ange de beauté et d'innocence ! Comme il sautait avec sa veste de couleur foncée et son ruban bleu sur la poitrine ! Comme il était heureux de respirer un air pur ! De tous les côtés les gens accouraient pour le voir, et tous retiraient leur chapeau. Tous entouraient avec joie l'aimable enfant, qui leur répondait par la caresse de son regard et de son sourire. Le peuple aime encore le sang de ses rois !

Paris, avril 1790.

Parlerai-je de la Révolution française ? Vous lisez les gazettes ; par conséquent les événements vous sont connus. Était-il possible d'attendre de pareilles scènes de notre temps, de la part des Français, insouciants comme les zéphyrs, qui étaient renommés pour leur amabilité, et qui, de Calais à Marseille, de Perpignan à Strasbourg, chantaient avec enthousiasme :

Pour un peuple aimable et sensible
Le premier bonheur est un Roi !

Ne croyez pas cependant que la nation tout entière participe à la tragédie qui se joue actuellement en France. A peine si la centième partie se mêle à l'action. Tous les autres regardent, jugent, disputent, pleurent ou rient, battent des mains ou sifflent, comme au théâtre. Ceux qui n'ont rien à perdre sont audacieux comme des loups ravisseurs ; ceux qui peuvent être privés de tout sont timides comme des lièvres. Les uns veulent tout prendre, les autres veulent sauver quelque chose. Une guerre défensive contre un ennemi insolent a rarement une heureuse issue. L'histoire n'a pas dit son dernier mot, mais jusqu'ici la noblesse et le clergé de France semblent de mauvais défenseurs du Trône.

Depuis le 14 juillet, on ne fait plus que parler en France d'aristocrates et de démocrates. On se loue ou on s'insulte mutuellement avec ces noms, dans bien des cas, sans en comprendre la signification. Jugez de l'ignorance populaire par l'anecdote suivante :

Dans un petit village auprès de Paris, les paysans arrêtèrent un jeune homme bien mis et exigèrent qu'il criât avec eux : *Vive la nation!* Le jeune homme satisfit à leur volonté. Il agita son chapeau et cria : *Vive la nation?* « Bien, bien ! » dirent les gens, « nous sommes satisfaits. Tu es un bon Français. Va où tu voudras. Ou plutôt, non. Explique-nous d'abord ce que c'est que la nation ? ».

On raconte que le jeune Dauphin, en jouant avec son écureuil, lui donne des chiquenaudes sur le nez et dit : « Tu es un aristocrate, un grand aristocrate, écureuil ! » L'aimable enfant, en entendant constamment ce mot, l'a retenu.

Un marquis, qui a été jadis comblé des faveurs royales, joue à présent un rôle assez important parmi les ennemis de la Cour. Quelques-uns de ses anciens amis lui firent sentir leur indignation. Il leva les épaules, et, d'un air froid, leur répondit : « *Que faire ? J'aime les tr... tr... troubles !* » Le marquis est bègue.

Mais ce marquis a-t-il lu l'histoire de la Grèce et de Rome ? Se souvient-il de la ciguë et de la roche Tarpéienne ? Le peuple est un fer aigu, avec lequel il est dangereux de jouer ; et la Révolution est une tombe ouverte pour la vertu, voire même pour le crime.

Toute société civique, fondée par les siècles, est chose sainte pour les bons citoyens ; et la plus imparfaite elle-même a de quoi nous étonner par une harmonie, un équilibre, un ordre qui sont des merveilles. L' « Utopie » sera toujours l'illusion d'un noble cœur, ou ne pourra se réaliser que par l'insensible action du temps, au moyen des progrès lents, mais sûrs et sans danger, de la raison, de la culture, de l'éducation, des bonnes mœurs. Lorsque les hommes seront convaincus que la vertu est indispensable à leur propre bonheur, alors l'âge d'or viendra, et sous n'importe quel gouvernement on goûtera en paix la félicité de la vie. Par contre, toutes les secousses violentes sont funestes, et chaque rebelle se prépare l'échafaud à lui-même. Confions-nous, mes amis, confions-nous au pouvoir de la Providence ! Elle a certes son plan, et tient le cœur des souverains dans sa main. Cela suffit.

Les esprits faciles pensent que tout est facile. Les sages connaissent le péril des changements et vivent dans le calme. La monarchie française a produit de grands princes, de grands ministres, de grands hommes dans tous les genres ; sous son ombre paisible se sont développés les sciences et les arts, la vie sociale s'est ornée de la fleur des séductions, le pauvre a trouvé du pain pour lui, le riche a joui de son superflu... Cependant des audacieux ont approché la cognée de l'arbre sacré en disant : « Nous ferons mieux ! »

Nouveaux républicains au cœur dépravé ! ouvrez Plutarque, et vous apprendrez d'un ancien, d'un très grand et honnête républicain, Caton, que « l'anarchie est pire que n'importe quel despotisme ! »

Pour conclure, je vous communiquerai quelques vers de Rabelais, où ma connaissance, l'abbé N..., veut voir une prédiction de la Révolution actuelle[1].

---

[1] Le passage que cite en français et que traduit ensuite Karamzine se trouve dans *Gargantua*, au livre LVIII. Il débute par ce vers :

Je fais savoir à qui le veut entendre, etc....

Paris, avril 1790 [1].

Le jeudi, le vendredi et le samedi de la semaine sainte, il y avait ici une célèbre promenade dans les allées du bois de Boulogne. Je dis : il y avait, parce que celle qui a lieu maintenant, celle que j'ai vue, ne peut entrer en comparaison avec les précédentes, pour lesquelles les riches et les élégants commandaient exprès de nouveaux équipages, et où quatre, cinq mille voitures, l'une derrière l'autre, bien vernies, à la mode, défilaient sous les yeux des spectateurs. Je m'y rendis à pied et vis seulement un millier d'équipages, mais pas un seul magnifique. Cette promenade m'a rappelé la nôtre à Moscou le 1er mai [2].

[1] Pâques, en 1790, tombait le 4 avril. Aussi M. de Porochine a-t-il placé cette lettre beaucoup plus haut dans sa traduction. Nous n'osons pas décidément suivre son exemple : d'une part, parce que Karamzine ne s'astreignait pas pour communiquer ses impressions à un ordre strictement chronologique, et, de l'autre, parce que toutes les éditions que nous connaissons laissent la lettre à la place où nous la trouvons et où nous la donnons.

[2] Au Sokolnike, le bois de Vincennes de Moscou.

Les voitures se suivent de même, depuis les Champs-Elysées jusqu'à Longchamps. Le peuple se tenait sur deux rangs le long de la route, plaisantait, criait et se moquait d'une façon inconvenante des promeneurs. Par exemple : « Regardez ! Voici une marchande de la halle au poisson avec sa voisine, la cordonnière ! Voici un beau nez, le plus long de tout Paris ! Voici une coquette de soixante-dix ans : amourachez-vous d'elle ! Voici un chevalier de Saint-Louis avec sa jeune femme et ses cornes ! Voici un philosophe qui vend son esprit pour deux sous ! » — De jeunes freluquets caracolaient sur des chevaux anglais, regardaient dans chaque voiture et agaçaient le bas peuple : « *Allons, allons, mes amis, de l'esprit, de l'esprit ! — Bon ! c'est de la vraie gaieté parisienne !* » D'autres allaient et venaient à pied avec de longs sabres de bois en guise de cannes, *pour se confondre avec le peuple*. Jadis les prêtresses de Vénus en vogue s'y distinguaient au premier rang ; elles sortaient dans les plus beaux équipages. Une actrice à la mode venait de rompre ses liens avec le comte D..., très bel homme. Ses amis s'en étonnaient. « Pourquoi vous étonner ? » leur dit l'actrice. « C'est un vilain, un monstre ; il n'a pas voulu me faire cadeau d'une nouvelle voiture pour la promenade du bois de Boulogne. J'ai dû lui préférer un vieux marquis qui a mis en gage tous les diamants de sa femme, afin de m'acheter la voiture la plus chère de tout Paris. »

J'allai jusqu'au monastère de Longchamps où je vis le tombeau d'Isabelle, sœur de Saint-Louis, et deux inscriptions ingénieuses sur les monuments de Frémin et du frère François Séraphin. Voici la première :

> *Frémin, tu fais frémir le sort,*
> *Et ton nom vit, malgré la mort.*

La seconde porte :

> *Qui la vie a vécu de François Séraphique,*
> *Quatre-vingts ans sur terre, au ciel vit l'angélique.*

Paris, 29 avril 1790 [1].

Aujourd'hui, toute la journée, je suis resté dans ma chambre, seul, ayant mal à la tête ; mais, lorsqu'il a commencé à faire sombre, je suis sorti sur le *Pont-Neuf*, et, m'accoudant contre le piédestal de la statue de Henri IV, j'ai regardé avec un grand plaisir les ombres de la nuit se mêler à la lumière mourante du jour, les étoiles s'allumer au ciel et les lanternes dans les rues. Depuis mon arrivée à Paris, j'ai passé toutes les soirées, sans exception, au spectacle, et par suite, pendant près d'un mois, je n'ai pas vu de crépuscules. Comme ils sont beaux au printemps, même dans le bruyant, dans le vilain Paris !

Pendant tout un mois, aller chaque jour au spectacle ! Y aller sans être rassasié ni des rires de Thalie, ni des larmes de Melpomène !... Et chaque fois, en goûter le plaisir avec une sensibilité nouvelle !... Moi-même je m'en étonne, mais c'est très vrai.

[1] Cette lettre semble n'avoir été que commencée à cette date.

Il est très vrai aussi que je n'avais pas auparavant une idée suffisante des théâtres en France. A présent je puis dire qu'ils ont atteint, chacun dans son genre, toute la perfection possible, et qu'ici les diverses parties du spectacle forment ensemble une harmonie fort belle qui agit de la façon la plus agréable sur le cœur du spectateur.

Il existe à Paris cinq théâtres principaux : le *Grand Opéra*, celui qu'on appelle les *Français*, les *Italiens*, le *Théâtre de Monsieur* et les *Variétés*. On y joue chaque jour, et chaque jour (admirez un peu les Français!) ils sont remplis de monde, si bien qu'à six heures vous avez de la peine à trouver de la place quelque part.

Qui a été à Paris, disent les Français, et n'a pas vu le *Grand-Opéra*[1], ressemble à celui qui a été à Rome et n'a pas vu le pape. En réalité, c'est quelque chose de tout à fait magnifique, principalement à cause de la splendeur des décors et de la beauté des ballets. Vous y voyez, tantôt les Champs-Élysées[2], où les âmes des justes vivent dans la félicité, où verdoie un printemps éternel, où l'oreille est captivée par la douce harmonie des lyres d'or, où tout est aimable, gracieux, enchanteur ; — tantôt le sombre Tartare, où les soupirs des mourants agitent le terrible Achéron, où le bruit du noir Cocyte et du Styx est étouffé par des gémissements et des pleurs de souffrance, où

[1] Il était alors, non plus auprès du Palais-Royal, mais bien boulevard Saint-Martin, où est le théâtre actuel de ce nom.
[2] L'*Orphée*, de Gluck.

les vagues du Phlégéton flamboient, où Tantale, Ixion et les Danaïdes s'exténuent éternellement sans voir un terme à leurs supplices, où le limpide Léthé, par son murmure langoureux, invite les malheureux à l'oubli des labeurs et des afflictions de la vie. Vous y voyez comment Orphée erre dans les noires forêts de l'empire souterrain ; comment les Furies martyrisent Oreste ; comment Jason lutte contre le feu, les flammes et les monstres ; comment Médée, courroucée et maudissant l'ingratitude des hommes, s'envole, au milieu du tonnerre et des éclairs, sur le sommet du Caucase ; comment les Égyptiens, dans des chœurs funèbres, déplorent le trépas de leur vertueux monarque, et comment la triste Nephté [1], sur le magnifique monument de son époux, jure de l'idolâtrer éternellement dans son cœur ; comment Renaud [2] se consume d'extase aux pieds de l'ardente Armide, au milieu des innombrables beautés prodiguées par son art magique dans ses jardins ; comment Diane descend sur un nuage lumineux, embrasse Endymion et arrose son sein passionné de ses larmes brillantes ; comment la majestueuse Calypso épuise tous les enchantements possibles, afin de captiver le jeune Télémaque [3] ; comment d'agiles, de gracieuses Nymphes, toutes plus agiles, plus gracieuses l'une

---

[1] *Nephté, reine d'Égypte*, tragédie lyrique en vers libres et en trois actes, paroles de F. B. Hoffmann, musique de Lemoyne.

[2] *Renaud*, paroles de Lebœuf, musique de Sacchini, ou bien l'*Armide*, de Gluck, paroles de Quinault.

[3] *Télémaque dans l'île de Calypso*, ballet de Gardel.

que l'autre, l'entourent avec des harpes et des lyres, dont elles jouent en chantant l'amour, et par chacun de leurs regards enflammés, par chacun de leurs mouvements voluptueux, lui disent : « Aime ! Aime ! » comment le tendre Télémaque est ébranlé, sent sa faiblesse, oublie les conseils de la sagesse, et,... précipité par la main bienfaisante de Mentor, tombe d'un haut rocher du rivage dans la mer mugissante, y tombe en même temps que l'âme des spectateurs.

Tout cela est si vivant, si naturel, que mille fois j'ai perdu le souvenir et pris l'imitation artificielle pour la nature elle-même. A peine peut-on en croire ses yeux, quand on voit le rapide changement des décors. Dans un clin-d'œil le paradis se transforme en enfer; dans un clin-d'œil, les flots de la mer arrivent là où verdoyaient des prairies, où s'épanouissaient des fleurs et où les bergers jouaient du chalumeau. Un ciel clair se couvre d'une obscurité profonde, des nuages tout noirs accourent sur les ailes de la tempête mugissante, et le spectateur frissonne de tout son être. Encore une seconde, et l'obscurité disparaît, les nuages se cachent, la tempête se tait, et votre cœur se rassérène en même temps que les objets devenus visibles.

Malgré le grand nombre des danseurs de talent qui sont ici, Vestris brille parmi eux comme Sirius parmi les étoiles. Ses moindres mouvements sont si agréables, si vivants, si expressifs, qu'en le regardant je m'étonne toujours, sans pouvoir m'expliquer à moi-même le plaisir que me cause ce danseur unique. Légèreté, équilibre, harmonie, sentiment, vie, tout se réunit à la fois en lui, et, s'il est possible d'être orateur sans dire un mot, Vestris dans son genre est un Cicéron. Aucun poète ne décrirait ce qui brille dans ses yeux, ce qu'exprime le jeu de ses muscles, lorsqu'une gracieuse et pudique bergère lui dit par un tendre regard : « J'aime ! » et que, se jetant sur son cœur, il prend le ciel et la terre à témoin de sa félicité. Le peintre dépose alors son pinceau et se borne à dire : « Il n'y a que Vestris ! » — Gardel[1] est incomparable dans la pantomime tragique. Quelle majesté ! C'est un héros dans chacun de ses regards, un héros dans chacun de ses mouvements ! Vestris est un nourrisson des Grâces aimables, Gardel, un disciple des Muses solennelles. — Nivelon est un second Vestris. Des autres danseurs, je ne vous dirai rien, si ce n'est qu'ils forment un beau groupe de figures pittoresques qui captive la vue. Lorsqu'apparaissent sur la scène les Nymphes de Terpsichore, portées en quelque sorte sur les ailes du Zéphyr, la scène alors me fait l'effet d'une prairie printanière, bigarrée d'innombrables fleurs. Mon regard se perd parmi ces beautés si diverses entre elles. Toutefois la charmante Pérignon et la jolie Miller sont semblables à une rose superbe et à un lis orgueilleux qui se distinguent de toutes les autres fleurs.

[1] Il s'agit du frère cadet, René, qui naquit à Nancy en 1754, et fut célèbre surtout comme chorégraphe.

Laïs [1], Chénard [2], Lainez [3], Rousseau, voilà les premiers chanteurs de l'Opéra, et, à en croire les Français, jamais aucun pays n'en a produit de meilleurs. Ils ne me plaisent pas seulement par leur chant, mais aussi par leur jeu lui-même; deux talents qui ne vont pas toujours ensemble! Jamais Marchesi [4] n'a su m'émouvoir comme Laïs et Chénard m'émeuvent. Qu'on rie de ma simplicité et de mon ignorance, mais, dans la voix de ce célèbre chanteur d'Italie, il n'y a rien de ce qui est pour moi préférable à tout le reste, — il n'y a pas d'âme! Vous me demanderez ce que j'entends par cette âme? Je suis incapable de l'expliquer, mais je le sens. Ah! quel Marchesi peut chanter aussi bien :

J'ai perdu mon Eurydice;
Rien n'égale mon malheur !

Quel Italien à demi homme peut chanter cet air incomparable de Gluck avec autant d'expression, autant de cœur que Rousseau, le jeune, l'imposant, le beau Rousseau, digne époux d'Eurydice?

[1] Lais, ou Lay, né vers 1758 dans le pays de Comminges, ne quitta le théâtre qu'en 1827. Il mourut quatre ans plus tard.

[2] Simon Chénard, basse-taille, né à Auxerre en 1758, mort en 1831. Il se fit particulièrement applaudir dans le rôle d'Alexis, du *Déserteur*.

[3] Etienne Lainé, fils d'un jardinier, né à Paris en 1747, mort en 1822.

[4] Marchesi, né à Milan en 1755, après de grands succès et des prouesses de ténor, qui, malheureusement pour lui, n'avaient rien de viril, mais qui l'avaient déjà conduit des grandes scènes de l'Italie jusqu'à Munich, fut engagé avec la Todi à Pétersbourg en 1785. Il quitta la Russie en 1788 pour aller à Londres.

Maillard[1] est à présent la meilleure chanteuse. Vous avez entendu parler de Saint-Huberti ; il n'est plus question d'elle ! On dit qu'elle est devenue folle. Les amateurs de l'Opéra en parlent presque avec des larmes.

Composé des premiers musiciens de Paris, l'orchestre répond à ces décors, à ces ballets, à ces chanteurs et à ces chanteuses. En un mot, chers amis, on célèbre ici le triomphe de l'Art sur les suprêmes hauteurs de la perfection, et tout produit à la fois chez le spectateur un sentiment que, sans aucune hyperbole, on peut appeler de l'enthousiasme. Un pareil spectacle demande certainement de grandes dépenses. Bien que pour l'entrée des loges et du parquet on paie deux ou trois roubles de notre monnaie, bien que ces places dispendieuses soient toujours occupées, l'Opéra coûte à la Cour, d'après les calculs de Necker, environ trois ou quatre millions par an.

Au *Théâtre-Français*, comme on l'appelle [2], on joue des tragédies, des drames et de grandes comédies. Pour moi, même à présent, je n'ai pas changé d'avis sur la Melpomène française. Elle est noble, majestueuse et très belle, mais elle n'émeut jamais, jamais elle n'émeut mon cœur comme la Muse de Shakes-

---

[1] Il ne faut pas la confondre avec une jeune tragédienne formée par Monvel et qui mourut très tôt. C'est la chanteuse de l'Opéra qui figura la déesse Raison à la fête de l'Être suprême.

[2] Il portait déjà aussi le titre de *Théâtre de la Nation*. Il était près du Luxembourg. L'Odéon a pris sa place.

peare et de quelques Allemands, en très petit nombre, à la vérité. Les poëtes français ont un goût fin, délicat, et dans l'art d'écrire ils peuvent servir de modèles. Seulement, au point de vue de l'invention, du feu et du sentiment profond de la Nature, — pardonnez-moi, ombres sacrées des Corneille, des Racine et des Voltaire ! — ils doivent céder la prééminence aux Anglais et aux Allemands. Leurs tragédies sont pleines de tableaux ingénieux, dans lesquels les couleurs sont assorties aux couleurs, les ombres aux ombres ; mais je les admire le plus souvent d'un cœur froid. Partout c'est un mélange de naturel et de romanesque ; partout *mes feux ! ma foi !* partout des Grecs et des Romains *à la française* qui se pâment dans des transports amoureux, philosophent de temps à autre, expriment une seule pensée par plusieurs mots bien choisis, et, se perdant dans le labyrinthe de la rhétorique, oublient d'agir. Le public d'ici demande à l'auteur de beaux vers, *des vers à retenir* ; ce sont eux qui rendent célèbre une pièce, et pour ce motif les poètes s'efforcent, par tous les moyens possibles, d'en augmenter le nombre. Ils s'en préoccupent plus que de l'importance du sujet, que des *situations* nouvelles, extraordinaires, quoique naturelles, et ils oublient que le caractère se manifeste surtout dans ces circonstances exceptionnelles, auxquelles les mots eux-mêmes empruntent leur force [1].

[1] Je prie les personnes qui connaissent le théâtre français de me trouver dans Corneille ou dans Racine quelque chose de

Pour parler net, les œuvres de la Melpomène française sont illustres et le resteront toujours, à cause de la beauté du style et de leurs vers brillants. Mais, si la Tragédie est tenue d'émouvoir notre cœur ou d'épouvanter notre âme, les compatriotes de Voltaire ne possèdent peut-être pas même deux véritables tragédies, et d'Alembert a dit avec beaucoup de justesse que toutes leurs pièces sont faites plus pour la lecture que pour le théâtre [1].

Lorsqu'il faut absolument qu'elles soient jouées, il est nécessaire qu'elles aient au moins des acteurs comme Larive, Saint-Prix, Saint-Fal, et des actrices comme Sainval, Raucourt, etc..., qui ont pris à présent la place de Baron et de Lekain, de Lecouvreur et de Clairon. Voilà une déclamation ! Voilà des « gestes ! » La noblesse dans l'aspect, la majesté dans la démarche, la clarté, la pureté dans la déclamation, et, dans chaque mot, de l'âme, c'est-à-dire chaque pensée du poète nuancée, chaque pensée exprimée avec le ton qui lui convient, et en harmonie avec le jeu du regard, avec le mouvement des bras ; partout

semblable, par exemple, aux vers que Shakespeare met sur les lèvres du vieux Lear, exilé par ses propres filles, auxquelles il a cédé son royaume, sa couronne, sa grandeur, alors qu'il erre dans une nuit de tempête au milieu des forêts et des déserts. *Blow, winds*, etc... — Note de *Karamzine*.

[1] Karamzine subissait, comme tant d'autres esprits cultivés en Europe, l'influence exagérée de Shakespeare, que les Allemands venaient de mettre à la mode. On peut reprocher à nos tragiques certains abus d'éloquence et le manque de couleur locale. Mais il est souverainement injuste de leur contester le mérite d'avoir cherché et trouvé des « situations ». Qu'on lise l'*Héraclius* de Corneille !

de la plastique, partout des tableaux ! Si, malgré ce raffinement de l'art, le spectateur reste froid, les acteurs n'en sont certainement pas coupables.

Larive[1] est roi sur la scène. Il a un type absolument grec et un organe comme on en trouve rarement. Cet acteur a failli quitter entièrement le théâtre. On raconte que, n'aimant pas la jeune actrice Desgarcins (qu'on peut appeler le modèle vivant de la langueur sans force), il tâchait par tous les moyens possibles de la troubler dans son jeu. Le public remarqua avec déplaisir ce trait peu louable de son caractère, et le célèbre Larive fut sifflé par le parterre, ensuite de quoi il s'éclipsa et jura de ne jamais remettre les pieds sur la scène. Mais où il y a un serment vient aisément un parjure. Deux années d'oisiveté le remplirent d'ennui. Habitué aux louanges et aux applaudissements, il ne pouvait être heureux sans eux. Il lutta avec lui-même, et, enfin, laissant là toutes ses hésitations, parut de nouveau sur la scène[2] dans le rôle d'OEdipe[3]. Je me trouvais ce jour-là au théâtre. L'affluence était épouvantable ! Sans parler du par-

---

[1] Jean Mauduit de Larive, né à La Rochelle en 1747, mort en 1827, membre correspondant de l'Institut, et lecteur du roi Joseph en 1808.

[2] Une démarche solennelle avait été faite le 14 avril auprès de Larive pour qu'il reprît son emploi. (Voy. le *Journal de Paris* du 29 avril.) Il fit sa rentrée le 4 mai. (Voy. le *Moniteur universel* du 6 mai). C'était dans le rôle d'Orosmane que Larive avait été sifflé en 1788. On avait fait sur lui cette épigramme :

> Lekain, le grand Lekain a passé l'Achéron ;
> Mais il n'a pas laissé ses talents sur la rive.

[3] *L'OEdipe*, de Voltaire.

quet, des loges, du parterre, l'orchestre lui-même était plein de spectateurs, auxquels les musiciens avaient cédé leurs places. A cinq heures commencèrent le bruit et les chuchotements d'impatience ; une demi-heure après, le rideau se leva, et tout se tut. A la première scène, pas d'OEdipe, le silence régna. Mais à peine Dumas eût-il dit :

... OEdipe en ces lieux va paraître

que des applaudissements commencèrent à retentir, pour se prolonger jusqu'à l'instant même où Larive fit son entrée, dans un magnifique costume grec, tout blanc, ses cheveux blonds tombant sur ses épaules, et, avec une humilité mêlée d'orgueil, inclina la tête pour exprimer au public la gratitude dont il était pénétré. Durant le cours entier des cinq actes, le bruit des applaudissements ne cessa pas. Larive s'efforça de son mieux de les mériter, et, comme disent les Français, il se surpassa lui-même dans son art, sans ménager sa malheureuse poitrine. Je ne comprends pas comment il a pu tenir jusqu'à la fin de la tragédie ; je ne comprends pas non plus comment les spectateurs ne se sont pas fatigués d'applaudir. Dans la scène où OEdipe apprend qu'il a tué son père, qu'il est l'époux de sa mère, et qu'après l'avoir appris il maudit le destin dans une imprécation épouvantable[1], j'ai été presque pétrifié. Aucun pinceau ne peut représenter ce qui ravageait le visage de Larive, en cet

---

[1] Karamzine cite une partie de cette tirade.

instant : la terreur, la torture du cœur, le désespoir, la colère, l'exaspération, sans compter tout ce que je ne puis pas exprimer par des mots. Les spectateurs poussèrent des gémissements, lorsque, bourrelé d'angoisses, poursuivi par les Furies, il se précipita hors de la scène [1] en se frappant la tête contre le péristyle si fort que toutes les colonnes en tremblèrent. Dans le lointain on entendait ses sanglots. Le public n'était pas encore rassasié de son Œdipe, et à la fin de la pièce il rappela le malheureux Larive sur la scène. L'actrice Raucourt, qui avait représenté Jocaste, le tenait par la main. A peine s'il put dire deux ou trois mots, et il semblait tout prêt à tomber par terre, lorsque le rideau s'abaissa.

Saint-Prix [2] joue les mêmes rôles que Larive. C'est un acteur habile, qui a de grands talents, mais ce n'est pas Larive ! Saint-Fal [3] fait les amoureux dans les tragédies et les drames ; c'est un homme jeune, de belle taille et d'aspect agréable. C'est dans le *Cid* de Corneille qu'il triomphe plus que dans toutes les autres pièces. C'est bien ainsi qu'il faut jouer Rodrigue, à part deux ou trois scènes où je n'ai pas été complètement satisfait du jeu de cet acteur. Par exemple, en décrivant au Roi son combat avec les Maures, il s'est

---

[1] Nous ne savons pourquoi M. de Porochine a traduit par « tomber de sa hauteur ».

[2] Né en 1759. Il doubla d'abord Larive, qu'il finit par remplacer. Il est mort en 1834.

[3] On écrit aussi Saint-Phal. Né en 1752, et d'abord apprenti perruquier, il avait débuté en 1782.

par trop efforcé de figurer avec sa voix, d'abord le calme de la nuit, puis le bruit de la bataille, le choc des épées, etc... Les Français battirent des mains, mais ceux qui ont réfléchi aux convenances de la vraie mimique ne peuvent goûter une imitation aussi peu naturelle.

Sainval, la première actrice pour la tragédie, quoique trop âgée et d'un extérieur trop peu agréable pour les rôles d'amoureuse, plaît cependant par son art brillant et l'ardeur de son jeu.

Raucourt[1] est une Médée[2] parfaite, et dans ce rôle, par conséquent, elle est sans rivale. Elle a une figure majestueuse, de grands yeux noirs qui, sous des cils épais, resplendissent comme des éclairs dans la nuit, des cheveux pareils à l'aile d'un corbeau, tous les traits du visage réguliers, mais dépourvus de grâce, une beauté sans charme, de la sévérité jusque dans le sourire, une voix ferme et pénétrante, — en un mot, c'est Médée. Je la vois encore à présent, avec son manteau de flammes soulevé autour d'elle, avec ses signes cabalistiques, avec son poignard aigu, étincelant entre les mains de la demi-déesse, étincelant comme son regard. Raucourt seule est capable de dire d'une manière aussi frappante ces mots :

Le destin de Médée est d'être criminelle,
Mais son cœur était fait pour aimer la vertu.

---

[1] Elle était née à Dombasle en 1753 et mourut à Paris en 1815. Elle avait la voix particulièrement dure et âpre.
[2] Il s'agit de la tragédie de Longepierre.

La célèbre actrice Contat[1], célèbre par sa beauté et sa coquetterie plus que par son jeu au théâtre, tient les rôles d'amoureuse dans les comédies et les drames, parfois aussi dans les tragédies. Elle a maintenant dépassé la trentaine, mais elle est encore belle, et le parterre est toujours rempli de ses adorateurs, heureux ou malheureux. On prétend qu'un jeune comte est devenu fou d'amour pour elle, et s'est enfermé dans un monastère des Chartreux. Jamais elle n'a été aussi séduisante que dans une nouvelle pièce : *Le Couvent*[2]. Une robe noire, un voile blanc, un air d'innocence, de pureté... Ah! pauvre comte! je crois pour tout de bon à ta folie! Les spectateurs ne manquent pas de lui faire répéter plusieurs fois l'air :

L'attrait qui fait chérir ces lieux
Est le charme de l'innocence.

Sa voix a un agrément inexprimable! Mais aucun des acteurs de ce théâtre ne me fait autant de plaisir que Molé[3], l'unique, l'incomparable Molé, qui joue en grande partie le rôle des pères dans les comédies. Notre Poméranzève[4] semble être son élève. Je l'ai

---

[1] Née en 1760, elle créa le rôle de Suzanne dans *le Mariage de Figaro* en 1784.

[2] *Le Couvent, ou les Fruits du caractère et de l'éducation*, par Laujon, joué pour la première fois le 16 avril 1790. Le *Moniteur* en rendit compte le 18.

[3] François-René Molé, né à Paris en 1734, mort en 1802, à Antony, fut membre de la IIIe classe de l'Institut (classe des beaux-arts).

[4] Célèbre acteur de Moscou.

admiré deux fois dans le *Misanthrope*, de Molière, et dans celui de Fabre[1], et deux fois il m'a fait pleurer dans *Montesquieu*, drame de Mercier. Cet aspect noble, ce sourire plein de bonté, d'humanité, d'affabilité, devaient bien se trouver chez l'auteur de ce livre immortel : *L'Esprit des lois* !

Je ne parlerai pas des autres acteurs comiques de ce théâtre ; ils sont en grand nombre ! — Comme conclusion, je dirai que la Thalie britannique et la Thalie germanique doivent céder la préséance à celle des Français. Les comédies anglaises le plus souvent sont ou ennuyeuses, ou grossières, indécentes, choquantes pour quiconque a le goût tant soit peu délicat, et celles des Allemands, à part quelques-unes qui sont passables, ne méritent à aucun degré qu'on y prenne garde.

Le *Théâtre-Italien*[2], ainsi qu'on le nomme, mais où on joue exclusivement des mélodrames français, est mon spectacle favori ; j'y vais plus souvent qu'aux autres, et c'est toujours avec un grand plaisir que j'entends la musique des compositeurs français, que je me laisse charmer par le jeu de la célèbre actrice Dugazon[3], et le chant de Rose Renaud, gracieuse jeune fille, à peine âgée de vingt ans, que le public

---

[1] Fabre d'Églantine, auteur du *Philinte de Molière* ou *la suite du Misanthrope*, 1790.

[2] Il occupait la salle Favart depuis 1783. C'est lui qui est devenu notre Opéra-Comique.

[3] Elle s'appelait en réalité Lefèvre et était née à Berlin en 1755.

porte aux nues, et qui, en réalité, est à présent la meilleure chanteuse de Paris [1].

Deux mélodrames joués sur ce théâtre m'ont plu particulièrement : *Raoul barbe-bleue* et *Pierre-le-Grand*. Le sujet du premier [2], tiré d'un ancien conte, est on ne peut plus propre au théâtre. Raoul, riche gentilhomme, s'éprend d'Isaure, aimable jeune fille et sœur d'un chevalier peu fortuné. Il lui offre sa main avec d'éblouissants cadeaux. La belle ressent une certaine inclination pour le jeune Vergy, qui l'aime passionnément ; mais, hélas ! le pauvre Vergy ne possède rien qu'un bon et tendre cœur, et un bon et tendre cœur ne remplace pas toujours aux yeux des belles les dons de la fortune. La richesse de Raoul éblouit Isaure. Elle contemple les cadeaux... Quelle magnificence ! Quel goût ! Ce qui lui plaît surtout, c'est une belle parure pour la tête, garnie de brillants ; elle la pose, s'approche d'un miroir... et donne sa main à l'orgueilleux Raoul. Le pauvre Vergy pleure et disparaît.

Isaure vit maintenant dans un vaste château, où chacun la sert comme une déesse, où chacun flatte ses caprices. Parfois, mais très rarement, un soupir s'échappe de sa poitrine infidèle. Parfois, mais très rarement, il lui semble qu'avec l'excellent et ardent Vergy elle

---

[1] Elle épousa le poète d'Avrigny, plus tard censeur. Elle avait débuté à l'âge de 11 ans, en 1785, à la Comédie-Italienne.

[2] *Raoul barbe-bleue*, comédie en trois actes, en prose mêlée d'ariettes, par Sedaine, musique de Grétry, jouée pour la première fois le 2 mars 1789.

aurait été plus heureuse qu'avec son froid mari...
Bientôt Raoul part, on ne sait pour quel pays, et, en
prenant congé de la belle, il lui remet la clef d'une
chambre fermée. « Si tu ne veux pas ma perte », lui
dit-il, « si tu ne veux pas te perdre toi-même, ne sois
pas curieuse ! » Isaure jure, — que ne jure pas une
jolie femme ? — elle jure, et, au bout de deux minutes..., ouvre la porte. Imaginez son effroi !... Elle
aperçoit les têtes des deux précédentes femmes de
Raoul, avec cette inscription en lettres de feu : « Voilà
ton sort ! » (Une prophétie avait appris à Raoul que
la curiosité de sa femme le ferait mourir ; c'est pour
cela qu'il mettait ses épouses à l'épreuve et qu'il les
avait fait périr, à cause de cette faiblesse, espérant
sauver ainsi sa propre vie.) — C'est Dugazon qui représente Isaure. Pâle, les cheveux en désordre, elle
se jette sur un fauteuil et chante d'une voix tremblante :

> *Ah ! quel sort*
> *Le barbare*
> *Me prépare !*
> *C'est la mort !*

A ce moment paraît Vergy, en habits de femme,
sous le nom de la sœur d'Isaure. Quelle entrevue ! Il
faut sauver celle qui va périr ; mais comment ? Vergy
est sans armes, et nombreux sont les ennemis qui
l'entourent. Un seul moyen reste : informer de ce qui
se passe le frère d'Isaure. Vergy lui envoie une lettre
par son écuyer. — Sur ces entrefaites, Raoul revient ;
il apprend tout, et d'une voix terrible ordonne à

Isaure de se préparer à la mort. Ni ses larmes, ni ses plaintes ne l'attendrissent; point de salut! En vain l'amant regarde du côté de la campagne, attendant avec impatience du secours :

> *Vergy, ma sœur, ne vois-tu rien venir?*
> *— Je ne vois que le ciel et la terre*[1]...

Point de secours! Les chevaliers ne se hâtent pas de délivrer Isaure! Enfin, dans son désespoir, Vergy découvre à Raoul qu'il n'est pas une femme, qu'il aime celle qui est son épouse, et qu'il veut mourir avec elle; on l'entraîne dans une geôle. Isaure attend le coup mortel; le glaive acéré brille au-dessus de sa tête..., mais tout à coup les portes s'ouvrent avec fracas, des chevaliers armés tombent sur Raoul et ses guerriers, les terrassent et Isaure reconnaît son frère. Son féroce époux meurt, le tendre Vergy tombe à genoux devant elle... et on baisse le rideau. — Grétry a composé la musique; elle est fort belle.

Dans le mélodrame *Pierre-le-Grand*[2], il y a des scènes très émouvantes, du moins pour un Russe. L'action se passe à peu de distance des frontières de la Russie. Le souverain, avec son ami Lefort, habite un petit village au bord de la mer et apprend l'art de construire des navires. Chaque jour, du matin au soir, il travaille au chantier. Tout le monde le prend pour

---

[1] Nous donnons les vers de Sedaine au lieu de la traduction très libre de Karamzine.

[2] *Pierre-le-Grand*, comédie en trois actes et en prose, mêlée de chants, par J.-M. Bouilly, musique de Grétry, représentée pour la première fois le 3 janvier 1790.

un simple ouvrier, et l'appelle le bon, l'intelligent, le sage Pierre. Un jeune et bel acteur, Michu, joue ce rôle ; il m'a produit l'effet du portrait de notre empereur. Peut-être aussi mon imagination a-t-elle contribué pour quelque chose à cette ressemblance, mais je ne voulus pas m'apercevoir de mon illusion, je préférai en jouir. Dans le même village vit la charmante Catherine, jeune et vertueuse veuve, tendrement aimée des paysans. Le souverain, fougueux dans toutes ses inclinations, prompt dans tous les mouvements de son cœur, s'éprend de sa beauté et de sa grâce, et s'en éprend au point de lui découvrir sa passion. Catherine adore Pierre ; jamais encore ses yeux n'ont vu un homme aussi beau, aussi majestueux, aussi aimable que lui, et jamais son cœur n'a pris si volontiers le même chemin que ses regards. Elle ne cache pas ses sentiments, et lui accorde sa main ; des larmes de ravissement coulent sur son blanc visage. Le souverain jure d'être pour elle un tendre « époux » ; le mot est tombé de ses lèvres, il est sacré. Lefort, demeuré seul avec le monarque, lui dit : « Une pauvre villageoise sera donc l'épouse de mon empereur ! Mais tu es sans pareil dans toutes tes actions ; tu es grand par ton intelligence ; tu veux dans notre patrie relever la dignité de l'homme, et tu méprises la frivole arrogance du monde ! Seule, la noblesse morale est digne de respect à tes yeux ; Catherine a l'âme noble, et c'est pourquoi elle deviendra l'épouse de mon souverain, de mon père, de mon ami ! »

Le second acte s'ouvre par les fiançailles. Des vieillards centenaires, appuyés sur l'épaule de leurs petits-enfants, s'approchent de la fiancée ; de leurs mains froides et affaiblies ils lui serrent la main, et avec des larmes de joie lui souhaitent d'être heureuse. Les jeunes filles apportent des couronnes de roses, en parent l'aimable couple, et chantent des épithalames : « Bon Pierre ! » disent les vieillards, « aime toujours la gracieuse Catherine, et sois un ami pour notre village ! » Le souverain est ému jusqu'au fond du cœur. « Voici le second moment heureux de ma vie ! » dit-il à voix basse à Lefort. « J'ai goûté le premier, lorsque j'ai résolu en moi-même d'être le père et le civilisateur de millions d'hommes et que j'en fis le serment au Très-Haut. » — Tout le monde s'assied autour des amants ; tout le monde est gai et heureux ! Les vieillards savent que Lefort possède une voix agréable, et, pour cette raison, ils le prient de chanter quelque vieille chanson. Il réfléchit, prend une cithare, joue et chante :

> *Jadis un célèbre empereur*
> *Remit le soin de son empire*
> *Entre les mains d'un sage gouverneur,*
> *Pour courir le monde et s'instruire.*
> *Les trésors, le rang, la grandeur*
> *Ne font pas toujours le bonheur* [1]...

Lefort a oublié la fin de la chanson. Les bons

---

[1] Nous passons les quatre autres couplets de cette sorte de légende, que Karamzine a traduite en vers russes, et dont nous avons donné le début d'après le texte original.

paysans le complimentent ; seulement ils ne veulent pas croire qu'il existe réellement dans le monde un pareil souverain. Catherine est plus émue que personne ; dans ses yeux noirs brillent des larmes. « Non », dit-elle à Lefort, « non, tu ne nous trompes pas ; ta chanson est véridique ; autrement tu n'aurais pas pu la chanter avec autant de feu, avec autant de cœur ! » Imaginez les sentiments du souverain !

Mais bientôt l'action change. Menchtchikove arrive, fait appel à l'empereur et lui raconte que le faux bruit de sa mort court en Russie, que les malintentionnés propagent en tout lieu la flamme de la révolte, qu'il lui faut absolument retourner le plus tôt possible à Moscou, et que son fidèle régiment Préobrajenski [1] l'attend à la frontière. L'empereur ne craint pas les séditieux. A lui seul son regard majestueux et serein suffit pour dissiper tous les nuages à l'horizon de la Russie. Toutefois il s'empresse de se présenter aux yeux de sa chère garde. La tendre Catherine attend son ami, mais en vain ; elle le cherche et ne le trouve pas. On lui apprend qu'il est parti. Son cœur se glace. « Pierre m'a abandonnée, m'a trompée ! »... Les paroles meurent sur ses lèvres pâlies. Mais, lorsqu'après un terrible évanouissement elle revient à elle, Pierre est à genoux devant elle, non plus pourtant sous les habits d'un pauvre ouvrier, mais dans le magnifique costume des tzares, et en-

---

[1] Régiment modèle de la garde russe, mot à mot « transfiguré ».

touré de ses grands dignitaires. Catherine ne voit rien que son cher ami ; elle ressuscite dans des transports de joie et oublie ses reproches. Le souverain lui découvre tout. « Je voulais », lui dit-il, « posséder un cœur tendre qui aimât en moi, non pas l'empereur, mais l'homme ; le voici. (*Il presse Catherine dans ses bras.*) Mon cœur et ma main sont à toi. Reçois de moi aussi la couronne ; ce n'est pas elle qui t'ornera, c'est toi qui l'orneras. » — Émerveillée, Catherine ne se réjouit pas de la couronne impériale. Elle aurait voulu vivre avec son Pierre bien-aimé dans une pauvre cabane ; mais Pierre sur le trône est cher encore à son âme. Les grands dignitaires tombent à genoux devant elle, le régiment Préobrajenski fait tout entier son entrée sur la scène, de joyeuses acclamations retentissent dans l'air, on crie : « Vive Pierre ! Vive Catherine ! », le souverain presse son épouse dans ses bras, et le rideau tombe. J'essuie mes larmes, et, en les essuyant, je me réjouis d'être Russe.

L'auteur de la pièce est M. Bouilly. Il est dommage seulement que les Français aient affublé l'empereur, comme Menchtchikove, de costumes polonais, et habillé les soldats ainsi que les officiers du Préobrajenski en paysans avec des cafetans verts et des ceintures jaunes. Les spectateurs qui m'entouraient disaient que les Russes à présent encore s'habillaient bien ainsi. Absorbé par le drame, je ne jugeai pas nécessaire de les arracher à leur erreur [1].

[1] A ce Pierre-le-Grand d'opéra-comique, le lecteur nous permettra d'opposer un portrait d'après nature, que le hasard a

Sur le théâtre du comte de Provence (*Théâtre de Monsieur* [1]), on représente le plus souvent des opéras comiques italiens, parfois aussi de petites pièces françaises. On dit qu'en Italie il n'y a jamais eu de troupe pareille : ce sont des talents comme on en voit peu ! Mme Baletti [2], la première chanteuse, est célèbre, non seulement par sa voix, par sa beauté, mais aussi par une conduite irréprochable. Actrice vertueuse à Paris !

fait récemment tomber entre nos mains, et qui a toute la valeur d'un document historique : « Mesdames les Électrices de Brandebourg et d'Hannover sont allées voir le czar sur son passage. Elles le lui firent demander. Il leur fit réponse qu'il n'avait pas de dessein de se faire voir à personne, mais qu'il avait tant d'estime pour S. A. E. de Brandebourg qu'il ne pouvait rien refuser à tout ce qui lui appartenait, à condition que l'on ne le ferait point attendre. Il se rendit dans la maison où étaient les dames par un degré dérobé. L'on servit incontinent à souper. Il se plaça entre les deux Électrices pendant le repas. Il parla assez. Il avait deux truchemens derrière lui. Il leur dit qu'il n'aimait ni le jeu ni la chasse, que sa passion dominante était la navigation, qu'il faisait construire soixante navires, qu'il y travaillait lui-même, et, pour leur faire voir la vérité de ce qu'il leur disait, il prit leurs mains et les pressa contre les siennes pour leur faire voir qu'il les a comme un matelot. Après le soupé, on dansa jusqu'à deux ou trois heures du matin. Mme l'Électrice de Brandebourg avec le czar et celle d'Hannover avec M. Lefort. Mme d'Hannover qui a envoyé cette relation à M. Spanheim ajoute que le czar est de bonne mine, qu'il a beaucoup de bon sens, qu'il paraît avoir de la droiture, qu'il ne manque que d'éducation pour être un fort honnête homme, mais que c'est un enfant gâté. » Extrait d'une lettre écrite de Berlin, le 12 septembre 1697. *Archives des affaires étrangères de France*, Brandebourg, t. XXXV.

[1] Il se trouvait alors installé là où étaient auparavant les *Variétés*, à la foire Saint-Germain. Il avait été aux Tuileries jusqu'au 9 octobre 1790. Plus tard, il devint le théâtre Feydeau.

[2] Malgré son nom italien, il paraît qu'elle était Allemande. Voy. le *Moniteur*, t. III, p. 162.

quelle étrange association ! Aussi les lords anglais disent-ils avec un soupir que c'est un phénix. Les plus célèbres des chanteuses sont Raffanelli, Mancini et Viganoni.

Le nouveau théâtre des *Variétés* est le plus vaste de tous ceux qui sont ici [1]. La salle est magnifique, les loges fort belles, l'avant-scène très brillante. On y représente des comédies et des drames, parfois très bien, parfois d'une façon médiocre. Le célèbre Monvel [2], un des premiers acteurs de Paris, un second Lekain, joue maintenant aux *Variétés*. Il est âgé, il n'a ni voix ni tournure, mais il supplée à tous ces défauts par l'art et la vivacité de son jeu. Chaque parole de lui s'imprime dans l'âme du spectateur ; ses yeux en un instant s'assombrissent et s'enflamment ; je crains de le perdre un moment de vue, quand il paraît sur la scène. Larive, Monvel, Molé, voilà trois acteurs qui, peut-être, dans l'Europe entière, ne trouveraient pas leurs pareils.

Outre ces cinq grands théâtres, il y en a quantité d'autres au Palais-Royal, sur les boulevards [3], et pour

---

[1] Cette salle des *Variétés* est devenue le *Théâtre-Français* de la rue de Richelieu. Elle avait été inaugurée le 1er janvier 1785 sous la direction des sieurs Dorfeuille et Gaillard, non sans une très vive opposition de la troupe de la Comédie-Française.

[2] Boutet de Monvel, acteur et auteur, membre de l'Institut, était né à Lunéville en 1745. M. Régnier, ancien sociétaire de la Comédie-Française, a publié d'intéressants détails sur sa vie dans le *Temps* du mois d'avril 1884. Mlle Mars était sa fille.

[3] Les principaux parmi les théâtres de second ordre étaient, sans parler de ceux du Palais-Royal : les grands danseurs du Roi, l'Ambigu-Comique, les petits comédiens de bois du comte de Beaujolais, boulevard du Temple, etc...

chaque spectacle il se rencontre un genre spécial de spectateurs. Sans parler même des gens riches qui vivent uniquement pour leur plaisir et leur distraction, les plus pauvres artisans, les Savoyards, les boutiquiers, jugent indispensable d'aller au théâtre deux ou trois fois par semaine; ils pleurent, ils rient, ils applaudissent, ils sifflent et décident du sort des pièces. En réalité, il y a parmi eux beaucoup de connaisseurs, qui remarquent chaque pensée heureuse, chaque expression heureuse, chaque geste réussi de l'acteur. *A force de forger on devient forgeron*, et souvent j'ai admiré le goût sûr du parterre qui, en général, est rempli de gens d'une condition inférieure. Les Anglais triomphent au Parlement et à la Bourse, les Allemands, dans un cabinet d'érudit, et les Français, au théâtre.

Les spectacles parisiens sont fermés seulement deux semaines dans l'année, à savoir celle qui précède et celle qui suit Pâques. Mais comment les Français peuvent-ils vivre même quatorze jours sans divertissements publics? Chaque soir on donne alors dans la salle de l'Opéra un *concert spirituel* où les meilleurs virtuoses sur les divers instruments montrent leur talent. J'y ai passé quelques heures très agréables, et, je puis le dire, délicieuses, en entendant le *Stabat Mater* de Haydn, le *Miserere* de Hummel, etc... Plusieurs fois ma poitrine a été arrosée de larmes brûlantes; je ne les essuyai pas, car je ne les sentais pas. — Musique céleste! Quand je jouis de toi, mon âme s'élève et je n'envie pas les Anges! Qui me démontrera que mon âme, accessible à des joies aussi saintes, aussi pures, aussi éthérées, n'a pas en elle quelque chose de divin, d'incorporel ? Ces tendres sons, soufflant comme le zéphyr sur mon cœur, peuvent-ils être l'aliment d'un être mortel, grossier ? — Rien toutefois dans ce concert ne m'a ému aussi fortement qu'un duo de Laïs et de Rousseau. Ils chantaient, l'orchestre faisait silence, les auditeurs respiraient à peine; c'était incomparable !

Paris, avril...

Pourquoi mon cœur souffre-t-il parfois sans aucune raison connue de moi ? Pourquoi le monde s'assombrit-il à mes yeux, alors que le soleil illumine le ciel de ses rayons ? Comment expliquer ces accès de mélancolie, dans lesquels mon âme tout entière se resserre et se glace !... Cette tristesse ne serait-elle pas le pressentiment de malheurs éloignés ? Ne serait-elle rien autre chose que l'avant-coureur des afflictions dont la Destinée a l'intention de m'accabler tôt ou tard ?

Pendant six heures j'ai erré aux environs de Paris, dans la plus triste disposition d'esprit, je suis arrivé au bois de Boulogne et j'ai aperçu devant moi le château gothique de Madrid, construit au XVIe siècle, entouré de profonds fossés et de sombres arcades. Ses terrasses sont couvertes d'un haut gazon. Là où François Ier a goûté tous les charmes de l'amour et du luxe [1], là où les doux sons des harpes et des gui-

---

[1] Ce château a été construit par François Ier à son retour d'Espagne. — *Note de Karamzine.*

tares l'ont endormi dans les bras de la Déesse de la volupté, là maintenant règnent la solitude et le silence. Autour de moi couraient des cerfs ; le soleil s'abaissait au couchant, et le vent bruissait dans l'épaisseur du bois.

Je tins à voir l'intérieur du château. Les bas-reliefs du perron, qui représentent diverses scènes des *Métamorphoses* d'Ovide, sont revêtus d'une mousse verdoyante. Ici, sur le cœur enflammé du tendre Pirame, qui se meurt d'amour pour Thisbé, se balance une froide absinthe[1] ; là, le Temps a effacé de sa main le tableau de la vengeance de Junon réduisant en cendres l'infortunée Sémélé... Dans la première, la seconde, la troisième salle, tout était vide et sombre ; dans la quatrième, qui est décorée par la sculpture et la peinture, j'entendis un profond soupir. Je regardai autour de moi, et figurez-vous mon étonnement ! Dans un coin de cette vaste salle, non loin de la cheminée en marbre, sur un grand fauteuil, était assise une vieille femme d'environ soixante ans, pâle, maigre, en haillons déchirés. Elle jeta un regard sur moi, hocha la tête et d'une voix faible dit : « Bonsoir ! » Je restai quelques minutes immobile à l'endroit où j'étais ; enfin je m'approchai, je me mis à causer avec elle et j'appris que c'était une mendiante, qui quêtait des aumônes dans Paris comme dans les villages voisins, et que déjà depuis deux ans elle ha-

---

[1] Probablement, l'armoise vulgaire, (*artemisia vulgaris*), car l'absinthe n'existe guère qu'à l'état subspontané dans la flore de Paris.

bitait le château désert de Madrid. — « Personne ne te trouble ici ? » lui dis-je. — « Qui me troublerait ? Une fois il est venu un surveillant et il m'a vue couchée sur de la paille dans l'antichambre. Je lui ai raconté mon histoire, l'histoire de ma fille ; il versa quelques larmes, me donna trois livres et me dit de me loger dans cette salle, parce qu'elle a toutes ses croisées et que le vent n'y souffle pas. Le brave homme ! » — « Tu as une fille ? » — « J'en avais, j'en avais une ; à présent elle est là-haut, plus haut que le château de Madrid. Ah ! nous vivions ensemble comme au paradis ; nous étions, dans notre chaumière basse, tranquilles et heureuses ! Dans ce temps-là le monde valait mieux, les gens étaient tous meilleurs. Savez-vous comment on l'appelait dans notre village ? Les hommes, un rossignol, et les femmes, une fauvette. Elle aimait à chanter, assise à la fenêtre, ou en cheminant dans un bosquet pour chercher des fleurs ; tout le monde s'arrêtait et écoutait. Mon cœur bondissait de joie. Alors les créanciers ne nous tourmentaient pas. Louise n'avait qu'à prier, et chacun était disposé à écouter. Louise mourut, et on me chassa de notre chaumière avec mes béquilles et une besace. Va courir le monde et verse tes larmes sur les pierres insensibles ! » — « Tu n'as pas de parents ? » — « Si fait ; mais à présent chacun ne pense qu'à soi. Qui a besoin de moi ? Je n'aime pas à ennuyer de ma personne. Grâce à Dieu ! j'ai trouvé un refuge. Savez-vous qu'ici a vécu le roi François ? C'est moi qui ai pris sa place. Quelquefois, la nuit, il me semble qu'il se promène à travers les pièces avec ses ministres, ses généraux, et qu'il cause du temps passé. » — « Et tu n'as pas peur ici ? » — « Peur ? Non, il y a longtemps que j'ai cessé de craindre. » — « Mais que deviendras-tu, bonne vieille, lorsque tu tomberas malade, lorsque tes jambes, par suite de l'âge?... » — « Ce que je deviendrai ? Je mourrai, on m'enterrera et tout sera fini. » — Nous nous tûmes. Je m'approchai de la fenêtre et je contemplai le soleil couchant qui de ses calmes rayons éclairait le tableau varié des environs de Paris. Mon Dieu ! me dis-je, quelle splendeur dans le monde physique et quelle misère dans le monde moral ! Le malheureux qui succombe sous le fardeau de son existence, qui est repoussé, isolé au milieu de la multitude des hommes indifférents ou méchants, ce malheureux peut-il se réjouir de ta magnificence, ô soleil d'or ! de ton azur limpide, ô ciel resplendissant ! de votre beauté, prairies et bois verdoyants ? Non, il languit, toujours, partout il languit, l'infortuné martyr ! Nuit sombre, couvre-le ! Tempête bruyante, emporte-le là-bas, là où les bons ne souffrent plus, où les vagues d'un océan, l'océan de l'éternité, rafraîchissent le cœur malade !

Le soleil s'était couché. Je tendis la main à la pauvre vieille et rentrai dans Paris.

Paris, mai ¹...

... Oui, vraiment, mon cher A. A..., Paris est une ville unique. Nulle part peut-être autant qu'ici on ne peut trouver matière à des considérations philosophiques ; nulle part il n'existe autant d'objets curieux pour l'homme qui sait apprécier l'Art ; nulle part il n'y a autant de distractions et d'amusements. Mais aussi où se rencontre-t-il autant de dangers pour la philosophie, surtout pour le cœur ? Ici des milliers de filets sont tendus à chacune de ses faiblesses... C'est un océan tumultueux, où le rapide courant des flots vous entraîne de Charybde en Scylla et de Scylla en Charybde ! Les sirènes abondent, et leur chant est si voluptueux, si assoupissant ! Il est si facile de s'oublier, de s'endormir ! Mais le réveil est presque toujours pénible, et le premier objet qui se présente à vos yeux, c'est votre bourse vide.

¹ Nous omettrons le début de cette lettre, entièrement personnel à Karamzine.

Toutefois il ne faut pas s'imaginer qu'une vie agréable à Paris soit très chère pour tout le monde. Au contraire, il y est possible pour assez peu d'argent de jouir de tous les plaisirs selon son goût. Je parle des plaisirs permis et dans le sens rigoureux du mot permis. Si vous vous mettez en tête de lier « rapidement » connaissance avec des chanteuses et des actrices, ou bien, dans les maisons où l'on joue aux cartes, de ne manquer aucune partie, il vous faut alors une richesse d'Anglais. Chez soi aussi la vie est coûteuse, c'est-à-dire plus coûteuse que chez nous à Moscou. Mais voici comment on peut passer gaiement son temps sans dépenser beaucoup d'argent.

On doit avoir une bonne chambre dans un excellent *Hôtel* [1]; le matin, lire les différentes feuilles publiques, les gazettes, où l'on trouve toujours quelque chose d'intéressant, de touchant ou d'amusant. Pendant ce temps-là on prend du café, comme personne ne sait en faire, ni en Allemagne, ni en Suisse. Ensuite on appelle le perruquier, un bavard, un hâbleur, qui vous débite quantité de sottises amusantes à propos de Mirabeau et de Maury, de Bailly et de La Fayette. Il vous oint la tête de tous les parfums de la Provence et la recouvre d'une poudre, la plus blanche, la plus fine du monde [2]. Après cela, on revêt un habit propre,

---

[1] Un *Hôtel* est une maison louée où l'on n'a rien de plus que la chambre et le service. On vous apporte le café et le thé du « café » voisin, et le dîner, du restaurant. — *Note de Karamzine.*

[2] Le coiffeur ordinaire de Karamzine à Paris s'appelait Rolet, « le joyeux Rolet, semblable au zéphyr ». Notre voyageur le regretta beaucoup quand il lui fallut subir à Londres les ma-

tout simple, et l'on flâne par la ville, on entre un instant au Palais-Royal, aux Tuileries, aux Champs-Elysées, chez un écrivain, chez un artiste célèbre, dans les magasins où se vendent les estampes et les tableaux, chez Didot, pour admirer ses belles éditions des auteurs classiques. On dîne chez un restaurateur [1], où l'on vous donne pour un rouble cinq ou six plats parfaitement apprêtés avec du dessert. On regarde l'horloge et on dispose de son temps jusqu'à six heures, pour visiter n'importe quelle église ornée de monuments, ou une galerie de tableaux, ou une bibliothèque, ou un cabinet de curiosités, et on paraît, au premier coup d'archet, à l'Opéra, à la Comédie, à la Tragédie, où on se laisse captiver par l'harmonie, par le ballet, où l'on rit, où l'on pleure. L'âme toute langoureuse et remplie d'agréables impressions, on va se reposer au Palais-Royal, au *Café de Valois, du Caveau*, devant une coupe de « bavaroise [2] ». On contemple le splendide éclairage des boutiques, des arcades, des allées du jardin ; on prête un peu l'oreille de temps en temps à ce que disent les profonds politiques de l'endroit ; finalement on retourne dans sa chambre paisible, on rassemble

nipulations brutales d'un nouveau chevalier du rasoir qui l'écorcha tout vif et lui couvrit la tête de sucre râpé en guise de poudre.

[1] On nomme à Paris *restaurateurs* les propriétaires des meilleurs « traktires » dans lesquels on peut dîner. On vous donne la liste de tous les plats avec l'indication de leur prix ; après avoir choisi ce qui vous plaît, vous dînez à une petite table particulière. — *Note de Karamzine.*

[2] Sirop aromatisé avec du thé. — *Note de Karamzine.*

ses idées, on écrit quelques lignes sur son journal, on se jette sur un lit moelleux, et (ce qui est le terme ordinaire de la journée comme de la vie), on s'endort d'un profond sommeil en rêvant agréablement de l'avenir. — C'est ainsi que je passe mon temps et je suis heureux."

★

Je vous dirai quelques mots des principaux édifices de Paris [1].

Le Louvre. Ce n'était jadis qu'une redoutable forteresse, où vivaient les descendants de Clovis, et où, comme dans une prison d'État, on renfermait les séditieux, les barons rebelles, qui souvent se révoltaient contre leurs rois. François Ier, qui aimait passionnément à guerroyer, à captiver les belles et à construire de magnifiques châteaux, rasa jusqu'aux fondations ces tours gothiques, et à leur place éleva un immense palais, que décorèrent les meilleurs artistes du temps, mais qui ne fut pas habité avant l'époque de Charles IX. Louis XIV commença son règne ; avec lui régnèrent les arts, les sciences, et le Louvre, sur un signe de lui, se couronna de sa magnifique colonnade, la meilleure production de l'architecture française, d'autant plus étonnante que ce ne fut pas un architecte célèbre qui la construisit, mais bien le doc-

---

[1] Il va de soi que nous traduisons simplement Karamzine, sans nous porter garant de ses connaissances archéologiques, qui ne sont naturellement pas le dernier mot de la science.

teur Perrault, décrié, invectivé par le railleur Boileau dans ses satires. Il est impossible de contempler sans une profonde admiration ces péristyles, ces portiques, ces frontons, ces pilastres, ces colonnes, auxquels une terrasse avec une belle balustrade sert de toiture. Chaque fois que je m'arrête devant la porte principale, je regarde et me dis : Combien de milliers d'années ont passé sur le globe terrestre pour tomber dans l'éternité depuis le premier entrelacement des branches flexibles qui protégeaient les fils sauvages d'Adam contre les intempéries jusqu'à la gigantesque colonnade du Louvre, merveille de grandeur et de goût ! Que l'homme est petit, mais que son esprit est grand ! Que les progrès de sa raison sont lents, mais comme ils sont variés et nombreux ! — Louis XIV habita longtemps le Louvre ; il finit par lui préférer Versailles, et la place du grand monarque fut occupée par Apollon et les Muses. C'est là que sont toutes les Académies [1] ; c'est là qu'ont vécu les savants, les auteurs, les poètes illustres, dignes de l'attention du Roi. Louis, en cédant sa demeure au Génie, l'a honoré et s'est honoré lui-même.

A propos du Louvre, il est impossible de ne pas rappeler l'obélisque de neige, qui, pendant le cruel hiver de 1788, fut dressé devant ses fenêtres par les pauvres gens en signe de reconnaissance à l'égard du roi actuel, qui avait acheté du bois pour eux. Tous les

---

[1] C'est là, dans la salle de l'Académie des Arts, que j'ai vu quatre tableaux célèbres de Le Brun : les *Batailles d'Alexandre-le-Grand*. — *Note de Karamzine.*

poëtes de Paris composèrent des inscriptions pour ce singulier monument [1].

En souvenir de cette circonstance touchante, un homme riche, M. Jubeau, édifia devant sa maison, près des Tuileries, un obélisque en marbre, et y grava toutes les inscriptions du monument de neige. J'ai été chez M. Jubeau, je les ai lues, et, en me représentant la façon dont les Français agissent maintenant avec leur roi, je me dis en moi-même : Voilà un témoignage de reconnaissance qui atteste le peu de reconnaissance des Français !

★

Les Tuileries. Le nom dérive des tuiles qui s'y fabriquaient autrefois. Ce palais fut construit par Catherine de Médicis ; il se compose de cinq pavillons avec quatre *corps de logis.* Il est orné de colonnades de marbre, de frontons, de statues, et enfin de l'image d'un soleil rayonnant, devise de Louis XIV. L'aspect de l'édifice n'est pas majestueux, mais

---

[1] Karamzine cite celle qui parut alors la meilleure. Il nous a été impossible de la retrouver dans les publications du temps. En voici le sens, d'après la traduction russe :

> Au Roi nous élevons ce monument de neige.
> Il touchera bien plus l'ami qui nous protège
> Que s'il était de marbre étrange et précieux,
> Mais chèrement payé des larmes de nos yeux.

Déjà, en 1784, on avait composé de semblables inscriptions pour des constructions du même genre. Bachaumont en cite plusieurs, où la Reine se trouve comprise avec le Roi. Voy. à la date du 24 février 1784.

agréable. Il est très bien situé. D'un côté la Seine, et, devant la grande façade, le jardin des Tuileries avec ses hautes terrasses, ses parterres de fleurs, ses bassins, ses groupes, et, ce qui vaut mieux que tout, ses antiques et épaisses allées, à travers lesquelles on aperçoit au loin, sur une vaste place, la statue de Louis XV. C'est là que vit actuellement la famille royale.

J'ai visité aussi l'intérieur du palais. Le jour du Saint-Esprit [1], avec les chevaliers de ce grand Ordre français, je me suis rendu à l'église. Derrière eux était la Reine avec ses dames. Les premiers portaient des manteaux comme au temps de la chevalerie, avec les cheveux déployés ; les autres, des robes très riches. Au même moment, les spectateurs curieux se précipitèrent dans les appartements intérieurs, et je les suivis, de salon en salon, jusqu'à la chambre à coucher. « Où allez-vous, Messieurs ? Pour quoi faire ? » demandèrent les laquais de la Cour. « Pour voir, » répondirent mes compagnons, et ils passèrent. La décoration des pièces se compose de tentures de la fabrique des Gobelins, de tableaux, de statues, de grotesques, de cheminées de bronze. Cependant mes yeux ne s'occupaient pas seulement des choses, mais aussi des personnes, des ministres et des ex-ministres, des courtisans et des vieux serviteurs du Roi, qui, en voyant la conduite inconvenante, les allées et venues bruyantes de jeunes gens habillés avec la plus grande

---

[1] La Pentecôte.

négligence, haussaient les épaules. Moi-même je marchais derrière avec un sentiment pénible. Est-ce ainsi qu'était autrefois la Cour de France, célèbre par son éclat et sa pompe ? En apercevant deux causeurs assis l'un à côté de l'autre et parlant entre eux à voix basse, je me dis : Pour sûr ils parlent de la malheureuse situation de la France et des malheurs qui peuvent l'atteindre encore. — Le second fils du duc d'Orléans [1] jouait au billard avec je ne sais quel personnage assez âgé. Le jeune prince est très beau de visage ; son âme doit nécessairement être très belle ; par conséquent, elle ne ressemble pas à celle de son père.

Les Tuileries sont réunies au Louvre au moyen d'une galerie, qui est la plus longue et la plus vaste de toutes les galeries du monde, et dans laquelle doit être placé le Musée Royal, c'est-à-dire l'ensemble des tableaux, des statues, des antiquités dispersés maintenant dans différents endroits.

★

Le *Luxembourg* appartient à présent au comte de Provence. C'est un palais majestueux, construit par Marie de Médicis, épouse d'un grand roi et mère d'un roi faible, femme avide de pouvoir, mais née sans aucun talent pour l'exercer ; qui, après avoir été longtemps la Xantippe de Henri IV [2], prit sa place sur le

---

[1] Le duc de Montpensier, né en 1775.

[2] Xantippe est un peu dur. Henri IV comme roi serait digne

trône pour gaspiller les fruits de l'économie de Sully, susciter la guerre civile en France, élever Richelieu et être la victime de son ingratitude ; qui, après avoir couvert de millions ses indignes favoris, finit sa vie dans l'exil, dans la misère, ayant à peine un morceau de pain pour apaiser sa faim et des haillons pour cacher sa nudité. Les jeux de la Destinée sont parfois terribles !

C'est avec ces pensées que je contemplai l'architecture de ce palais, ses terrasses et ses pavillons. Pour quelque menue monnaie, on m'en montra aussi l'intérieur. Les pièces sont à peine dignes d'être remarquées, mais c'est là que se trouve la célèbre galerie de Rubens, dans laquelle ce Raphaël flamand a épuisé toute la force de son art et de son génie. Ce sont vingt-cinq grands tableaux qui représentent Henri IV et la reine Marie avec quantité de figures allégoriques. Quelle variété dans l'aspect des époux ! Dans chaque tableau, ce sont bien eux, mais dans chacun ils ont un caractère particulier. Marie, représentée en jeune accouchée, est la perle du pinceau de Rubens. Traces profondes de souffrance, langueur, épuisement, blancheur rosée de la beauté, joie d'être la mère du Dauphin, sentiment que la France tout entière attendait cet instant avec une impatience craintive et que des millions d'hommes vont célébrer

---

d'être imité et il est à regretter qu'il le soit si peu ; comme mari, son manque de « correction » était plus fâcheux. Toutefois il a beaucoup mieux valu en somme pour la France qu'il fût moins « correct » que ses descendants.

triomphalement son heureuse délivrance, tendresse de l'épouse dont les regards disent à Henri : « Je suis vivante ! Nous avons un fils ! » tout cela est très beau et exprimé avec un art émouvant. On voit que la Reine a été le principal sujet du peintre. Elle occupe la première place sur les tableaux. Henri n'est partout que « pour elle ». Comment s'en étonner ? Rubens a peint d'après ses ordres, après la mort de Henri, et la flatterie du peintre a fait ce que la flatterie des historiens, ce que la flatterie des poètes n'avait pu faire pour Marie : elle a su, par son art, suborner les cœurs à son profit ; grâce à elle, il m'est impossible de ne pas aimer Marie !

Parmi les figures allégoriques, je remarquai un charmant visage de femme, représenté à diverses reprises. L'élève en peinture, qui me montrait la galerie me dit : « Ne vous étonnez pas de la répétition ; ce visage est celui de la femme de Rubens, la belle et célèbre Hélène Fourment. Rubens était pour elle un époux amoureux, et, partout où il l'a pu, il a représenté sa charmante Hélène. » J'aime ceux qui ont su aimer, et mon cœur s'attacha encore plus fortement à l'artiste.

Le jardin du Luxembourg était jadis la promenade préférée des écrivains français, qui dans ses épaisses et sombres allées méditaient le plan de leurs compositions. Mably s'y promenait souvent avec Condillac. Le mélancolique Rousseau y venait aussi causer avec son cœur éloquent. Voltaire également dans sa jeunesse y chercha plus d'une fois un rhythme harmonieux pour ses piquantes pensées, et le ténébreux Crébillon s'y représenta le méchant Atrée. A présent le jardin n'est plus le même ; beaucoup d'allées ont disparu, par suite d'abattages ou de vétusté. Néanmoins je profite fréquemment de l'ombre qu'y répandent encore les vieux arbres ; je marche seul, ou, assis sur des buissons en guise de canapé [1], je lis un livre. Le Luxembourg n'est pas loin de la rue Guénégaud, où je demeure.

Monsieur D..., en se promenant avec moi avant-hier dans le jardin du Luxembourg, m'a raconté une aventure plaisante. En 1784, le 8 juillet, presque tout Paris s'y rassembla, afin d'assister au voyage aérien de l'abbé Miolan, annoncé par les gazettes [2]. On attend deux, trois heures, le ballon ne s'enlève pas. Le public demande quand commencera l'expérience. L'abbé répond : « A l'instant même ! » Mais le soir arrive et le ballon n'a pas bougé de place. La foule perd enfin patience, se jette sur l'aérostat, le déchire en morceaux, et Miolan se sauve à toutes jambes [3]. Le

---

[1] Mot à mot : sur un canapé de prunellier (*prunus spinosa*). S'agirait-il d'un banc rustique, d'un arbre taillé en forme de siège ? Bien des suppositions sont permises.

[2] Ce n'est pas le 8 juillet, mais bien le dimanche 11, que le fait se passa. L'abbé Miolan avait pour associé un sieur Janinet, avec lequel, depuis le mois de mars, il avait commencé à préparer dans l'enceinte de l'Observatoire sa Montgolfière, la plus volumineuse dont il eût encore été question. Quatre personnes devaient participer à l'ascension. Le grand aérostat était accompagné de deux autres, ce qui faisait mal augurer à l'avance du succès de la machine.

[3] Le feu avait pris à l'aérostat, ce qui ne fut pas le seul cas. L'abbé Miolan s'éclipsa sous prétexte d'aller chercher des

lendemain, au Palais-Royal et dans tous les carrefours, les Savoyards de crier : « Qui veut la description du célèbre voyage heureusement accompli par le célèbre abbé Miolan? Un sou, un sou [1] ». L'abbé, après cela, mourut de la mort civile, c'est-à-dire n'osa plus se montrer aux gens.

Cette histoire comique se termina forcément par une autre anecdote comique. Monsieur D..., peu après l'infortune de Miolan, était au parterre de l'Opéra à voir un ballet. Tout à coup arrive un homme de haute taille, un abbé, qui se place devant lui et l'empêche d'apercevoir la scène. « Mettez-vous un peu de côté, » lui dit-il ; « il ne manque pas de place ici. » Le géant n'écoute pas, ne se remue pas ; il regarde et ne permet pas aux autres de regarder. Un jeune avocat, qui se tenait auprès de M. D..., lui dit : « Voulez-vous que je fasse partir le grand abbé? » — « Oh! oui! pour l'amour de Dieu! Si vous le pouvez. » — « Je le puis, » — et aussitôt il commença à chuchoter à l'oreille de tous ceux qui étaient autour de lui : « Voilà l'abbé Miolan, qui a attrapé le public! » Instantanément dix voix répétèrent : « Voilà l'abbé Miolan ! » En une minute le parterre tout entier se mit à crier : « Voilà l'abbé Miolan ! » Et tout le monde

---

instruments indispensables. La foule, qui avait payé jusqu'à trois livres le droit d'entrer, mit en pièces ce qui restait du ballon.

[1] On trouvera des couplets satiriques à ce sujet dans Bachaumont, à la date du 27 juillet et du 3 août. Un chercheur d'anagrammes avait même tiré des mots : « L'abbé Miolan » ces deux autres : « Ballon abîmé ».

montrait du doigt l'homme de haute taille, qui, ébahi, vexé, désespéré, criait à droite et à gauche : « Messieurs ! Messieurs ! Je ne suis pas l'abbé Miolan ! » Mais bientôt dans toutes les loges aussi retentit la rumeur : « Voilà l'abbé Miolan ! » Si bien que l'homme de haute taille, qui ne s'appelait pas le moins du monde Miolan, fut obligé de s'enfuir du théâtre comme un criminel. Monsieur D.., en mourant de rire, exprima sa reconnaissance au jeune avocat, pendant que le parterre et les loges, couvrant l'orchestre, criaient : « Voilà l'abbé Miolan ! »

Le comte de Provence habite une aile de ce palais.

★

Le *Palais-Royal* s'appelle le cœur, l'âme, le cerveau, le résumé de Paris. Richelieu le construisit et en fit don à Louis XIII, après avoir écrit sur la porte principale : *Palais-Cardinal*. Cette inscription ne plut pas à beaucoup de gens. Les uns l'appelèrent orgueilleuse, les autres, absurde, et prouvèrent qu'en français on ne peut pas dire : *Palais-Cardinal*. Certains autres prirent la défense de Richelieu ; ils écrivirent, discutèrent devant le public, et le célèbre « petit-maître » de la langue française (bien entendu, de ce temps-là), Balzac, joua un des premiers rôles dans ce grave débat : preuve que depuis bien longtemps les esprits, à Paris, prennent au sérieux des bulles de savon. La reine Anne mit un terme à la dispute en ordonnant d'effacer *Cardinal* et d'écrire

Royal. Louis XIV fut élevé au Palais-Royal, qu'il finit par donner au duc d'Orléans.

Je ne vous décrirai pas l'extérieur de ce palais carré, qui, sans aucun doute, est l'édifice le plus vaste de Paris, et dans lequel sont réunis tous les ordres d'architecture ; je dirai seulement ce qui se rapporte à son caractère particulier. La famille du duc d'Orléans occupe la plus petite partie du principal étage ; tout le reste est consacré aux plaisirs du public ou au profit du propriétaire. On y trouve des spectacles, des clubs, des salles de concert, des magasins, des « cafés », des restaurants, des boutiques. Les étrangers riches s'y louent des chambres. C'est là que demeurent les Nymphes éblouissantes de première classe ; c'est là aussi que nichent les plus abjectes. Tout ce qu'il est possible de trouver à Paris (et qu'est-il impossible de trouver à Paris ?) est au Palais-Royal. Vous faut-il un habit à la mode ? Allez-y, et vous n'avez plus qu'à le mettre. Voulez-vous que votre appartement, en quelques minutes, soit somptueusement orné ? Allez-y, tout est prêt. Désirez-vous avoir des tableaux, des estampes des meilleurs maîtres, tout encadrés, sous verre ? Allez-y, et choisissez. Les objets les plus précieux, l'argent, l'or, on peut tout y trouver, pour de l'argent et de l'or. Parlez, et tout d'un coup apparaîtra au milieu de votre cabinet une vaste bibliothèque dans toutes les langues, au fond de belles armoires. En un mot, allez au Palais-Royal en sauvage d'Amérique, et, dans l'espace d'une demi-heure, vous serez habillé de la façon la plus parfaite, vous pourrez avoir une maison richement meublée, un équipage, quantité de domestiques, vingt plats sur votre table, et, si cela vous est agréable, une Laïs florissante, qui, à chaque instant, mourra d'amour pour vous. On y a réuni tous les remèdes contre l'ennui et les plus douces consolations pour le bien-être de l'âme et du corps, tous les moyens de soutirer l'argent et de tourmenter ceux qui n'en ont pas, toutes les ressources pour jouir du temps et pour le gâcher. On peut passer sa vie entière, même une vie fort longue, au Palais-Royal comme dans un rêve féerique et dire en mourant : « J'ai tout vu, j'ai tout connu ! »

Au milieu du palais est le jardin qu'on a arrangé il n'y a pas longtemps encore [1]. Quoique le plan en soit fort beau, les habitants de Paris ne peuvent oublier les arbres touffus qui y répandaient auparavant leur ombre, et qui ont été abattus par l'impitoyable duc pour ses nouvelles allées régulières. — « A présent, » disent les mécontents, « les arbres semblent courir les uns après les autres, et pas un seul n'abrite un moineau, tandis qu'auparavant... c'était une tout autre affaire. Au mois de juillet, dans les journées les plus chaudes, nous jouissions ici de la fraîcheur comme dans le bois le plus épais, le plus sauvage. Le

---

[1] Vers 1783. Les arcades datent de 1781. La Cour n'avait pas très bien pris cette exploitation trop intelligente d'une construction aussi riche en grands souvenirs historiques. On avait qualifié le duc de Chartres de « prévôt des marchands » et son palais transformé, de « Palais-Marchand ».

célèbre *arbre de Cracovie*[1] s'élevait comme un roi parmi les autres. Sous son ombre impénétrable se rassemblaient nos vieux politiciens, et, assis en cercle, devant une coupe de limonade, sur un canapé de gazon, ils se communiquaient mutuellement les secrets des gazettes, des informations importantes, des conjectures pleines de finesse. Les jeunes gens venaient les écouter, afin d'écrire ensuite à leurs parents de province : « Tel ou tel roi va déclarer la guerre à tel ou tel souverain. La nouvelle est indubitable ! Nous l'avons entendu dire sous les branches de l'arbre de Cracovie ! » — L'homme qui ne l'a pas épargné épargnera-t-il les choses saintes, si saintes qu'elles soient ? Le duc d'Orléans écrit son nom dans l'histoire à la façon d'Érostrate ; son génie est le méchant génie de la destruction.

Toutefois le nouveau jardin a sa beauté. Les pavillons verts autour du bassin et les tilleuls en forme de temple sont agréables aux yeux. Le plus joli, c'est le Cirque[2], construction étonnante, unique dans son genre. Figurez-vous un long parallélogramme, qui occupe le milieu du jardin, orné de colonnes ioniques et de verdure, dans lequel apparaissent des reproductions en marbre blanc des grands Musées de France. Du dehors, cela vous paraît n'être qu'une

---

[1] Arbre très célèbre à cette époque, et ainsi surnommé à cause des nombreuses et ridicules *craques* qui s'y débitaient. C'est sous ses branches qu'il faut chercher, comme on va le voir, le berceau de nos Assemblées parlementaires.

[2] Construit en 1787.

tonnelle assez basse avec des portiques ; vous entrez, et vous voyez en bas, sous vos pieds, de magnifiques salles, des galeries, un manège ; vous pouvez y descendre par un charmant escalier, et vous y deviendrez l'hôte du roi des Gnomes, dans son empire souterrain, mais non pas toutefois dans les ténèbres ; le jour se répand sur vous d'en haut, à travers de grandes fenêtres, et partout, dans des glaces étincelantes, se reflètent les objets que vous apercevez. Dans les salles ont lieu chaque soir des concerts ou des bals ; l'éclairage donne à l'intérieur du Cirque encore plus de beauté. Là, quel que soit le nombre des joyaux qui brillent sur la tête d'une dame, on peut s'approcher d'elle hardiment, causer, badiner avec elle. Pas une ne se fâchera, quoique toutes jouent très bien le rôle de dames de qualité. C'est là aussi que les plus célèbres maîtres d'escrime de Paris déploient leur talent, que j'ai admiré plusieurs fois. On a fait, depuis les appartements du duc d'Orléans jusqu'au manège, un passage, ou, pour mieux dire, une grand'route souterraine, par laquelle le duc peut y venir, soit à cheval, soit en calèche. Une belle terrasse, toute semée de fleurs et plantée d'arbres aromatiques, forme la toiture de l'édifice, et vous rappelle les antiques jardins de Babylone. Une fois monté là, vous vous promenez au milieu des parterres, au-dessus du sol, dans les airs, dans l'empire des Sylphes, et, en une minute, vous pouvez redescendre dans les entrailles profondes de la terre, dans l'empire des Gnomes, où vous aurez le plaisir de vous dire : « Des milliers de gens s'agitent bruyamment en cet instant au-dessus de ma tête ».

Toute la partie basse du Palais-Royal consiste en galeries avec 180 portiques, qui, éclairés par des réverbères, présentent chaque nuit une illumination éblouissante.

Les appartements occupés par la famille du duc d'Orléans sont ornés richement et avec goût. Il y a une célèbre galerie de tableaux qui le cède à peine à celles de Dresde ou de Düsseldorf, un cabinet d'histoire naturelle, une collection d'antiques, de pierres gravées et de modèles en tout genre de productions artistiques, en même temps que des imitations d'outils employés dans l'industrie.

Il est temps de terminer ma longue lettre historique et de vous souhaiter, mes amis, une bonne nuit.

Paris, mai 1790.

Aujourd'hui le jeune Scythe K...[1], à l'Académie des inscriptions et belles-lettres, a eu l'honneur de faire la connaissance de Barthélemy Platon !

On m'avait promis de me présenter à lui ; mais, aussitôt que je l'eus aperçu, suivant le premier mouvement de mon enthousiasme, je m'approchai et lui dis : « Je suis Russe ; j'ai lu *Anacharsis*[2] ; je sais me passionner pour l'œuvre des grands, des immortels talents. Acceptez donc l'hommage, si mal

---

[1] Karamzine.

[2] C'était en route, à Leipzig, chez le professeur Beck, que Karamzine avait entendu parler pour la première fois du *Jeune Anacharsis* publié seulement à la fin de 1788. Voici le passage : « J'appris chez lui la célébrité d'*Anacharsis*, ouvrage de l'abbé Barthélemy. A peine a-t-il eu fait son entrée dans le monde que tous les littérateurs français ont fléchi le genou devant lui, et ont reconnu que la Grèce antique, si intéressante pour nous, — la Grèce, que nous admirons dans ses ruines et dans les monuments de sa gloire, parvenus en si petit nombre jusqu'à nous, n'avait jamais encore été décrite avec autant de perfection. Le professeur de Gœttingue, Heine, l'un des hommes qui connaissent le mieux la littérature et l'archéologie grecques, a rendu compte d'*Anacharsis* dans les *Gœttinger Gelehrte Anzeigen* et l'a rendu célèbre en Allemagne. M. Beck attend cet exemplaire avec une grande impatience. » — Lettre du 15 juillet 1789.

exprimé qu'il soit par mes paroles, de mon profond respect ! » — Il se leva de son fauteuil, prit ma main, me témoigna aussitôt sa gratitude par un regard affable, et enfin me répondit : « Je suis heureux de faire votre connaissance ; j'aime le nord, et le héros que j'ai choisi n'est pas un étranger pour vous. » — « Je voudrais bien avoir quelque ressemblance avec lui. Je suis dans l'Académie : Platon est devant moi, mais mon nom n'est pas aussi connu que celui d'Anacharsis[1]. » — « Vous êtes jeune, vous voyagez, sans aucun doute, pour orner votre raison de connaissances ; c'est assez de ressemblance. » — « Il y en aurait encore davantage, si vous me permettiez quelquefois de vous voir et de vous entendre avec un esprit curieux, avec un désir ardent de former mon goût d'après les leçons d'un grand écrivain. Je n'irai pas en Grèce ; elle est dans votre cabinet. » — « Il est fâcheux que vous soyez venu nous voir dans un temps où nous équipons Apollon et les Muses d'un uniforme civique. Toutefois donnez-moi l'occasion de vous voir. Aujourd'hui vous entendrez mon travail sur les médailles et les monnaies de Samarie[2] ; il vous paraîtra ennuyeux, *comme de raison*. Excusez-moi. Mes collègues vous entretiendront de sujets plus agréables. »

[1] On comprendra mieux cette innocente flatterie en se reportant au *Voyage du jeune Anacharsis*, l. II, ch. 7.

[2] Ce travail faisait sans doute partie du grand ouvrage inachevé de Barthélemy : *Essai d'une paléographie numismatique*. Voy. les *Mémoires* de l'Académie des Inscriptions, t. XLVII, p. 140, note 6.

Sur ces entrefaites, la séance de l'Académie s'ouvrit. Barthélemy était assis à sa place. Il est le plus âgé de l'Académie, *le doyen*. Dans l'assemblée il y avait environ cinquante membres, et autant de spectateurs, pas plus. En effet, la dissertation de l'abbé Barthélemy, dans laquelle il était question des médailles de Jonathan, d'Antigone, de Siméon, ne put m'intéresser. En revanche, si j'écoutai peu, je regardai beaucoup Barthélemy. C'est un parfait Voltaire, tel qu'on le représente sur ses portraits ! Il est grand, maigre, avec un regard pénétrant, avec le sourire fin des Athéniens. Il a passé depuis fort longtemps soixante-dix ans, mais sa voix est agréable, il se tient bien droit, tous ses mouvements sont rapides et vifs. Par conséquent les travaux scientifiques ne font pas vieillir les gens. Ce n'est pas une existence sédentaire, mais la vie orageuse des passions qui sillonne de rides notre visage. Barthélemy, depuis sa naissance, n'a connu qu'une passion : l'amour de la gloire, et, par la force de sa philosophie, il l'a dominée. De même que l'immortel Montesquieu, il a été encore « amoureux de l'amitié », il a eu le bonheur de prouver l'attachement de sa grande âme au ministre Choiseul, après sa chute, et il a partagé avec lui l'ennui de la solitude. C'est à lui et à son épouse que, sous le nom d'Arsame et de Phédime, il a dédié *Anacharsis* en termes aimables et touchants [1].

---

[1] On trouvera cette sorte de dédicace dans l'édition de 1821, *Œuvres complètes* de Barthélemy, t. I, p. 228. Nous ne la traduisons pas.

Je fis là aussi la connaissance de Lévêque, l'auteur d'une *Histoire de Russie*, qui, bien qu'elle ait beaucoup de défauts, est cependant meilleure que toutes les autres. Cela est fâcheux, mais il faut bien dire franchement que nous n'avons pas jusqu'à présent une bonne histoire de la Russie, c'est-à-dire une histoire écrite avec un esprit philosophique, avec de la critique, avec une noble éloquence. Tacite, Hume, Robertson, Gibbon, voilà des modèles ! On dit que notre histoire par elle-même est moins intéressante que les autres. Je ne le crois pas. Il ne faut que de l'esprit, du goût, du talent. On peut choisir, vivifier, embellir, et le lecteur s'émerveillera de voir sortir de Nestor[1], de Nikone et autres, quelque chose d'attrayant, de fort, d'aussi digne d'attention pour les étrangers que pour les Russes. La généalogie des princes, leurs querelles, la guerre civile, les incursions des Polonais sollicitent peu la curiosité, je le reconnais; mais pourquoi en remplir des tomes entiers ? Ce qui est sans importance, il faut le raccourcir, comme Hume l'a fait dans son *Histoire d'Angleterre;* mais tous les traits qui marquent le naturel du peuple russe, le caractère de nos anciens héros, des hommes supérieurs, surtout ce qu'on appelle des anecdotes, il faut les recueillir, les décrire vivement, d'une manière frappante. Nous avons eu notre Charlemagne : Vladimire; — notre Louis XI : Ivan le Terrible; — notre Crom-

---

[1] Le plus ancien des annalistes de la Russie. Il a vécu à Kiève, vers la fin du XIe siècle et au commencement du XIIe.

wel : Godounove, et de plus un souverain qui n'a jamais eu son pareil : Pierre-le-Grand [1].....

Cependant, mes amis, vous vous trouvez toujours assis avec moi à l'Académie des Inscriptions. On a lu une dissertation sur la peinture en Grèce, ainsi que l'éloge funèbre d'un des membres morts, et j'ai remarqué ce que j'avais déjà plusieurs fois remarqué dans les théâtres : pas une belle pensée, pas une expression heureuse n'a échappé au goût fin du public présent. *Bravo!* et des applaudissements. Ce qui plaît ici par-dessus tout, ce sont les pensées morales ou *sentences*, quelquefois les plus ordinaires. Par exemple, dans l'éloge funèbre du défunt, l'auteur a dit : « Voilà une preuve que les âmes délicates préfèrent la calme satisfaction de la conscience aux bruyants excès de l'ambition ! » Et tous les auditeurs de battre des mains [2]. — La séance se termina par l'indication d'un sujet proposé aux antiquaires.

Il me fallut faire connaissance avec M. Lévêque et lui adresser mon compliment sur la bonne opinion qu'il s'est faite des Russes, auxquels il a l'extrême bonté de ne pas refuser de l'esprit naturel et des apti-

---

[1] Encore bien qu'il soit assez piquant de voir le futur historien de la Russie se tracer à lui-même son programme à vingt-quatre ans, nous passons la suite de ces considérations qui sont assez longues et nous entraîneraient trop loin.

[2] M. de Porochine nous apprend que le héros ou la victime de l'éloge était le premier président d'Ormesson. Cet éloge contenait une fort belle phrase à l'adresse de Louis XVI que M. de Porochine substitue à la *sentence* traduite par Karamzine. Nous n'osons pas suivre notre devancier dans cette voie.

tudes pour les sciences. Barthélemy me gratifia encore de deux ou trois phrases polies, et nous nous séparâmes comme de vieilles connaissances.

★

J'ai vu l'auteur des beaux contes, qui, dans un genre de composition en apparence le plus léger, le plus vulgaire de tous, a su être unique, incomparable : Marmontel. Ce n'est pas assez de le voir, il faut le connaître de plus près, il faut causer avec lui des temps heureux de la littérature française, qui sont passés et ne reviendront pas! Le siècle des Voltaire, des Jean-Jacques, de l'*Encyclopédie* et de l'*Esprit des lois*, ne le cède pas au siècle de Racine, de Boileau, de La Fontaine, et dans la maison de Mme Necker, du baron d'Holbach, on a badiné avec un esprit aussi piquant que chez Ninon de Lenclos. La physionomie de Marmontel est très séduisante; sa tenue montre qu'il a vécu dans la meilleure société de Paris. Figurez-vous qu'un romancier allemand, dont je ne me rappelle pas le nom [1], dans son journal de voyage, le dépeint presque comme un paysan, c'est-à-dire comme un homme extrêmement grossier. A quel point les menteurs peuvent être effrontés! Marmontel a plus de soixante-dix ans. Il a épousé une jeune femme très belle, et vit heu-

---

[1] Nous avons soupçonné Thümmel, mais sans retrouver le passage en question.

reux avec elle, dans la solitude d'un village. Ce n'est que rarement qu'il se montre à Paris.

La Harpe, qui demeure rue Guénégaud, est mon voisin. Son talent, son style, son goût, sa critique ont eu depuis longtemps pour récompense l'estime générale. Il est, après Voltaire, le premier tragique. Dans ses œuvres il y a peu de flamme, de sensibilité et d'imagination; mais tous ses vers sont excellents et beaucoup ont de la vigueur. Maintenant il s'occupe de la partie littéraire du *Mercure de France*, avec Champfort, qui est aussi membre de l'Académie. Mercier et Florian sont à Paris; mais jusqu'ici je n'ai pas réussi à les voir.

Paris, mai 1790.

L'ancienne actrice Dervieux, artiste médiocre, mais beauté célèbre, qui a employé une vingtaine d'années à son art lucratif et économisé des millions, a eu l'idée de se construire une maison qui attirerait sur elle l'attention de Paris. Ce qu'elle voulait s'est accompli. Cette maison est considérée par tout le monde comme une merveille. Il faut avoir un billet pour la visiter. M. P..., mon compatriote, m'a procuré ce plaisir. Quelles chambres ! Quelle décoration ! Des peintures, des bronzes, des marbres, de l'or ; tout brille, attire les yeux. La maison n'est pas grande, mais l'Intelligence en a tracé le plan, l'Art en a été l'architecte, le Goût l'a ornée, et l'Opulence a fourni l'argent. Il n'y a rien là qui ne soit très beau, et partout à cette beauté pour les yeux s'allie la commodité, l'agrément dans l'usage.

Après avoir traversé cinq pièces, nous entrâmes dans le sanctuaire, dans la chambre à coucher, où la peinture a représenté sur les murs Hercule agenouillé devant Omphale ; cinq ou six petits Amours à cheval sur sa massue ; Armide, qui, en se regardant dans un miroir, s'émerveille beaucoup plus de sa beauté que de l'adoration de Renaud assis auprès d'elle ; Vénus, qui, détachant sa ceinture, la donne... on ne voit pas à qui, mais c'est certainement à la maîtresse du logis. Les yeux cherchent en vain, mais l'on devine. La couche voluptueuse, parsemée de roses éternelles, je veux dire artificielles et sans épines, s'élève au-dessus de quelques marches. Là, sans doute, tout Adonis doit fléchir le genou. Derrière la chambre à coucher, dans une petite salle, on a construit un bassin de marbre pour se baigner. En haut est une tribune pour des musiciens, afin que la belle, captivée par leur jeu harmonieux, puisse barboter en mesure. De cette chambre une porte ouvre sur le jardin des Hespérides, où tous les sentiers sont bordés de fleurs, où tous les arbres embaument en donnant de l'ombrage. Les petites pelouses et les petits bosquets sont des plus pittoresques. On dirait que chaque petite herbe, que chaque petite feuille a été choisie parmi un millier d'autres. De petits chemins qui serpentent vous conduisent à un rocher couvert de mousse, à une grotte sauvage, où vous lisez cette inscription : « L'Art conduit à la Nature et lui donne amicalement la main, » et, à un autre endroit : « Ici, je m'abandonne à la rêverie. » Un jeune Anglais qui était avec nous, après avoir jeté un regard sur la dernière inscription, dit : « *Grimace, grimace, mademoiselle Dervieux !* » — La propriétaire habite le second étage, que nous avons visité aussi, et où les pièces, bien que décorées avec goût, n'ont cependant pas les enchantements du premier. J'étais curieux de voir la Nymphe; mais il lui plut de jouer le rôle d'invisible. Un corset étalé sur le divan témoignait de la finesse de sa taille. A côté se trouvaient un bonnet avec des rubans roses et un peigne d'écaille. Un rideau de taffetas vert nous séparait de la célèbre et séduisante beauté, mais nous n'osâmes pas l'ouvrir.

La nouvelle Ninon a eu l'idée de vendre son temple magique. Un riche Américain, du nombre de ses adorateurs, l'achète à moitié prix, pour six cent mille livres, avec l'intention, à ce qu'on raconte, d'en faire cadeau à son ancienne propriétaire à la fin d'un souper qu'il veut donner dans la maison nouvellement achetée. Un regard de surprise reconnaissante doit être la récompense de l'Américain.

LES ACADÉMIES

Travailler en unissant des forces éparses, avec une intention commune, d'après le meilleur plan, est le but de toutes les Académies. C'est une invention féconde pour le bien des Sciences, des Arts et de tout le monde ! L'agréable pensée de participer à des travaux dignes des plus grands éloges, l'émulation entre les membres, l'indivisibilité de la gloire collective et de la gloire personnelle, une assistance mutuelle et empressée, donnent des ailes à la raison humaine. Il faut rendre justice aux Académies de Paris; elles ont toujours été plus laborieuses et plus utiles que les autres sociétés savantes.

Celle qu'on appelle spécialement « l'Académie française » a été fondée par le cardinal Richelieu, pour enrichir la langue française, et confirmée par le Parlement, ainsi que par le Roi. Sa devise est : «Pour l'immortalité ! » C'est dommage qu'elle doive son existence à un si cruel ministre ! C'est dommage que chaque nouveau membre, à sa réception, soit tenu de faire son éloge! C'est dommage que la moitié de ses membres se compose d'hommes presque entièrement illettrés, admis uniquement parce qu'ils sont illustres ! De pareils Académiciens, sans s'élever eux-mêmes par leur titre de savant, ne servent qu'à déconsidérer l'Académie. « Que chacun reste à sa place et à ses affaires » est une sage maxime, mais qui se pratique plus rarement que toute autre. Il est vrai que *Messieurs les Quarante* observent dans leurs séances la plus stricte égalité. Auparavant, tous s'asseyaient sur des chaises ; un des membres illustres demanda pour lui un fauteuil. Que firent les autres ? Ils s'assirent aussi sur des fauteuils. *C'est toujours quelque chose.* Le principal fruit de cet arbre académique est le *Lexique de la langue française*, œuvre soignée, correcte, sévère, mais incomplète, à tel point que, dans la première édition, messieurs les membres avaient oublié jusqu'au mot *Académie!* Pour prendre un exemple, le *Lexique* anglais de Johnson et le *Lexique* allemand d'Adelung sont beaucoup plus rapprochés de la perfection. Voltaire, mieux que personne, en sentait les défauts, voulait le compléter, l'enrichir, mais la mort l'en a empêché [1].

L'Académie s'est aussi occupée de critique, mais rarement et peu. Pour faire plaisir à son fondateur

---

[1] Le piquant Rivarol a promis depuis longtemps un nouveau Dictionnaire philosophique de sa langue ; mais une paresse excessive, d'après ce qu'on raconte, l'empêche de tenir sa promesse. — *Note de Karamzine.*

Richelieu, elle a prouvé que le *Cid* de Corneille n'était pas digne de réputation ; mais les Parisiens qui aiment le théâtre, pour la vexer, n'en louèrent que davantage le *Cid*. A coup sûr, elle pourrait se rendre beaucoup plus utile en publiant, par exemple, une *Revue* de critique et de littérature. Que ne produiraient pas les efforts unis des meilleurs écrivains ? Toutefois, son utilité n'est pas douteuse. Quantité d'œuvres excellentes ont été écrites pour la gloire d'être membre de l'Académie ou de mériter ses éloges. Chaque année, elle choisit deux sujets de poésie et d'éloquence, invite tous les auteurs à les traiter, proclame solennellement, le jour de la Saint-Louis, le vainqueur dont le travail a mérité la récompense, et lui remet une médaille d'or.

Vous me demanderez pourquoi La Fontaine, Jean-Baptiste Molière, Jean-Jacques Rousseau, Diderot, Dorat et bien d'autres écrivains de valeur n'ont pas été membres de l'Académie ? La réponse est que, là où il y a des hommes, il y a de la partialité et de l'envie. Parfois aussi on est plus célèbre en n'étant pas qu'en étant de l'Académie. Les vrais talents ne restent pas sans récompense ; il y a le public, il y a la postérité. La grande affaire n'est pas de recevoir, mais de mériter. Ce ne sont pas les écrivains, ce sont les barbouilleurs de papier qui se fâchent de ce qu'on ne leur donne pas de patente. L'Académie française, craignant que quelque auteur ne blessât sa fierté en se mettant en tête de refuser la « patente » proposée, s'est fait une loi de choisir pour membres uniquement ceux qui se sont inscrits eux-mêmes comme candidats. Son plus méchant ennemi fut Piron. On connaît sa plaisanterie : *Messieurs les Quarante ont de l'esprit comme quatre*, et son amusante épitaphe :

> Ci-gît Piron qui ne fut rien,
> Pas même Académicien.

Mais voici ce qui fait honneur à l'Académie : dans sa salle, parmi beaucoup d'images d'auteurs célèbres, se dresse le buste de Piron ! Vengeance magnanime !

L'Académie des sciences, qui a été fondée par Louis XIV, se compose de soixante-seize membres. Elle s'occupe de physique, d'astronomie, de mathématiques, de chimie, en tâchant de découvrir du nouveau ou de porter le connu jusqu'à la perfection, conformément à la devise : *Invenit et perfecit*. Chaque année, elle publie un grand volume in-4° de ses travaux, utiles pour le savant, intéressants pour le curieux. Ils forment une histoire très détaillée des sciences depuis l'époque de Louis XIV. Les étrangers regardent comme un grand honneur d'être membres de cette Académie parisienne ; le nombre en est réglé officiellement : huit, pas davantage. Dans aucun pays il n'y a des astronomes et des chimistes comme ceux qui sont actuellement à Paris. Le savant d'Allemagne retire son bonnet, quand il parle de Lalande ou de Lavoisier. Le premier, oubliant toutes les choses terrestres, s'occupe, sans interruption, depuis quarante ans, de celles du ciel, et a découvert une quantité de nouvelles étoiles. Il est le Thalès de notre temps, et la belle épitaphe de ce sage de la Grèce[1] pourrait être gravée sur son tombeau :

Quand la mort de Thalès aura fermé les yeux
Et qu'ils ne pourront plus distinguer les étoiles,
Ce sage aura fixé son séjour dans les cieux,
Pour les voir désormais de plus près et sans voiles.

Indépendamment de sa science, Lalande est charmant, vif, gai comme le jeune Français le plus aimable. Il élève aussi sa fille tout à fait « en vue du ciel »; il lui apprend les mathématiques, l'astronomie, et l'appelle, en plaisantant, Uranie; il est en correspondance avec tous les astronomes célèbres de l'Europe, et parle avec un grand respect du Berlinois Bode. Lavoisier est le Génie de la chimie, il l'a enrichie d'innombrables découvertes et (ce qui est le plus important) de découvertes utiles pour l'existence, pour tous les hommes. Il a été avant la Révolution fermier général, et possède certainement plus d'un million ; mais sa richesse ne refroidit pas son ardent amour pour les sciences, elle lui sert seulement de moyen pour multiplier leur action bienfaisante. Les expériences de chimie demandent parfois de grandes avances. Lavoisier n'épargne rien, et, en outre, il aime à partager avec les pauvres; d'une main, il les attire à lui comme des frères, et, de l'autre, il leur met une bourse dans la poche. On le compare à Helvétius, qui fut également fermier général, et qui aime

---

[1] Voy. Diogène de Laërce. *Vie de Thalès.* — *Note de Karamzine.*

aussi les sciences, ainsi que la bienfaisance; mais la philosophie de celui-ci ne vaut pas la chimie de celui-là. Mon compagnon Becker ne peut parler, sans enthousiasme, de Lavoisier, qui lui prodigua les caresses les plus amicales, en apprenant qu'il était élève du chimiste berlinois Klaproth. Je suis toujours prêt à verser de tout mon cœur des larmes de joie, en voyant combien les sciences unissent les hommes, qu'ils soient du nord ou du sud; combien, sans avoir fait plus amplement connaissance, ils s'estiment les uns les autres. Quoi qu'en puissent dire leurs ennemis, les sciences sont une chose sainte ! — La gloire de Lavoisier a passionné beaucoup de Parisiennes pour la chimie, à ce point qu'il y a deux ans de belles dames se plurent à expliquer les tendres impulsions de leur cœur par des réactions chimiques. — Bailly est aussi un des membres en vue de cette Académie, et s'est tout particulièrement illustré par une *Histoire* de l'astronomie ancienne et moderne. Il est fâcheux qu'il se soit lancé dans la Révolution et qu'il ait échangé peut-être le calme paisible de son cabinet pour l'échafaud [1].

L'Académie des inscriptions et belles-lettres a été créée aussi par Louis XIV, et il y a plus de cent années qu'elle travaille avec ardeur à enrichir la littérature historique. Les mœurs, les usages, les monuments de l'antiquité constituent la matière de ses curieuses

---

[1] Lavoisier et Bailly furent mis à mort par Robespierre. — *Note de Karamzine.*

recherches. Elle a jusqu'ici publié plus de quarante tomes, qu'on peut appeler une mine d'or pour l'histoire. On ne sait pas ce qu'ont été les Égyptiens, les Persans, les Grecs, les Romains, si l'on n'a pas lu les *Mémoires* de l'Académie. On y voit, il me semble, toutes les manifestations, les moindres détails de la vie domestique à Athènes, à Rome, etc... L'Académie a pris pour devise la Muse de l'Histoire, qui, dans sa main droite, tient une couronne de laurier, et, de la gauche, indique dans le lointain une pyramide avec cette inscription : *Vetat mori*.

Je vous nommerai encore l'Académie de peinture, sculpture et architecture, qui est tout entière logée au Louvre et atteste l'amour que Louis XIV, ou son grand ministre Colbert, avait pour les sciences.

Paris... mai.

Aujourd'hui, devinez ce que j'ai visité ? Les rues de Paris, bien entendu, celles où il est arrivé, où il s'est trouvé ou bien où il se trouve quelque chose d'intéressant. Ayant oublié de prendre avec moi le plan de Paris qui aurait été mon meilleur guide, j'ai fait d'abominables détours à travers la ville, et j'ai cheminé toute la journée dans des fiacres malpropres. Mon voyage a commencé à dix heures du matin. Mon cocher reçut l'ordre de me conduire « à la Source d'amour ». Il n'avait pas lu Saint-Foix[1]; par conséquent, il ne comprit pas. Il ne pouvait deviner et ne devina pas. Il fallut lui dire en termes plus clairs : « *Eh bien ! dans la rue de la Truanderie !* » — « *A la bonne heure ! Vous autres étrangers, vous ne dites le mot propre qu'à la fin de la phrase.* » Et, ainsi, nous nous dirigeâmes vers la Truanderie. Voici l'anecdote en question :

Agnès Hellebnik, jeune fille très belle, dont le père

---

[1] Karamzine, lui, l'avait lu pour deux. Presque tous les détails contenus dans cette lettre sont tirés des *Essais sur Paris*.

était grand écuyer à la cour de Philippe-Auguste, aima et fut malheureuse. De Paris, il y a loin jusqu'au cap de Leucade. Que faire ? Elle se jeta au fond d'un puits de la rue de la Truanderie, et, en mettant fin à ses jours, termina son martyre amoureux. Trois cents ans plus tard, nouvelle aventure. Un jeune homme, poussé au désespoir par la cruauté de sa déesse, se jeta aussi dans ce puits, mais très adroitement et très heureusement; il ne se noya pas, il ne se blessa pas, et la belle, ayant su que son amoureux était dans l'eau, vola sur les ailes du Zéphyr, lui lança une corde, retira le brave garçon, et lui donna en récompense son amour, son cœur et sa main. Désireux de manifester sa reconnaissance envers le puits, il le fit reconstruire, l'embellit et y écrivit en lettres gothiques :

L'amour m'a refait
En 1515 tout à fait.

Tout Paris connut cet événement. Les jeunes garçons et les jeunes filles commencèrent à se rassembler en ce lieu au clair de la lune, à y chanter des chansons tendres, à danser, à se faire des déclarations mutuelles d'amour, si bien que le puits se transforma en un autel d'Éros. Enfin, un prédicateur célèbre de ce temps-là représenta aux parents, avec beaucoup de feu, les conséquences possibles de ces rencontres habituelles ; et, sans retard, les gens pieux comblèrent « la Source d'Amour ». On montre l'endroit où elle se trouvait. J'y bus un verre d'eau de la Seine, je répandis sur le sol ce qui en restait, et m'écriai : *A l'Amour ! A Vénus-Uranie !*.

La rue qu'on appelle aujourd'hui *du Pavillon* [1] portait auparavant le nom de *Diane*, non pas à cause de la Déesse grecque, mais de la belle, de la gracieuse Diane de Poitiers, que je connais et que j'aime, d'après les *Mémoires* de Brantôme. Elle posséda tous les attraits de la femme, conserva, jusqu'à la vieillesse la plus extrême, la fraîcheur de sa beauté, et régna sur le cœur de Henri II. La taille d'une Minerve, l'aspect fier de Junon, une démarche majestueuse, des cheveux d'un blond foncé, qui tombaient jusqu'à terre, des yeux noirs pleins de feu, un visage délicat, de la couleur des lys, avec deux roses de mai sur les joues, la poitrine de la Vénus de Médicis, et, ce qui est encore plus séduisant, un cœur sensible et un esprit éclairé, voilà son portrait ! Le roi voulait que le Parlement, par un acte solennel, légitimât sa fille. Diane répondit : « Ayant droit à ta main, je n'ai demandé que ton cœur, parce que je t'aimais ; mais jamais je ne consentirai à ce que le Parlement déclare que je suis ta maîtresse. » — Henri l'écoutait en tout et ne fit rien que d'excellent. Elle aimait la Science, la Poésie, et fut la Muse de l'ingénieux Marot. La ville de Lyon lui dédia une médaille avec cette inscription : *Omnium victorem vici*. — « J'ai vu Diane à soixante-cinq ans, » dit Brantôme, « et je n'ai pu assez admirer sa beauté ; tous les charmes

---

[1] Plus exactement : *des Trois pavillons*.

brillaient encore sur la personne de cette femme extraordinaire. » Quelle beauté de notre temps n'envierait Diane ? Il n'y a qu'à suivre le même genre de vie. Chaque jour, elle se levait à six heures, se baignait dans de l'eau de source extrêmement froide, ne connaissait pas les frictions, ne se fardait jamais, montait souvent à cheval, marchait, s'occupait en lisant, et ne souffrait pas l'oisiveté. Voilà la recette pour conserver sa beauté ! — Diane a été enterrée à Anet. N'ayant pas l'espoir d'y voir son tombeau, j'ai jeté une fleur à l'endroit où cette charmante femme a vécu.

Dans la *rue des Écrivains*[1], je voulus voir la maison qu'habitait, au XIV° siècle, Nicolas Flamel, avec sa femme Pernille, et où encore, à présent, on retrouve leurs traits gravés sur une grande pierre, dans un cadre d'inscriptions gothiques et d'hiéroglyphes. Vous ignorez, n'est-ce pas, ce que c'était que Nicolas Flamel ? Ce n'était rien de plus qu'un pauvre copiste ; mais tout à coup, à l'étonnement général, il devint le bienfaiteur des malheureux et se mit à prodiguer l'argent aux pères de famille indigents, aux veuves et aux orphelins. Il fonda des hôpitaux et il édifia plusieurs églises. Divers bruits coururent dans la ville. Les uns dirent que Flamel avait trouvé un trésor. D'autres pensèrent qu'il connaissait le secret de la pierre philosophale et fabriquait de l'or. D'autres

---

[1] Elle était voisine de la rue des Lombards. Il existe aujourd'hui dans le quartier une rue Nicolas-Flamel.

même soupçonnèrent qu'il avait des relations avec les esprits. Quelques-uns enfin affirmèrent que la cause de sa richesse était une alliance mystérieuse avec les Juifs, chassés alors de France. Flamel mourut sans avoir tranché le débat. Au bout d'un certain nombre d'années, les curieux s'imaginèrent de creuser la terre de son tombeau, et y trouvèrent en quantité du charbon, divers vases, des urnes, avec quelque chose de dur, d'origine minérale. La superstition de l'alchimie se félicita du nouveau rayon qui brillait sur des espérances insensées, et beaucoup de gens, désireux de s'enrichir à l'exemple de Flamel, convertirent en fumée leur avoir. Quelques siècles passèrent. Son histoire était déjà oubliée, quand Paul Lucas, célèbre voyageur, célèbre menteur, la rajeunit à l'aide du conte suivant. Étant en Asie, il avait fait la connaissance d'un derviche, qui parlait toutes les langues, avait l'aspect d'un jeune homme et vivait déjà sur la terre depuis plus de cent ans. « Ce derviche, » dit Lucas, « m'assura que Nicolas Flamel était encore vivant. Craignant d'être mis en prison à cause du secret de la pierre philosophale, il avait eu l'idée de se cacher. Il gagna, à prix d'argent, un docteur et un curé pour qu'ils répandissent le bruit de sa mort, et lui-même sortit de France. Depuis ce temps, » me raconta le derviche, « Nicolas Flamel et sa femme Pernille vivent en philosophes dans différentes parties du monde ; il est un de mes amis les plus chers et il n'y a pas longtemps que je me suis rencontré avec lui sur les rives du Gange. »

— Ce qui est étonnant, ce n'est pas que Paul Lucas ait inventé ce roman, mais que Louis XIV ait envoyé un pareil homme voyager pour enrichir la science de renseignements historiques. Je restai quelques minutes devant la maison de Flamel, et fouillai la terre avec ma canne, mais je ne trouvai rien de plus que des pierres qui n'avaient rien du tout de philosophal.

Je ne voudrais pas habiter la *rue de la Ferronnerie ;* quel épouvantable souvenir ! C'est là que, sous la main d'un malfaiteur, tomba Henri IV,

Seul roi de qui le peuple ait gardé la mémoire,

dit Voltaire. Héros magnanime, souverain bienfaisant, tu as conquis, non le bien d'autrui, mais ton propre État, et uniquement pour le bonheur de ceux que tu as vaincus ! Ce sont des paroles inoubliables, simples, mais fortes que celles-ci : « Je ne veux pas mourir sans que chaque paysan, dans mon royaume, mange une poule le dimanche, » et encore celles qu'il adressa au ministre d'Espagne : « Vous ne reconnaissez pas Paris ; ce n'est pas étonnant. Le père de famille était éloigné jadis ; à présent, il est dans sa maison et prend soin de ses enfants. » — C'est dans l'adversité que se forma l'âme de Henri ; grâce à ses infortunes personnelles, il apprit à apprécier le bonheur des autres, ainsi que l'amitié, qui naît et triomphe au milieu des temps orageux. Il fut aimé ! Quelques-uns des meilleurs Français, par pur chagrin, le suivirent de près dans la tombe, entre autres, Le Vicq, gouverneur de Paris. — Mon cocher s'arrêta et s'écria : « Voici la rue de la Ferronnerie ! » — « Non, » répondis-je, « va plus loin ! » J'avais peur de sortir et de poser le pied sur ce sol qui n'avait pas englouti le misérable Ravaillac.

La *rue du Temple* rappelle le destin malheureux du célèbre Ordre des Templiers, qui, dans la pauvreté, furent humbles, vaillants et magnanimes, mais qui, une fois enrichis, devinrent orgueilleux et menèrent une vie somptueuse. Philippe le Bel (dont l'âme ne l'était pas) et le pape Clément V, sur le rapport de deux scélérats, en condamnèrent les principaux chefs au supplice du feu. Barbarie bien digne du XIVe siècle ! On les tourmenta, on les tortura, pour les obliger à s'avouer coupables d'abominations absurdes, comme, par exemple, d'avoir adoré une idole de bois avec une barbe grise, d'avoir renié le Christ, d'avoir lié amitié avec le diable, de s'être épris d'amour pour des diablesses, d'avoir joué à la paume avec des petits enfants, c'est-à-dire de se les être jetés de main en main et de les avoir fait mourir de cette façon. Beaucoup de chevaliers ne purent supporter la question, et se reconnurent coupables ; mais d'autres, au milieu des plus effroyables supplices, sur le bûcher, dans les flammes, criaient : « Il y a un Dieu ! Il connaît notre innocence ! » Molay, le grand maître de l'Ordre, fut conduit sur un échafaud afin d'exprimer devant le peuple entier son repentir, contre lequel on avait promis de lui faire grâce. Un légat, plein de zèle, exposa, dans un long discours, tous les crimes imaginaires des chevaliers du Temple, et termina par ces mots : « Voici leur chef ! Écoutez-le : lui-même va vous révéler les mystères sacrilèges de l'Ordre. » — « Je révèlerai la vérité, » dit l'infortuné vieillard, s'avançant sur l'échafaud et agitant ses lourdes chaînes : « Père tout-puissant et miséricordieux des hommes ! reçois mon serment, qui me justifiera devant ton tribunal céleste !... Je jure que nos chevaliers ne sont pas coupables, que notre Ordre a toujours accompli avec zèle les devoirs du christianisme, que sa foi a été pure, son activité bienfaisante ; que, seuls, d'atroces supplices m'ont fait dire le contraire, et que je prie le Ciel de me pardonner ma faiblesse humaine. Je vois la fureur méchante de nos persécuteurs, je vois le glaive et la flamme ! Que la volonté de Dieu soit faite ! Je suis prêt à tout supporter pour me punir d'avoir calomnié mes frères, la vérité et notre sainte croyance ! » Le même jour il fut brûlé. Le vieillard, au milieu des flammes du bûcher, ne fit que parler de l'innocence de l'Ordre et prier le Sauveur de soutenir ses forces. Le peuple, tout en larmes, se jeta dans le feu, recueillit les cendres de l'infortuné et les emporta comme de précieuses reliques. — Quelle époque ! quels monstres parmi les hommes ! Le rapace Philippe voulait avoir la fortune de l'Ordre.

Par quoi effacer de mon esprit ces épouvantables souvenirs ? Où aller à présent ? Dans l'île de Notre-Dame, où, du temps de Charles V, sous les yeux de tous les habitants notables de Paris, le chevalier Macaire combattit... avec un autre chevalier, pensez-vous ? Non pas, avec un chien, qui pourrait du reste servir d'exemple à des chevaliers. Maintenant encore, on y montre l'endroit où eut lieu ce duel merveilleux. Écoutez un peu l'histoire. Aubry Montdidier, en se promenant seul dans une forêt, à peu de distance de Paris, fut égorgé et enterré sous un arbre. Le chien de l'infortuné, qui était resté à la maison, courut pendant la nuit à sa recherche, trouva dans le bois un lieu de sépulture, reconnut qui était enseveli là, et, pendant plusieurs jours, ne bougea pas de l'endroit. La faim finit par l'obliger de retourner à Paris. Il alla chez un ami d'Aubry, Ardilières, et, par ses aboiements plaintifs, lui fit comprendre que leur ami commun n'était plus de ce monde! Ardilières lui donna à manger, le caressa, mais le chien ne cessa pas de se lamenter, lui lécha les pieds, le prit par son vêtement, l'attira vers la porte. Ardilières se décida à le suivre, de rue en rue, au-delà de la ville, dans une forêt, vers un chêne élevé. Là, il se mit à se lamenter encore plus fort et à gratter la terre avec ses pattes. L'ami d'Aubry, saisi d'un pressentiment douloureux, aperçoit une sépulture ; il ordonne à son serviteur de bêcher, et trouve le corps de la victime. Quelques mois plus tard, le chien rencontre le meurtrier, que tous les historiens nomment le chevalier Macaire ; il se jette sur lui [1], aboie, grince, si bien qu'on eut la plus grande peine à l'emmener. Une seconde, une

---

[1] On se demande comment il le reconnut. Peut-être, possédant un odorat subtil, il flaira sur lui le sang de son maître. — *Note de Karamzine.*

troisième fois, ce fut la même chose; le chien, d'ordinaire pacifique, ne devient un tigre méchant que contre un seul homme. On s'étonne, on cause, on se rappelle son attachement pour son maître ; on se souvient que Macaire, dans différentes occasions, a montré de la haine contre le défunt. D'autres circonstances augmentent les soupçons. L'affaire vient jusqu'au Roi. Il désire voir de ses propres yeux, et il constate que le chien, caressant pour tous les courtisans, mord Macaire en poussant des cris plaintifs. A cette époque-là, un duel décidait du sort des accusés, lorsque les preuves n'étaient pas assez claires. Charles fixe un jour et un lieu; on donne au chevalier une massue, et on lâche le chien. Un combat acharné commence. Macaire lève le bras et veut frapper; mais le chien esquive ses coups, le saisit à la gorge, — et le scélérat, en tombant à terre, avoue au Roi son crime. Charles V, désireux de conserver à la postérité un souvenir de ce chien fidèle, qui avait découvert d'une façon si merveilleuse un assassinat inconnu, ordonna de lui élever dans la forêt de Bondy un monument en marbre et d'y graver l'inscription suivante : « Cœurs cruels! ayez honte de vous! Un animal, qui ne pouvait parler, a su aimer et pratiquer la reconnaissance. Et toi, criminel, à l'heure où tu accomplis ton crime, redoute jusqu'à ton ombre! » — Aussi, Charles fut-il justement surnommé « le Sage ». — Lorsque l'histoire des hommes, remplie de crimes, me tombera des mains, je me mettrai à lire l'histoire des chiens, et je serai consolé !

Pourquoi a-t-on appelé dans Paris une rue *rue d'Enfer?* Saint-Louis, un excellent souverain (s'il n'avait pas été guerroyer en Asie et en Afrique), fit cadeau aux disciples de Bruno[1] d'une petite maison avec un jardin, auprès d'un ancien château, construit par le roi Robert, et abandonné depuis longtemps déjà. Le bruit n'avait pas tardé à courir dans Paris que des esprits impurs habitaient le palais de Robert, y faisaient grand tapage, et y traînaient des chaînes en se débattant d'une manière effroyable. Un monstre tout vert, homme à la partie supérieure, et serpent à la partie inférieure, sortait la nuit dans la rue et se jetait sur les gens. Louis, en apprenant ces horreurs, eut l'heureuse idée de donner ce château aux Chartreux, à la condition qu'ils en chasseraient les méchants esprits. Le monstre vert disparut subitement, et les bons moines vécurent paisiblement dans leur vaste maison ; mais la rue encore à présent s'appelle *rue d'Enfer*.

Je passai de là dans la *rue Gît-le-Cœur*[2], où François Ier habita quelque temps une maisonnette, afin d'être le voisin de la belle duchesse d'Étampes, qui possédait son tendre cœur. Il orna ses chambres de peintures, d'emblèmes, d'inscriptions, en l'honneur

[1] Bruno fonda l'Ordre des Chartreux. — *Note de Karamzine.*

[2] Et non pas Millecœur, comme l'ont réimprimé encore les deux éditeurs russes de 1884. Le véritable nom de cette rue paraît du reste être Gilles-Cœur ou même Jacques-Cœur. Quant à l'hôtel visité par Karamzine, et qui se trouvait au coin de la rue et du quai des Augustins, il s'était appelé l'Hôtel d'O au XVIe siècle, puis l'hôtel de Luynes, au XVIIe siècle. Le 7 août 1648, il avait servi de refuge au Chancelier Séguier. Il fut démoli vers 1671.

et à la gloire de l'amour. « J'ai vu encore beaucoup de ces devises », dit Sauval[1], « mais je ne m'en rappelle qu'une seule : un cœur enflammé représenté entre un *alpha* et un *oméga*, ce qui sans doute signifiait : il restera toujours enflammé. » Les bains de la duchesse d'Étampes servent à présent d'écurie. Un chapelier fait sa cuisine dans la chambre à coucher de François Ier, et dans le *cabinet de délices* habite un cordonnier.

Une ancienne loi défend en France de laisser aller des porcs dans les rues. Êtes-vous curieux d'en connaître le motif? On vous le dira *rue du Malthois*[2]... Le jeune roi Philippe, fils de Louis-le-Gros[3], la suivait, monté à cheval, quand tout à coup arriva, on ne sait d'où, un porc qui se jeta sous les pieds du cheval. Celui-ci trébucha, Philippe tomba, et mourut le lendemain.

L'Écossais Law a rendu célèbre la *rue Quincampoix;* on y distribuait les billets de sa Banque. Une effrayante multitude de gens s'y pressait sans cesse autour du bureau, afin d'échanger des louis d'or contre des assignats. Mercier dit dans son *Tableau de Paris*[4] : « Le bossu qui prêtait sa bosse aux agioteurs en forme de pupitre s'enrichissait en peu de jours; le laquais achetait l'équipage de son maître; le démon

---

[1] Voy. le texte dans *Les Amours des rois de France*, p. 11.

[2] Cette rue était dans le quartier de Grève.

[3] Ce prince ne fut jamais roi de France; il avait seulement été couronné du vivant de son père.

[4] Ch. 392.

de la cupidité faisait sortir le philosophe de sa retraite, et on le voyait se mêler à la foule des joueurs, et négocier un papier idéal. — Quand le rêve fut fini, il ne resta de toutes ces richesses imaginaires que des feuilles de papier, et l'auteur même de ce système alla mourir de misère à Venise, après avoir possédé le mobilier d'un monarque et quatorze terres titrées. »

Mon voyage se termina *rue de la Harpe*, où je vis les restes d'un vieil édifice romain, connu sous le nom de *Palais des Thermes* : c'est une vaste salle, avec une voûte ronde, d'une hauteur de quarante pieds. Les historiens croient que cet édifice est plus ancien que l'époque de Julien; du moins, ce dernier y habitait lorsque les légions de la Gaule le proclamèrent Empereur romain. Les magnifiques jardins, les bassins, les aqueducs, dont parlent les anciens annalistes, tout a été pulvérisé et nivelé par la main du temps. C'est là que vécurent les rois francs de la race de Clovis, que furent enfermées les aimables filles de Charlemagne, pour leurs tendres faiblesses, et que, sous les rois de la seconde race, les dames célèbres de Paris se montraient avec leurs adorateurs. A présent, on y élève des pigeons pour les vendre. C'est fort à sa place, me dis-je; le pigeon est l'oiseau cher à Vénus.

C'est dans cette rue que s'est illustré le pâtissier Mignot, que Boileau a chanté dans sa satire :

*... Mignot, c'est tout dire, et, dans le monde entier,
Jamais empoisonneur ne sut mieux son métier.*

Le pâtissier se fâcha contre le satirique et le poursuivit en justice; mais, n'ayant réussi qu'à faire rire de lui par les juges, il imagina de se venger autrement du poète. Il décida l'abbé Cotin à composer une satire contre Boileau, la fit imprimer et la distribua à la ville entière avec ses petits gâteaux.

UNE CONNAISSANCE A L'OPÉRA

J'ai été à l'Opéra avec l'Allemand Reinhold[1]. — « *Entrez dans cette loge, Messieurs!* » — Dans la loge étaient assises deux dames avec un chevalier de Saint-Louis. — « Restez ici, messieurs » nous dit l'une d'elles. « Vous voyez que nous n'avons rien sur la tête; dans les autres loges, vous trouverez des femmes avec des parures très hautes qui vous cacheront tout à fait le théâtre. » — « Nous vous remercions », répondis-je, et je m'assis derrière elle. Sa politesse éveilla mon attention, et des deux côtés j'essayai de voir son visage. Cependant mon compagnon se mit à causer avec moi en russe; les dames et le chevalier, entendant des sons qui leur étaient inconnus, nous regardèrent. J'eus le plaisir de trouver dans la dame polie une jeune et jolie blonde. La couleur noire de sa robe faisait ressortir la blan-

[1] On peut aussi écrire Reingold. M. de Porochine a préféré Reinwald.

cheur de son visage; un petit ruban bleu se tordait dans des cheveux épais, clairs et sans poudre ; un bouquet de roses jetait son reflet vermeil sur les lis de son sein. — « Etes-vous bien? » me demanda l'aimable inconnue avec un sourire. — « On ne peut mieux, madame. » Mais le chevalier qui était assis à côté d'elle, et qui ne cessait de se retourner de côté et d'autre, fatigua Reinhold. — « Pour rien au monde je ne resterai ici », dit mon Allemand; « ce maudit Français me frotte les genoux à m'y faire venir des durillons. » Il dit et sortit. La blonde inconnue jeta un regard sur la porte et sur moi. — « Votre compagnon n'est pas content de notre loge? »

Moi. « Il désire être tout à fait en face de la scène. »

L'inconnue. « Et vous, avec nous ? »

Moi. « Si vous le permettez. »

L'inconnue. « Vous êtes très aimable. »

Le chevalier de Saint-Louis. « Je m'aperçois seulement à l'instant que vous avez des roses à votre corsage. Vous les aimez donc ? »

L'inconnue. « Comment ne pas les aimer? Elles servent d'emblème à notre sexe »

Le chevalier de Saint-Louis. « Elles n'ont pas du tout d'odeur, » dit-il en abaissant et en serrant ses narines.

Moi. « Pardonnez; je suis plus loin, mais je les sens parfaitement. »

L'inconnue. « Vous êtes plus loin? Mais qui vous empêche de vous rapprocher, si vous aimez les roses? Il y a de la place ici... Vous êtes Anglais ? »

Moi. « Si les Anglais ont le bonheur de vous plaire, c'est un regret pour moi de vous dire que je suis Russe.

Le chevalier. « Vous êtes Russe ! Vous voyez que j'avais deviné, madame. *J'ai voyagé dans le nord; je me connais aux accents; je vous l'ai dit dans le moment.* »

L'inconnue. « J'avais vraiment cru que vous étiez Anglais. *Je raffole de cette nation.* »

Le chevalier. « On ne peut se tromper lorsque, comme moi, on a été partout et qu'on connaît les langues. Chez vous, n'est-ce pas, en Russie, on parle allemand ? »

Moi. « On parle russe. »

Le chevalier. « Oui, russe ; c'est la même chose. »

— « Toutes les places sont occupées, » dit la belle dame, après avoir jeté un coup d'œil sur le parterre. « Tant mieux ! J'aime le monde ! »

Le chevalier. « Autrement, vous seriez bien ingrate. »

« Comme c'est ennuyeux ! » me dis-je. « Il m'a pris le mot sur les lèvres. »

Le chevalier. « Seulement, d'après la loi de Moïse, vous devez détester les femmes. »

L'inconnue. « Pourquoi donc ? »

Le chevalier. « Amour pour amour, haine pour haine. »

L'inconnue (avec un sourire). « Je suis chrétienne. Cependant, cela est vrai, les femmes ne s'aiment pas entre elles. »

« Pourquoi ? » demandai-je avec la plus grande innocence du monde.

La belle dame. « Pourquoi ? »

Alors elle respira un instant ses roses, jeta de nouveau un regard sur moi, et me demanda s'il y avait longtemps que j'étais à Paris, si j'y resterais longtemps.

« Lorsque les roses se flétriront dans les jardins, je ne serai plus ici », répondis-je d'une voix pleine de regrets.

La belle dame (après avoir regardé son bouquet). « J'en ai qui fleurissent aussi l'hiver. »

Moi. « De quoi l'art n'est-il pas capable, madame ? Toutefois, la Nature ne perd jamais ses droits ; ses fleurs sont plus jolies. »

La belle dame. « Ce n'est pas à un habitant du Nord de louer la Nature ; elle est triste chez vous. »

Moi. « Pas toujours, madame. Chez nous aussi, il y a un printemps, des fleurs et de jolies femmes. »

L'inconnue. « Sont-elles aimables ? »

Moi. « Du moins elles sont aimées. »

L'inconnue. « Oui, je crois que chez vous elles savent mieux aimer que plaire. En France, c'est tout le contraire. Le sentiment n'y brûle que dans les romans. »

Moi. « Chez nous, madame, chez nous, il brûle dans les cœurs ! »

Le chevalier. « La sensibilité est partout un roman. J'ai voyagé, et je le sais. »

La belle dame. « Oh ! les insupportables Français !

Vous êtes tous des athées en amour. N'empêchez pas monsieur de parler. Il nous dira comment on adore les femmes en Russie... »

Le chevalier. « Roman ! »

La belle dame. « Comment les hommes sont tendres, attentifs... »

Le chevalier (bâillant). « Roman ! »

La belle dame. « Comment ils regardent les dames dans les yeux, sans s'ennuyer, sans bâiller. »

Le chevalier (se mettant à rire). « Roman ! roman ! »

A ce moment, le théâtre tout entier se trouva éclairé par les quinquets, et les spectateurs se mirent à applaudir en signe de satisfaction. La belle dame dit avec un sourire : « Les hommes aiment la lumière, mais nous, nous la redoutons. Voyez, par exemple, comme est devenue pâle la jeune dame qui est assise vis-à-vis de nous ! »

Le chevalier. « C'est parce qu'à l'imitation des Anglaises, elle ne se farde pas. »

Moi. « La pâleur a son charme, et c'est bien gratuitement que les femmes se fardent. »

La belle dame se retourna vers le parterre... Hélas ! elle était fardée. J'avais dit une impolitesse, je m'appuyai du coude contre la muraille, et gardai le silence. Par bonheur, l'orchestre se mit à jouer, et l'opéra commença. La musique de l'*Orphée* de Gluck me transporta si bien que j'en oubliai la belle dame ; en revanche je me rappelai Jean-Jacques, qui n'aimait pas Gluck, mais qui, entendant *Orphée* pour la première fois, fut captivé, se tut, et, lorsque les connaisseurs de Paris, à la sortie du théâtre, l'entourèrent en lui demandant ce qu'il pensait de la musique, se mit à chanter à voix basse :

> *J'ai perdu mon Eurydice,*
> *Rien n'égale mon malheur,*

essuya ses larmes, et, sans avoir ajouté une seule parole, s'en alla. C'est ainsi que les grands hommes reconnaissent l'injustice de leurs opinions !

Le rideau tomba. L'inconnue me dit : « Cette musique est divine ! Mais il me semble que vous n'avez pas applaudi ? »

— « J'ai senti, madame. »

L'inconnue. « Gluck est préférable à Piccini. »

Le chevalier. « Il y a longtemps qu'on a cessé de disputer là-dessus à Paris. L'un se distingue par l'harmonie ; l'autre, par la mélodie ; l'un est toujours également étonnant, l'autre est grand par moments ; l'un ne tombe jamais, l'autre s'élève au-dessus de la terre afin de voler jusqu'aux nues ; dans l'un il y a plus de caractère, dans l'autre plus de nuances. Nous autres, nous sommes d'accord depuis longtemps. »

L'inconnue. « Je ne sais pas faire de comparaisons savantes ; et vous, monsieur ? »

Moi. « Je suis d'accord avec vous, madame. »

L'inconnue. « Êtes-vous toujours bien, monsieur ? »

Moi. « *Parfaitement bien, madame, auprès de vous.* »

Le chevalier de Saint-Louis lui dit alors quelque chose à l'oreille. Elle sourit, regarda à sa montre, se leva, lui donna le bras, et, après m'avoir dit : « *Je vous salue, monsieur* », elle sortit avec l'autre dame. Je restai ébahi... Ne pas attendre le beau ballet de *Calypso et Télémaque* ! C'est étrange !... La loge me parut plus spacieuse, et aussi, plus ennuyeuse. Je regardais la porte comme si j'avais attendu le retour de la belle inconnue. Qu'était-elle ? Noble de naissance, honnête, ou bien... Quelle pensée ! Les grandes dames de Paris ne causent pas si librement avec des inconnus ; cependant il peut y avoir une exception à la règle. Mon imagination ne cessa pas de s'occuper d'elle, même pendant le ballet, car je trouvai chez plusieurs danseuses une certaine ressemblance avec la blonde inconnue. Je rentrai au logis, et je ne cessai pas de penser à elle. « Voilà une histoire finie, » direz-vous. Peut-être que non. Qu'arriverait-il, si quelque part je rencontrais de nouveau cette beauté, aux Champs-Elysées, au bois de Boulogne, si je la sauvais des mains de brigands, si je la retirais de la Seine, si je l'arrachais aux flammes ?... Je vois d'ici votre sourire. « Roman ! roman ! » répétez-vous avec le chevalier de Saint-Louis. Mon Dieu ! Comme le monde à présent est devenu défiant ! Cela vous retire l'envie de voyager et de raconter des anecdotes. C'est bien : je me tais.

Paris, mai...

Soliman Aga, envoyé de Turquie à la cour de Louis XIV en l'année 1669, a mis le premier le café en usage. Un certain Pascal, Arménien, eut l'idée de fonder un « café »; la nouveauté plut, et Pascal amassa passablement d'argent. Il mourut, et la mode du café passa, si bien que personne ne vint faire visite à ses successeurs. Au bout de quelques années, le Sicilien Procope[1] ouvrit un nouveau « café » auprès du Théâtre-Français, le décora avec goût et trouva moyen d'attirer chez lui les personnages les plus distingués de Paris, principalement des auteurs. C'est là que se réunirent Fontenelle, Jean-Baptiste Rousseau, Saurin[2], Crébillon, Piron, Voltaire; ils

[1] Procope Coltelli avait commencé par vendre du café à la foire Saint-Laurent ou Saint-Germain avant de s'établir rue de l'Ancienne-Comédie. Il vendait aussi des sorbets qu'on dégustait aux sons d'une musique italienne. Son fils fut médecin et auteur dramatique.

[2] Poète tragique, né en 1706, mort en 1781. Il fut membre de l'Académie française, ce qui a préservé son nom de l'oubli.

lisaient leur prose et leurs vers, discutaient, plaisantaient, racontaient les nouvelles. Les Parisiens allèrent les écouter pour se distraire. Le nom du « café » a été conservé jusqu'à présent ; mais le Procope d'aujourd'hui n'a plus la célébrité de l'ancien.

Que peut-il y avoir de plus heureux que cette invention ? Vous passez dans une rue, vous êtes fatigué, vous désirez vous reposer ; on vous ouvre la porte d'une salle convenablement meublée, où, pour quelques kopièkes, vous vous rafraîchissez avec une limonade ou une glace ; vous lisez les gazettes, vous entendez des histoires, des discussions ; vous parlez vous-même ; bien plus, vous criez, si cela vous fait plaisir, sans crainte d'ennuyer le maître du logis. Les gens qui ne sont pas riches, en automne, en hiver, y trouvent un refuge agréable contre le froid, une cheminée, un feu qui brille, devant lequel on peut s'asseoir comme chez soi, sans rien payer et en jouissant encore du plaisir de la société. *Vive Pascal ! Vive Procope ! Vive Soliman Aga !*

Aujourd'hui, il existe plus de six cents « cafés » dans Paris. Chacun a son coryphée, son bel esprit, son beau parleur. Mais on n'en cite que dix de célèbres, dont cinq ou six sont au Palais-Royal : *le café de Foix, du Caveau*[1], *de Valois, de Chartres.* Le premier a un ameublement d'une élégance toute particulière. Mais le second est décoré des bustes en marbre des

---

[1] Et non pas du *Cavot.*

compositeurs de musique qui, par leurs opéras, captivent les oreilles du public de nos jours : Gluck, Sacchini, Piccini, Grétry et Philidor. On y voit aussi une table de marbre sur laquelle est écrit en lettres d'or : *On ouvrit deux souscriptions sur cette table ; la première, le 28 juillet, pour répéter l'expérience d'Annonay ; la deuxième, le 29 août 1783, pour rendre hommage par une médaille à la découverte de MM. de Montgolfier.* Sur le mur est fixé un médaillon qui représente les deux frères Montgolfier. — Jean-Jacques Rousseau a rendu célèbre un « café », le *Café de la Régence*, parce que chaque jour il y jouait aux échecs. La curiosité de voir le grand auteur y attirait tant de spectateurs que le chef de la police fut obligé d'y placer aux portes une sentinelle. Et, à présent encore, les admirateurs de Jean-Jacques s'y rassemblent pour boire du café en l'honneur de la mémoire de Rousseau. La chaise sur laquelle il s'asseyait est conservée comme une relique. On m'a raconté qu'un des fidèles du philosophe en avait offert cinq cents livres, mais le propriétaire ne consentit pas à la vendre.

MÉLANGE

J'ai voulu voir comment s'amuse le bas peuple de Paris, et j'ai été aujourd'hui dans des *guinguettes :* c'est le nom que l'on donne à des restaurants situés hors de la ville, où, le dimanche, la foule se rassemble pour dîner à dix sous et boire du vin au plus bas prix possible. Vous ne pouvez vous figurer combien ce spectacle est bruyant et varié! D'immenses salles sont remplies de gens des deux sexes ; on crie, on danse, on chante. J'ai vu deux vieillards de soixante ans, dansant gravement le menuet avec deux vieilles; les jeunes applaudissaient avec leurs mains et criaient : *bravo!* Quelques-uns, chancelant sous l'influence des fumées du vin, voulaient aussi danser, et avaient bien de la peine à ne pas tomber ; ils ne reconnaissaient plus leurs dames, et, au lieu de s'excuser, ils s'écriaient : « *Diable! peste!* » — *C'est l'Empire de la grosse gaieté!* Ainsi donc le peuple russe n'est pas le seul à adorer Bacchus ! La différence consiste en ce que le Français ivre fait du bruit, mais ne se querelle pas.

A la porte de chaque *guinguette* se tiennent des femmes avec des fleurs. Elles vous prennent par le bras et disent : « Mon cher monsieur, mon beau monsieur, voici un bouquet de roses que je vous donne. » Il faut absolument accepter le cadeau, et remercier au moyen *d'une pièce de six sous* et dire encore quelque parole aimable, *un mot de politesse, d'honnêteté*. Les bouquetières parisiennes sont du même acabit que les marchandes de poisson (*les poissardes*). Il est terrible de ne pas leur plaire ; elles sont capables de vous jeter de la boue. Mais, si vous tenez déjà à la main un bouquet de fleurs, elles ne vous en offrent pas un autre. Une fois, sur le Pont-Royal, deux bouquetières m'arrêtèrent avec le baron B... et demandèrent... un baiser ! Nous rîmes et voulûmes passer outre. Mais les cruelles Bacchantes nous embrassèrent de force sur la joue, rirent à gorge déployée et continuèrent à crier derrière nous : « Encore, encore un baiser ! »

★

En cheminant le long du « quai du Dauphin [1], » j'aperçus deux pavillons chinois ; j'appris que c'étaient des bains ; je descendis en bas, je payai 24 sous et je

---

[1] Il s'appelait aussi *quai des Balcons* et allait du pont de la Tournelle à l'hôtel de Breton-Villiers.

pris un bain d'eau froide dans un joli petit cabinet. C'est d'une propreté merveilleuse. Dans chaque cabinet on a établi un tuyau particulier qui communique avec la rivière et où l'eau coule à travers du sable. On y enseigne aussi à nager ; la leçon coûte 30 sous. Devant moi nagèrent trois hommes avec une agilité remarquable. Il existe également à Paris des bains chauds, où les médecins envoient souvent leurs malades. Les meilleurs et les plus chers s'appellent *bains russes, de vapeurs ou de fumigations, simples ou composés*. On paye deux roubles, moyennant quoi on vous lave, on vous frotte avec des éponges, on vous parfume d'aromates, comme chez nous dans les bains géorgiens.

★

J'ai été à *l'Hôtel-Dieu*, le grand hôpital de Paris, où l'on reçoit, sans distinction de croyance ou de nationalité, les malades de toute espèce, et où il s'en trouve parfois jusqu'à cinq mille, sous la surveillance de huit docteurs et de cent praticiens. Cent trente religieuses de l'Ordre de Saint-Augustin servent les malheureux et veillent au maintien de la propreté. Vingt-quatre prêtres ne cessent de confesser les mourants ou d'officier pour les morts. Je ne visitai que deux salles et ne pus aller plus loin ; je me sentais mal à mon aise, et jusqu'au soir les gémissements des malades retentirent à mes oreilles. Malgré la surveillance, qui est excellente, sur 1,000 individus il en meurt toujours 250. Comment est-il possible de construire de pareils hôpitaux dans une ville? Comment peut-on boire de l'eau de la Seine, où s'écoulent toutes les immondices de l'*Hôtel-Dieu*? C'est effrayant d'y penser! Heureux qui sort de Paris en bonne santé! — Je m'en vais bien vite au théâtre, afin de dissiper ma mélancolie et un commencement de fièvre.

★

La Bibliothèque royale de Paris est la première du monde; c'est du moins ce que m'a dit le bibliothécaire. Six salles immenses sont remplies de livres. Les auteurs mystiques occupent une étendue de 200 pieds de longueur, sur 20 pieds de hauteur; les scolastiques, de 150 pieds; les jurisconsultes, de 40 sagènes; les historiens, le double. On y compte quarante mille poètes, six mille romanciers, sept mille voyageurs. Le tout ensemble comprend deux cent mille volumes, auxquels il faut encore ajouter soixante mille manuscrits. On voit rarement autant d'ordre. Vous indiquez un livre, et en quelques minutes vous l'avez entre les mains. En ma qualité de Russe, on me montra une Bible en slavon et l'*Ordonnance* de l'Impératrice [1].

---

[1] Le *Nakaze* de Catherine II, préparé à Moscou en 1766 par une commission où figuraient des députés de l'Empire entier, est une sorte de Code perfectionné. La partie criminelle en était empruntée presque littéralement à Beccaria, comme M. le sénateur Zaroudny l'a fort bien montré dans sa savante étude publiée à Pétersbourg en 1879.

Charles V reçut en héritage vingt livres. Comme il aimait la lecture, il en porta le nombre à neuf cents, et fut le fondateur de cette Bibliothèque. Dans le cabinet des médailles anciennes et modernes, j'y examinai avec une grande curiosité les boucliers de deux des plus illustres capitaines de l'antiquité : Annibal et Scipion l'Africain [1]. De quels agréables souvenirs ne sommes-nous pas redevables à l'Histoire ? J'avais huit ou neuf ans, lorsque, pour la première fois, je lus celle de Rome, et, m'imaginant être moi-même un petit Scipion, je tenais ma tête bien haut levée. Depuis ce temps, je l'aime comme mon héros. Quant à Annibal, je l'ai haï dans les temps heureux de sa gloire, mais, au jour décisif, sous les murs de Carthage, peu s'en est fallu que mon cœur ne lui souhaitât pas la victoire. Lorsque, tous ses lauriers déjà flétris et desséchés sur sa tête, cherchant à se dérober à la méchanceté et à la vengeance des Romains, il erra d'un pays dans un autre, alors je devins un tendre ami du malheureux, mais héroïque Annibal, et l'ennemi des cruels républicains. On conserve encore à la Bibliothèque deux flèches des sauvages d'Amérique enduites d'un poison si violent que, si on pique avec elles jusqu'au sang n'importe quel animal, en quelques minutes il s'engourdit et meurt. Dans une salle du rez-de-chaussée se dressent deux globes d'une grandeur tellement extraordinaire que la partie supérieure en ressort, au moyen d'une ouverture au pla-

---

[1] L'inscription en fait foi. — *Note de Karamzine.*

fond, dans l'étage au-dessus. Ils ont été faits par le moine Coronelli. — La collection des estampes à la Bibliothèque est également digne d'intérêt.

Il existe encore ici beaucoup d'autres bibliothèques publiques ou privées, ouvertes pour chacun à des jours désignés. Vous lisez, vous copiez ce que bon vous semble. Il n'y a qu'un Paris dans le monde pour les savants comme pour les curieux. Tout est prêt, — il ne s'agit que d'en profiter.

★

L' « Observatoire royal », dont les angles sont tournés vers les quatre points cardinaux de l'horizon, est bâti sans bois et sans fer. Dans la grande salle du premier étage on a fait passer le méridien qui traverse toute la France, du sud au nord, de Collioure jusqu'à Dunkerque. Une pièce y a reçu le nom de *salle des secrets*, et offre une particularité curieuse. Si vous appliquez les lèvres contre un pilastre et que vous prononciez tout doucement quelques mots, une personne placée en face contre un autre pilastre les entend, tandis que toutes celles qui se trouvent dans l'intervalle n'entendent rien. Le moine Kircher a publié une explication de ce phénomène étrange. — Quand on veut descendre dans le labyrinthe souterrain de l'Observatoire, lequel sert pour diverses expériences météorologiques, il faut absolument prendre un guide et des torches ; 360 degrés vous conduisent dans cet abîme ; l'obscurité y est effrayante ; un air épais, humide arrête presque la respiration. On m'a raconté que deux moines qui y étaient descendus avec d'autres curieux, restèrent en arrière, voulurent rejoindre leurs compagnons, mais leur torche s'éteignit; ils cherchèrent une issue pour sortir des sombres corridors, mais en vain. Au bout de huit jours, on les retrouva morts dans le labyrinthe.

★

Louis XIV a construit le plus magnifique *Hôtel des Invalides* qu'il y ait en Europe pour les guerriers mutilés et vieillis. Il voulait leur prouver sa reconnaissance royale, et souvent il se faisait leur hôte, sans autre garde que le dévoûment éprouvé de ses vétérans. Le spectacle est affligeant pour un philosophe, émouvant pour tout homme sensible! Beaucoup d'invalides ne peuvent plus marcher; beaucoup ne peuvent même plus manger seuls; on les fait manger. Les uns prient devant les autels; d'autres sont assis sous l'ombre d'arbres touffus et causent des victoires achetées de leur sang. Avec quel plaisir je retire mon chapeau devant un guerrier à cheveux gris qui porte sur lui des marques irréparables de sa vaillance et l'empreinte de la gloire! La guerre est une calamité, mais la vaillance est une grande qualité de l'âme. « Un homme timide peut être bon, mais tout méchant homme doit nécessairement être un lâche, » dit le caporal Trim, de Sterne. — Pierre-le-Grand, visitant à Paris l'*Hôtel des Invalides* au moment où les respectables guerriers étaient assis à table pour dîner, se versa un verre de vin et dit : « A votre santé, camarades ! » Puis il but jusqu'à la dernière goutte.

L'architecture et la décoration sont d'une grande beauté.

Paris, mai...

Le 13 mai, jour de l'Ascension, j'ai été au petit village de Suresnes, situé à deux milles de Paris sur le bord de la Seine. On m'avait dit qu'on y couronnait de roses en grande cérémonie une jeune fille vertueuse de dix-huit ans. Mais quel contre-temps! Cette année, cette intéressante fête, *la fête de la rosière*, n'a pas eu lieu. *L'Hôtel de Ville*, c'est-à-dire l'autorité municipale, n'a pas payé les intérêts du capital déposé par un certain M. Éliot pour récompenser l'innocence villageoise, encore bien qu'il ne fallût pour cela que trois cents livres. C'est au curé de la paroisse qu'il appartient après vêpres de proclamer le nom des trois jeunes filles de Suresnes les plus dignes. Les anciens du village en choisissent une parmi elles, la parent de fleurs, la félicitent de sa vertu, la promènent par le village et chantent en chœur :

> La vertu ne manque jamais
> De recevoir sa récompense.
> Deux témoins l'observent de près,
> Dieu d'abord, puis sa conscience.

Mais on ne cache pas aux gens
La conduite qu'on a menée,
Et par eux, dès ses dix-huit ans,
La vertu seule est couronnée [1].

Des dames de Paris, toujours curieuses de voir l'innocence si près de leur ville, prenaient part à la joie des paysans de Suresnes et ne rougissaient pas de danser avec eux à la villageoise. — Je dînai dans un restaurant avec des cultivateurs endimanchés qui me régalèrent de leur vin rouge, en cherchant à me persuader que les vignobles et les mœurs de Suresnes sont célèbres dans tous les environs. L'un d'eux, en rajustant d'un air fier ses blanches et longues manchettes, me dit que ses trois filles avaient toutes été couronnées rosières et que, toutes les trois, elles avaient trouvé des maris dignes d'elles.

Il y avait longtemps que la simplicité champêtre ne m'avait causé autant de plaisir qu'aujourd'hui, et c'était à sept verstes de Paris que j'en jouissais ! Je ne pouvais me lasser de causer avec les villageois et les villageoises. Ces dernières sont assez hardies, mais non pas impudentes. « Où vas-tu avec ce petit livre ? » demandai-je à une gentille jeune fille. — « A l'église, » me répondit-elle, « pour prier Dieu ». — « C'est dommage que je ne sois pas de votre religion ; j'aurais bien voulu prier auprès de toi, ma belle enfant ». — *« Mais le bon Dieu est de toutes les religions, monsieur ? »*

---

[1] Il fallait absolument qu'elle eût dix-huit ans. — *Note de Karamzine.*

— Vous avouerez, mes amis, qu'une pareille philosophie dans une jeune villageoise n'est pas absolument ordinaire. Du reste, tous les habitants de Suresnes me parurent intelligents et heureux, peut-être à cause de la disposition joyeuse de mon âme.

J'ai passé de même très agréablement une soirée au village d'Issy, dans les beaux jardins du duc de l'Infantado et de la princesse de Chimay[1]. Il y a là une incomparable allée de vieux marronniers, qui l'emporte même sur celle des Tuileries, et à l'extrémité de laquelle se trouve un très grand bassin. La vue de la terrasse est charmante : le château de Meudon, Bellevue, le bois de Boulogne, une plaine incommensurable où coule la Seine, et, au bout de l'horizon, le Mont-Valérien.

En général, les environs de Paris sont extrêmement jolis. Partout de petits villages, des allées, des jardins qui se distinguent par leur beauté; partout sont dispersées des merveilles de l'Art; dans chaque église de campagne, vous rencontrez de bons tableaux, des monuments dignes d'attention, des souvenirs de l'histoire de France. Depuis quelque temps, je sors chaque jour de la ville et rentre parfois très tard. A présent, tout est en fleurs, et le printemps par de délicates nuances se transforme en été.

---

[1] Cette propriété princière avait appartenu aux Conti. Le parc qui ne comprenait pas moins de 96 arpents était une création de Le Nôtre. La beauté de ses eaux et de ses horizons lui avait valu une juste célébrité.

Paris, mai...

Je profite mal de mes connaissances et de la société de la ville. Je suis avare du temps. Il m'en coûte de le perdre dans trois ou quatre maisons où je suis reçu. Une froide politesse n'a rien qui attire. Mme Glo... affirme que sa maison est le rendez-vous des meilleurs auteurs; cependant je n'ai pas eu occasion d'en voir chez elle un seul qui soit connu. C'est à bâtons rompus que l'on parle; personnalités, *jargon*, tout n'est que langage incompréhensible pour un étranger. On garde le silence, on bâille, ou bien l'on dit deux mots sur des questions comme celles-ci: « A quel degré monte la gelée à Péterbourg? Pendant combien de mois va-t-on chez vous en traîneau? Vous faites-vous porter en hiver par des rennes? » — Ce n'est pas très gai, et, quoique la table de Mme Glo... soit exquise, il m'est cependant plus agréable de dîner pour mon argent chez n'importe quel restaurateur, de regarder la foule qui s'y presse, de prêter parfois l'oreille au bruit des conversations, ou bien de réfléchir en moi-même et de combiner un plan pour le reste de la journée. Mme N..., une autre de mes connaissances, est jolie et aimable, si bien que j'ai été cinq fois chez elle avec plaisir. Nous avons parlé de la Suisse, de Rousseau, du bonheur d'une vie simple, même de l'amour au sens métaphysique. Mais voici ce qui m'ennuie : il vient chez elle un jeune baron D..., et, dès qu'il paraît à la porte, je deviens de trop, ce qui est un peu blessant pour mon amour-propre. Encore bien que le baron ne soit pas un baron allemand, les regards qu'il me lance sont fort grossiers. Il s'assied, en y posant les pieds, sur le divan auprès de la maîtresse de maison, joue le rôle de quelqu'un de distrait ou de somnolent, crache sur le tapis d'Angleterre, pose la tête sur le coussin ; et, comme on ne le renvoie pas, il faut croire que c'est lui qui a le droit de renvoyer les autres du cabinet de Mme N... Ayant ainsi compris les choses, je prends mon chapeau et m'éclipse. La belle Provençale a eu l'idée d'aller en Suisse et d'y vivre sur une montagne auprès de Neuchâtel [1]. Le baron rit de ce projet, et l'appelle inspiration d'un esprit romanesque et démodé.

Il y a peu de Russes à présent ici : la famille des princes G...[2], P..., et puis plus personne, excepté l'envoyé[3], le secrétaire M... et M. Ou...[4], avec lesquels

[1] Celle que Jean-Jacques a décrite dans sa lettre à d'Alembert. — *Note de Karamzine.*

[2] Probablement Golitzine.

[3] Le ministre de l'impératrice de Russie en 1790 était M. de Simoline. Il demeurait rue Basse-du-Rempart, n° 3.

[4] M. de Porochine parle de l'« interprète D... », ce qui lui

j'ai des rapports fréquents. Ou... n'est pas riche ; il a su cependant réunir une belle bibliothèque et quantité de manuscrits rares en différentes langues. Il possède des autographes de Henri IV, de Louis XIII, de Louis XIV, de Louis XV, du cardinal Richelieu, d'Élisabeth, reine d'Angleterre, etc... Il connaît tous les bibliothécaires de Paris, et par eux se procure des raretés moyennant une bagatelle, surtout dans les temps de trouble que l'on traverse. Le jour où le peuple saccagea les Archives de la Bastille, Ou... acheta pour un louis d'or tout un ballot de papiers ; entre autres, plusieurs lettres touchantes d'un malheureux auteur au lieutenant de police et le journal d'un des prisonniers du temps de Louis XIV. Il est persuadé que ce journal a été écrit par le captif mystérieux connu sous le nom du « Masque de fer », à propos duquel Voltaire a écrit ce qui suit[1] :

. . . .

Dans une *Vie* du duc de Richelieu[2], imprimée récemment, cette curieuse énigme a été résolue, bien

permet d'attribuer les détails relatés par Karamzine au diplomate Doubrovski, connu pour avoir fait don à Alexandre Ier d'une fort belle collection qu'il réunit à Paris vers cette époque. L'hypothèse est séduisante. Malheureusement, notre édition de 1801, aussi bien que celle de M. Souvorine, donne l'initiale Y, qui correspond en français à Ou..., et nullement à D...

[1] Karamzine traduit ici un passage très connu qu'on trouvera dans le *Siècle de Louis XIV*, chap. 25, t. XX, p. 130-133 de l'édition Beuchot.

[2] *Les Mémoires du maréchal de Richelieu*, qui venaient de paraître cette année même à Londres et à Paris, ne sont en réalité qu'une compilation apocryphe, dont le rédacteur, Soulavie, fut même accusé d'abus de confiance.

ou mal. L'auteur dit que l'homme au masque de fer était fils de la reine Anne[1], et jumeau de Louis XIV. Le cardinal de Richelieu l'aurait soustrait à tous les yeux, afin qu'il ne lui vînt pas à l'idée, un jour ou l'autre, de disputer la couronne à son frère. Cette hypothèse n'est pas très vraisemblable. Il n'est pas très vraisemblable non plus que le journal du prisonnier auquel mon compatriote attache tant d'importance ait été réellement écrit par le Masque de fer. Il n'en donne qu'une preuve, c'est que le prisonnier dans plusieurs endroits parle du chocolat qu'on lui apportait le matin ; or, sous Louis XIV, il n'y avait que les grands personnages qui prissent du chocolat ; et, comme à cette époque (d'après ce que l'on sait), aucun grand personnage n'était détenu à la Bastille, si ce n'est l'homme au masque de fer, il faut bien que ce journal soit de lui ! Du reste, l'auteur de ces notes quotidiennes, que ce soit le Masque de fer ou tout autre, ne raconte rien qui mérite l'attention ; ce sont uniquement des plaintes sur l'ennui, sur la cruauté de l'emprisonnement, en mots incohérents, sans orthographe..., et rien de plus[2].

[1] Anne d'Autriche.

[2] Karamzine a eu ici le flair et l'intuition défiante du véritable historien. Bien que l'accord ne se soit pas encore fait de nos jours sur ce piquant mystère, il ressort des recherches nombreuses auxquelles il a donné lieu, d'abord qu'il a dû y avoir plus d'un homme au masque de fer, et que celui qui a tant préoccupé pourrait bien avoir été le ministre du duc de Mantoue, Mattioli, coupable d'un acte de mauvaise foi assez impudent envers Louis XIV.

Paris, mai...

Voici six jours de suite qu'à dix heures du matin je me rends rue Saint-Jacques au monastère des Carmélites... « Pourquoi? » demanderez-vous. « Est-ce afin d'examiner l'église qui s'y trouve, la plus ancienne de Paris, et qui était jadis entourée d'un bois aussi épais que sombre, où saint Denis se déroba dans un souterrain profond à ses ennemis, c'est-à-dire aux ennemis du Christianisme, de la piété et de la vertu? Est-ce afin de trancher la dispute des historiens, dont les uns attribuent la fondation de ce temple aux païens, tandis que les autres l'attribuent au roi Robert; dont les uns affirment que la statue qu'on aperçoit en haut, sur le portail, est l'image de la déesse Cérès, tandis que les autres assurent qu'elle représente l'archange Michel? Ou bien afin d'admirer la magnificence des autels, leur bronze, leur or, leurs bas-reliefs? » — Non, je vais au monastère des Carmélites afin d'y voir la gracieuse et touchante Madeleine du peintre

Le Brun, d'y laisser mon cœur se fondre et même de pleurer!... O merveille d'un art incomparable! Ce ne sont pas de froides couleurs, une toile sans âme que je vois, mais bien une beauté vivante, angélique, dans l'affliction, versant des larmes qui, de ses yeux bleus et célestes, coulent jusque sur ma poitrine ; j'en sens la chaleur, le feu, et je pleure avec elle. Elle a reconnu la vanité du monde et le malheur des passions! Son cœur, devenu de glace pour tous les mortels, brûle devant l'autel du Très-Haut. Ce ne sont pas les tourments de l'enfer qui épouvantent Madeleine, mais la pensée qu'elle n'est pas digne de l'amour de celui qu'elle aime avec tant de ferveur et de flamme, l'amour d'un Père céleste, — sentiment délicat, que peut seule comprendre une belle âme. « Pardonne-moi », dit son cœur. « Pardonne-moi », dit son regard... Ah! quelles faiblesses, je ne dis pas seulement Dieu, qui est la bonté infinie, mais les hommes eux-mêmes, si souvent impitoyables, n'auraient-ils pas pardonnées à un repentir aussi sincère, aussi sacré? Jamais je n'avais pensé, je ne m'étais imaginé qu'un tableau pouvait être aussi éloquent, aussi émouvant! Plus je le contemple, et plus je pénètre avant par le sentiment dans sa beauté. Tout est charmant dans Madeleine : le visage, la taille, les bras, les cheveux en désordre, qui servent de voile à un sein de lis; plus charmants encore sont les yeux, un peu rougis par les larmes... J'ai vu bien des productions célèbres de la peinture ; j'en ai loué, j'en ai admiré l'art; mais ce tableau, je voudrais le posséder, je serais plus heureux avec lui; en un mot, je l'aime ! Il serait dans mon cabinet solitaire, toujours devant mes yeux.

Mais faut-il vous découvrir d'où vient le charme secret qu'il exerce sur mon cœur ? Le Brun, sous la figure de Madeleine, a représenté la tendre, la belle duchesse La Vallière, qui, dans Louis XIV, aima, non pas le souverain, mais l'homme, et lui sacrifia tout : son cœur, son innocence, son repos, le monde. Je vois d'ici le paisible clair de lune pendant lequel, se promenant dans le parc de Versailles, avec ses compagnes, la douce La Vallière leur dit : « Vous parlez des beaux cavaliers de cette Cour, mais vous oubliez le premier d'entre eux, notre aimable Roi. Ce n'est pas l'éclat du trône qui aveugle mes yeux ; non, même dans une cabane de village, sous l'habit d'un misérable berger, je l'aurais préféré à tous les hommes sur la terre. » Le Roi était à deux pas de la belle ; caché derrière un arbre, il entendit ses paroles, et son cœur lui dit : « Voilà celle que tu dois aimer ! » Il ne l'avait pas reconnue ; le lendemain, il entreprit de causer avec toutes les dames de la Cour, et reconnut La Vallière à sa voix. Pendant plusieurs années, adoré par elle, il l'adora lui-même. Puis il changea, et l'infortunée abandonna le monde, s'enferma dans le monastère des Carmélites, détruisit dans son âme tous les attachements terrestres, et vécut trente-cinq ans uniquement pour la vertu, pour le Ciel, sous le nom de Louise, « sœur de la miséricorde », remplissant avec zèle les sévères devoirs de son Ordre et de sa condition.

Paris, mai...

Je me demande à présent ce que pourrait être la description la plus curieuse de Paris? L'énumération de tous les monuments de l'art qui s'y trouvent, disséminés, pour ainsi dire, dans toutes les rues, des choses rares en tout genre, des objets de luxe ou de goût, a certes son prix; mais je donnerais dix de ces descriptions, même des plus détaillées, pour une seule courte « caractéristique », ou pour une « Galerie des Parisiens intéressants » qui vivent, non pas dans de vastes palais, mais en grande partie dans de hautes mansardes, dans un petit coin étroit, sans être connus. Voilà un champ immense où l'on pourrait recueillir mille anecdotes curieuses ! Ici la pauvreté, le manque de moyens de subsistance, poussent l'homme à des stratagèmes étonnants, épuisent jusqu'à sa raison et son imagination ! Ici bien des gens, qui chaque jour paraissent aux promenades, au Palais-Royal, voire aux spectacles, coiffés et poudrés avec le plus grand soin, avec un grand catogan sur le dos, avec une longue épée sur la hanche, en redingote noire, ne possèdent pas un kopièke de revenu assuré, ce qui ne les empêche pas de vivre joyeusement, et, à en juger d'après les apparences, avec aussi peu de soucis que les oiseaux du ciel. Mais leurs ressources? Elles sont variées, innombrables et inconnues partout ailleurs qu'à Paris. Ainsi, il y a un individu, convenablement habillé, qui vient s'asseoir au *Café de Chartres* devant une tasse de *bavaroise*, parle sans se taire, avec un air noble, agréable, badine, raconte des anecdotes amusantes ; — eh bien ! savez-vous de quoi il vit ? De la vente des affiches, ou des avis imprimés de toute espèce dont les murs sont couverts ici. La nuit, lorsque la ville repose et que les gens se dispersent dans les maisons, il s'en va rassembler de rue en rue sa pâture, arrache des murailles les feuilles imprimées, les porte chez les pâtissiers qui ont besoin de papier, reçoit d'eux en retour quelques sous, deux livres ou un *écu* entier, se jette sur un matelas de paille dans n'importe quel *grenier*, et s'endort plus tranquillement que beaucoup de Crésus. Un autre, qui chaque jour aussi se montre « en public », c'est-à-dire aux Tuileries, au Palais-Royal, et qu'à sa redingote vous prendriez pour un lettré, est... un fermier, mais de quoi, je vous prie de le deviner ? Il a affermé toutes les épingles que les dames perdent à la Comédie-Italienne. Lorsque le rideau tombe et que tous les spectateurs sortent de la salle, il paraît à l'instant dans le théâtre, et, avec l'autorisation du directeur, tandis qu'on éteint les lumières, il va de loge en loge ramasser les épingles ; pas une n'échappe à ses yeux de souris, en quelqu'endroit qu'elle se cache, et, au moment même où le domestique cherche à éteindre la dernière lumière, notre fermier enlève la dernière épingle. Il s'écrie : « Grâce à Dieu ! demain, je ne mourrai pas de faim ! » et s'enfuit avec son paquet à la boutique du revendeur. — J'ai été à la Bibliothèque Mazarine, et je regardais les rangées de livres sans aucune intention. Un vieillard à cheveux gris, en redingote foncée, s'approcha de moi, et me dit : « Vous désirez sans doute voir les livres et les manuscrits intéressants. » — « Oui, monsieur. » — « Je suis tout à votre service. » Et le bonhomme se mit à me montrer des éditions rares, de vieux manuscrits, en me parlant, en m'expliquant sans cesse. Je crus que c'était un bibliothécaire. Pas le moins du monde. Mais il y a trente ans qu'il sert là comme un catalogue vivant pour les amateurs et les lecteurs de livres. Les surveillants du Collège Mazarin permettent au vieillard de faire les honneurs de la Bibliothèque et par ce moyen de gagner son pain. Donnez-lui un écu ou une monnaie de cuivre, il les prend avec une vive reconnaissance ; il ne dit pas : « c'est peu » ; il ne fronce pas le front, et même, pour une poignée de pièces d'argent, il ne s'incline pas devant vous plus bas que de coutume. Le mendiant de Paris peut avoir l'extérieur d'un homme de naissance. Il prend votre cadeau sans honte, mais, pour un mot grossier, il vous provoque en duel. Ne porte-t-il pas l'épée ?

Dans la *Galerie des hommes intéressants*, il faudrait attribuer un des premiers rangs à un stoïque qui vit ici et qui est connu sous le nom de l'*Homme aux quatorze oignons*, véritable Diogène, qui se refuse à lui-même tout ce qui n'est pas rigoureusement indispensable pour vivre. Il est *porte faix* de son état, et toute sa fortune consiste dans une grande hotte. Le jour, il s'en sert pour faire les commissions et porter çà et là toute espèce de choses. La nuit venue, il dort, comme dans une alcôve, sur une place de la ville, sous une colonnade. Il y a quarante ans qu'il n'a pas changé de veste ; en cas de besoin, il y coud des morceaux, et, de cette façon, la renouvelle de temps en temps, de même que la Nature, d'après les médecins, renouvelle à différentes périodes le corps humain. Quatorze oignons composent sa nourriture quotidienne. Ne croyez pas que ce soit par nécessité qu'il vit ainsi. Non, les pauvres lui demandent une aumône, et ils la reçoivent. D'autres empruntent ; mais le Diogène de Paris ne redemande jamais son argent, en exigeant pour chaque jour trois ou quatre livres. Il sait se montrer bienfaisant et amical ; il parle peu, mais avec un laconisme expressif. Beaucoup de savants le connaissent. Le chimiste L... lui demanda une fois : « Es-tu heureux, excellent homme ? » — « Je le crois, » répondit notre philosophe. — « En quoi consistent tes plaisirs ? » — « Dans le travail, dans le repos, dans l'absence de soucis. » — « Ajoute encore : dans la bienfaisance ; je sais que tu fais beaucoup de bien. » — « En quoi ? » — « Tu fais la charité. » — « Je donne mon superflu. » — « Pries-tu Dieu? » — « Je le remercie. » — « A cause de quoi? » — « A cause de moi. » — « Tu ne crains pas la mort? » — « Ni la vie ni la mort. » — « Lis-tu des livres? » — « Je n'ai pas le temps. » — « T'ennuies-tu? » — « Je ne reste jamais oisif. » — « N'envies-tu personne ? » — « Je suis content de mon sort. » — « Tu es un vrai sage. » — « Je suis un homme comme un autre. » — « Je désire ton amitié. » — « Tous les hommes sont mes amis. » — « Il y en a de méchants. » — « Je n'en connais pas. »

A mon grand regret, je n'ai pas vu ce nouveau Diogène. Il a disparu au commencement de la Révolution. Quelques personnes croient qu'il n'est plus de ce monde. Voilà une preuve que, même dans la condition la plus inférieure, peut naître et vivre le « Génie de la sagesse pratique ».

Paris, mai...

Aujourd'hui, j'ai visité deux écoles merveilleuses : l'institution des sourds-muets de naissance (à qui, au moyen de signes, on communique les idées les plus difficiles, les plus compliquées, les plus métaphysiques ; qui savent parfaitement la grammaire, comprennent tous les livres, et eux-mêmes écrivent d'un style clair, pur et correct), et encore une autre, qui n'est pas moins étonnante, l'école des aveugles de naissance, qui savent lire, connaissent la musique, la géographie, les mathématiques. L'abbé de l'Épée, le fondateur de la première institution, est mort ; mais sa place a été prise par l'abbé Sicard, qui se consacre avec un grand zèle à l'art de faire d'une créature incomplète un homme parfait, en substituant pour ainsi dire chez elle un nouvel organe à l'ouïe et à la langue. Un jeune Suédois, qui visitait avec moi l'établissement de Sicard, écrivit sur un petit papier : « Vous regrettez certainement de l'Épée, » et le donna à l'un des élèves qui, tout aussitôt, après avoir pris une plume, répondit : « Sans doute. Il a été notre bienfaiteur, il a éveillé en nous l'intelligence, il nous a donné des idées en même temps qu'un autre maître, pareil à lui par le talent et par le zèle qu'il a déployés pour être notre civilisateur, notre ami, notre second père. » Beaucoup de muets aiment passionnément la lecture ; si bien que, pour conserver leurs yeux, il faut leur retirer les livres. C'est avec une étonnante rapidité qu'ils parlent par signes entre eux, en exprimant les idées les plus abstraites ; il semble qu'ils ne puissent pas assez se réjouir de leur nouvelle faculté.

Dans l'autre école, fondée par M. Haüy[1], les aveugles apprennent l'arithmétique, la lecture, la musique et la géographie, au moyen de signes *en relief*, lettres, notes de musique et cartes, qu'ils comprennent par le toucher. L'élève, en tâtant des rangées de lettres et de notes placées devant lui, lit ou chante. Apres avoir touché les cartes de la main, il dit : « Ici est Paris, là, Moscou ; ici, Otahiti, là, les îles Philippines. » Mon Suédois retourna tout doucement une carte ; l'aveugle, après un simple attouchement, dit : « Elle est sens dessus dessous, » et il lui fit faire demi-tour. De même que, chez les personnes qui y voient, ce sont les yeux qui jugent de la distance des objets, de leurs relations mutuelles ; de

---

[1] Valentin Haüy, né en Picardie en 1745, mort à Paris en 1822, et frère de l'illustre créateur de la cristallographie. Son établissement avait été fondé en 1784 rue Notre-Dame-des-Victoires.

même, chez les aveugles, c'est le tact, devenu merveilleusement subtil, fidèlement associé à la mémoire et à l'imagination. Par exemple, si, les yeux fermés, je palpe quelques objets, il me sera très difficile de me représenter les relations mutuelles qu'ils ont entre eux, et le défaut d'habitude ne me permettra pas de juger des choses au toucher seul. Tout au contraire, les aveugles se les représentent par l'attouchement tout aussi vite que nous par les yeux. Le surveillant voulut nous faire un plaisir complet, et ordonna à ses élèves aveugles de nous chanter un hymne, composé pour eux par leur supérieur. Les belles voix ! la touchante mélodie ! les douces paroles ! Nous avions les larmes aux yeux. Le surveillant s'en aperçut, et fit recommencer l'hymne aux élèves. Le voici[1] :

> *O Ciel ! Pour combler tes bienfaits*
> *Ouvre un instant notre paupière,*
> *Et nous n'aurons plus de regrets*
> *D'être privés de la lumière !*
> *Que notre œil contemple les traits*
> *De ceux dont la main nous soulage,*
> *Et referme-le pour jamais ;*
> *Nos cœurs en garderont l'image.*

[1] Nous donnons ici l'original lui-même que nous avons retrouvé dans Bachaumont à la date du 1er mars 1785. Comme Karamzine, nous omettrons les deux derniers quatrains.

Paris, mai...

Ce ne sont pas des feuilles, mais des cahiers entiers que vous auriez reçus de moi, si je vous avais décrit tous les tableaux, statues et monuments que j'ai vus. Ici les églises semblent des galeries de peinture ou des Académies de sculpture. Ce n'est pas bien étonnant. Depuis l'époque de François Ier jusqu'à présent, les beaux-arts ont fleuri à Paris comme dans leur chère patrie. Je noterai seulement ce qui m'est resté dans la mémoire.

Par exemple, l'église cathédrale, *Notre-Dame*, édifice gothique, immense et vénérable par son antiquité, est remplie des tableaux des meilleurs peintres de la France ; mais je me contenterai, sans dire un mot de ces tableaux, de vous décrire un monument d'amour conjugal, érigé en ce lieu par une nouvelle Artémise. La comtesse d'Harcourt, ayant perdu son cher époux, voulut, au moyen de ce mausolée, que sculpta Pigalle, laisser un monument durable de sa tendresse et de sa douleur ¹. D'une main, un Ange soulève la pierre du tombeau de d'Harcourt, et de l'autre tient une lampe, afin de rallumer en lui l'étincelle de la vie. L'époux, ranimé par une bienfaisante chaleur, cherche à se lever, et tend sa faible main vers sa douce épouse, qui se précipite dans ses bras. Mais l'impitoyable Mort se tient derrière d'Harcourt, montre son sablier, et lui donne à entendre que le temps de sa vie s'est écoulé. L'Ange éteint la lampe. — On raconte que la tendre comtesse, occupée sans cesse à pleurer la mort de son bien-aimé, vit réellement tout cela en songe, et que l'artiste ne fit que le reproduire d'après sa description. Jamais le sculpteur Pigalle n'a agi sur ma sensibilité d'une manière aussi vive que dans cette figuration touchante et mélancolique. Je suis persuadé que son cœur participa à son travail.

J'ai vu là aussi une statue grossière du roi Philippe de Valois. Après avoir vaincu ses ennemis, il entra à cheval dans la cathédrale de Paris. C'est de la sorte que l'artiste l'a représenté : sur un cheval, avec un glaive à la main. C'est peu de respect pour la sainteté du temple ² !

Tout le monde va à l'église de la Sorbonne pour admirer le talent du sculpteur Girardon. Sur un mo-

---

[1] Ce tombeau du maréchal d'Harcourt, mort en 1769, ornait la chapelle de Saint-Pierre et Saint-Étienne.

[2] Il paraît, d'après d'autres auteurs, que ce cavalier avec casque en tête et cotte d'armes sur son armure n'est autre que Philippe-le-Bel, vainqueur des Flamands à Mons-en-Puelle.

nument, dans le goût antique est représenté le cardinal Richelieu. Mourant dans les bras de la Religion, il pose la main droite sur son cœur, et tient dans la gauche ses compositions ecclésiastiques. La Science, sous l'aspect d'une jeune femme, sanglote à ses pieds. — On dit que Pierre-le-Grand, en regardant ce monument, dit au petit-fils [1] du cardinal, le duc de Richelieu : « Ton aïeul a été le plus grand des ministres ; j'aurais donné la moitié de mon Empire pour qu'on m'apprît à gouverner l'autre, comme il a gouverné la France. » Je ne crois pas à cette anecdote ; ou bien notre monarque ne connaissait pas toutes les méchantes actions du cardinal, qui fut un ministre rusé, mais un homme cruel, un ennemi impitoyable, protecteur présomptueux des Sciences, mais envieux et persécuteur des grands talents. Pour moi, j'aurais représenté le cardinal, non pas avec la sainte Religion des chrétiens, mais avec ce monstre qui s'appelle la Politique et que Voltaire a décrit dans la *Henriade* [2].

Au reste, ce monument de l'Art sculptural est un des meilleurs de Paris.

---

[1] Notre auteur veut probablement parler de Louis-François-Armand de Vignerod du Plessis, arrière-petit-neveu par les femmes du cardinal pour lequel il est si sévère.

[2] Karamzine traduit ici, mais avec une extrême liberté, le passage du chant IV dont voici le début :

> « *Sous le puissant abri de son bras despotique,*
> *Au fond du Vatican régnait la Politique,*
> *Fille de l'Intérêt et de l'Ambition,*
> *D'où naquirent la Fraude et la Séduction...* »

★

Dans l'église *des Célestins* [1] il existe une chapelle du duc d'Orléans qui rappelle une étrange et malheureuse aventure. Charles VI eut une fois l'idée pour un bal masqué de se déguiser en Satyre avec quelques-uns de ses courtisans. Le duc d'Orléans s'approcha d'eux avec une torche, et soudain mit le feu au vêtement velu de l'un d'entre eux. Par malheur, ils étaient attachés par une petite chaîne l'un à l'autre, et ne purent se séparer rapidement. Le feu se propagea, les enveloppa, et en quelques minutes presque tous brûlèrent. Le roi fut sauvé par la duchesse de Berry, qui jeta sur lui son manteau et étouffa la flamme. Le duc, pour expier sa désastreuse imprudence, érigea un magnifique autel dans l'église des Célestins. — On y voit beaucoup de tableaux et de monuments, entre autres, celui de Léon [2], empereur d'Arménie, qui, après avoir été chassé de son pays par les Turcs, mourut à Paris en l'an 1393. Froissard, historien de l'époque, parle de lui en ces termes : « Privé de son trône, il conserva les vertus d'un souverain, et y en ajouta encore une nouvelle : une patience magnanime. Avec son bienfaiteur, Charles VI, il en usa comme avec un ami, sans oublier sa propre dignité de souverain. La mort de

---

[1] Sur le quai des Célestins ou de l'Arsenal, non loin de l'Hôtel de Lesdiguières, où Pierre-le-Grand avait logé.

[2] Livon VI ou Lionnet, dernier roi d'Arménie.

Léon fut digne de sa vie. » — Auprès du tombeau de l'empereur infortuné, dans une niche gothique, une tendre fille a érigé un monument à sa tendre mère. Une urne en marbre noir se dresse sur une colonne blanche avec cette inscription : « Après avoir été l'amie de ses enfants, elle les a fait pleurer,... mais seulement de reconnaissance. Sa modestie s'est même montrée surprise de notre amour extraordinaire. (Quel beau trait !) Que ce monument soit sacré pour les cœurs bons et sensibles ! Ici est ensevelie Marie Hocquard, comtesse de Cossé, morte le 29 septembre 1779. » — Auprès de cette touchante inscription, vous en voyez une ridicule, au-dessus du tombeau du chevalier de Brissac. La voici : « Que suis-je ? Mort ou vivant ? Mort, non pas : vivant. Tu demandes pourquoi ? Je réponds : parce que *mon nom court et bruit en tous lieux*. » — Dans cette même église est le célèbre groupe de Germain Pilon, les trois Grâces nues, toutes l'une mieux que l'autre et toutes très belles. Mais n'est-il pas étrange de voir des déesses païennes dans le temple du vrai Dieu ? Tel fut le bon plaisir de Catherine de Médicis. Elle ordonna d'enfermer son cœur dans une urne avec celui de Henri II et de la placer sur la tête des Grâces. Singulière idée !

★

Dans l'église de Saint-Côme [1] est enterré un certain

---

[1] L'église de Saint-Côme et Saint-Damien était rue des Cordeliers, presqu'à l'angle de la rue de la Harpe.

Trouliac, qui portait des cornes naturelles. Il fut présenté comme une merveille à Henri IV, qui en fit cadeau à son écuyer; l'écuyer à son tour le montra pour de l'argent. Cet infortuné Satyre était désespéré de sa monstruosité et en mourut de chagrin. On grava sur son tombeau une épitaphe qui disait :

Ici gît Trouliac, son malheur fut sans bornes :
Il n'eut jamais de femme, et pourtant eut des cornes.

★

Dans l'église de Saint-Étienne[1], dont l'étrange architecture vous représente l'union du goût grec et du goût gothique, vous trouvez le tombeau du tendre Racine, sans aucune épitaphe; mais son nom rappelle les meilleures productions de la Melpomène française, — et c'est assez. Là aussi est enseveli Pascal, philosophe, théologien, auteur pénétrant, dont les *Lettres provinciales* sont encore maintenant regardées comme un modèle du style français; Tournefort, botaniste et voyageur célèbre; Thognet[2], habile médecin, dont l'épitaphe dit : « C'est à présent, mortels, qu'il faut craindre la mort, car Thognet n'est plus et personne ne vous guérira désormais », et le peintre Le Sueur, surnommé le Raphaël fran-

---

[1] Saint-Étienne-du-Mont. Il y avait à peu de distance Saint-Étienne-des-Grès, qui dépendait du quartier Saint-Benoît, tandis que Saint-Étienne-du-Mont était compris dans le quartier de la place Maubert.

[2] Nicolas Thognet, mort en 1642.

çais : sujet de jalousie et même de méchanceté pour les autres peintres du temps! Ainsi Le Brun ne pouvait sans impatience entendre parler des tableaux de Le Sueur, et, en le voyant à son dernier soupir, il dit : « A présent, j'ai une montagne de moins sur les épaules, et la mort de cet homme me retire une épine du cœur! » Une autre fois, contemplant un tableau de Le Sueur et croyant que personne ne l'entendait, Le Brun murmura : « Très beau! Merveilleux! Incomparable! » Il est triste d'entendre des anecdotes aussi noires sur les grands artistes. Autant j'aime le peintre de la Madeleine, autant j'abhorre l'ennemi de Le Sueur.

★

Dans l'église de Saint-Eustache est enterré Colbert. Son monument est digne de sa mémoire. Il est représenté à genoux, sur un tombeau en marbre noir, devant un Ange qui tient un livre ouvert. L'Abondance et la Religion, sous la figure de femmes, sont auprès. Ce fut un grand ministre, la gloire de la France et de Louis XIV! Il servit son roi, en tâchant d'augmenter ses revenus et ses forces; il servit le peuple en tâchant de l'enrichir au moyen d'industries et de négoces variés et lucratifs; il servit l'humanité en contribuant aux rapides progrès des Sciences, des Arts et des Lettres, non seulement en France, mais aussi dans d'autres pays. Les flottes victorieuses de Louis furent construites comme par ce seul mot : « Qu'elles soient! »

Les meilleures manufactures de la France, le canal du Languedoc, qui unit la mer Méditerranée à l'Océan, les célèbres compagnies de commerce, dites de l'Inde, de l'Amérique, et presque toutes les Académies restèrent des monuments de son administration inoubliable. On peut dire hardiment que Colbert a été le premier ministre du monde. Je cherche dans mon esprit, et je n'en trouve aucun autre aussi sage ni aussi heureux dans ses entreprises ; (le second fait a été certainement la suite du premier). La gloire de son ministère a illustré le règne de Louis XIV. Voilà un sujet digne d'émulation pour tous les ministres ! Et chacun d'eux doit avoir dans son cabinet le portrait de Colbert, afin de le contempler et de ne pas oublier les grands devoirs qui lui incombent. Mais quel monarque, quel ministre peut contenter tout le monde ? Un des mécontents de Colbert écrivit sur sa statue : *Res ridenda nimis, vir inexorabilis orat*[1].

Dans l'abbaye de Sainte-Geneviève, on conserve les cendres de Descartes, rapportées de Stockholm dix-sept ans après la mort du philosophe. Il n'y a pas de monument ! L'épitaphe dit qu'il fut le premier sage de son siècle, — et c'est exact. Avant lui, la philosophie consistait uniquement en un verbiage d'école. Descartes proclama qu'elle devait être la science de la nature et de l'homme. Il jeta sur l'univers les regards d'un sage et proposa un système aussi nouveau qu'ingénieux, qui explique tout, même l'inexplicable. Il

---

[1] Il est représenté sur le tombeau dans l'attitude de la prière. — *Note de Karamzine.*

s'est trompé sur bien des points, mais par ses erreurs il a mis sur la voie de la vérité les philosophes anglais et allemands. Il s'est égaré dans le labyrinthe, mais il a tendu le fil d'Ariane à Newton et à Leibnitz. Il n'est pas digne de confiance en toutes choses, mais il est toujours digne d'admiration ; toujours il est grand ; et, par sa métaphysique, par sa morale, il élève la dignité de l'homme, en démontrant d'une manière convaincante l'existence du Créateur, la pureté immatérielle de l'âme et la sainteté de la vertu. Il n'y a pas longtemps que j'ai lu le parallèle suivant entre Descartes et Newton : « Ils sont égaux par la pensée ou par l'esprit d'investigation ; le premier est plus agile, plus élevé ; le second, plus profond. Tel est le caractère des Français et des Anglais ; l'esprit des premiers construit « en hauteur », l'esprit des derniers « s'enfonce dans les principes ». Les deux philosophes ont voulu créer le monde, de même qu'Alexandre voulut le conquérir ; tous deux sont immortels, tous deux sont grands dans leur conception de la nature. »

Dans cette même abbaye j'ai jeté un coup-d'œil sur la tombe de Clovis, le conquérant de la Gaule, le premier roi des Français ; sur une reproduction de *Rome en relief*, qui en fait voir toutes les rues, tous les grands édifices ; sur la Bibliothèque et sur une précieuse collection de raretés égyptiennes, étrusques, grecques, romaines et gauloises.

La nouvelle église de Sainte-Geneviève est imposante et belle. Les connaisseurs en architecture y louent particulièrement le fronton, où la hardiesse gothique s'associe à la beauté grecque. L'extérieur et l'intérieur sont d'ordre corinthien ; le dedans n'est pas encore tout à fait terminé [1].

★

On conserve dans l'abbaye de Saint-Victor de vieux manuscrits, entre autres, une Bible manuscrite du IXe siècle et un Coran des plus authentiques. La preuve en est que l'ambassadeur de Turquie le lut et l'embrassa avec une grande vénération.

Dans l'abbaye du roi [2], où tout est riche et magnifique, ce qu'il y a de mieux, c'est l'intérieur de la coupole, peinte en couleurs à l'eau par Mignard. Les connaisseurs l'appellent une perfection. Molière a composé un poème en l'honneur de Mignard. Il est fâcheux seulement que les couleurs perdent déjà leur éclat.

Dans l'église de Saint-André [3] a été érigé le monument de l'abbé Le Batteux [4], le maître des écrivains, qu'il y a deux ans j'ai lu avec l'aimable Agathon [5],

[1] Ce n'était qu'en 1764 que Louis XV avait posé la première pierre du magnifique temple qui devait faire la gloire de Soufflot.

[2] C'est certainement au Val-de-Grâce que s'applique ce qui suit ; mais pourquoi ce nom d'abbaye du roi ?

[3] Saint-André-des-Arts ou des Arcs était située dans la rue de ce nom.

[4] L'abbé Batteux, membre de l'Académie française et auteur d'un *Cours de belles-lettres,* en cinq volumes, qui avait paru en 1774.

[5] Alexandre-Andréiévitche Pétrove.

en approfondissant la justesse de ses règles et en me rendant compte de la beauté de ses exemples. Le monument plaît par sa simplicité : sur une colonne se dresse une urne avec le médaillon du mort et une gracieuse inscription : *Amicus amico.* — J'y ai vu aussi une vieille épitaphe française en vers, qui renferme l'histoire de Mathieu Chartier « homme de bien », et qui m'a tout à fait charmé. Jugez-en : « Il crut à Dieu, au Christianisme, à l'immortalité, à la vertu ; il ne crut pas aux hypocrites de la superstition ni au bonheur du vice. Il vécut cinquante ans avec sa femme, et il souhaita de passer avec elle chaque année nouvelle comme l'année précédente. Les jours ouvrables, il aima le travail, et ses hôtes, les jours de fête. Il enseigna le bien à ses enfants, quelquefois par de sages paroles, mais le plus souvent par l'exemple. Son opinion et son témoignage étaient respectés dans tout le voisinage, et les gens disaient : « C'est ainsi qu'a parlé Mathieu Chartier, l'homme de bien ! » Passant ! Ne t'étonne pas de ce que son tombeau n'est point fait en marbre de Paros, ni orné par un travail digne de la Phrygie ; les riches monuments ne sont utiles que pour ceux qui, par leur vie et leurs actions, n'ont pas laissé derrière eux un bon souvenir. Le nom de Mathieu Chartier est et sera pour lui un monument vivant. 1559. »

Dans le temple des Bénédictins[1] est enterré le pros-

---

[1] Il s'agit des Bénédictins anglais installés rue Saint-Jacques, auprès des Feuillantines, depuis 1657, après avoir reçu d'abord l'hospitalité dans le faubourg Saint-Germain.

crit Jacques II. Il ordonna qu'on l'enterrât sans aucune espèce de faste et qu'on écrivît simplement sur sa tombe : *Ci-gît Jacques II, roi de la Grande-Bretagne.* Ce roi fut le plus malheureux du monde, parce que personne n'eut pitié de son malheur [1] !

L'église des Carmélites est digne d'intérêt à cause du riche monument qu'y ont érigé à leur père et à leur mère MM. Boulléné, mais l'*Histoire des Carmélites*, publiée en latin, est encore plus digne d'intérêt. L'auteur affirme que, non seulement tous les plus illustres chrétiens, mais même des païens, Pythagore, Numa Pompilius, Zoroastre, les Druides, ont appartenu comme moines à l'ordre des Carmélites. Son nom provient de la montagne du Carmel en Syrie, où vécurent les pieux ermites qui furent les premiers fondateurs de la confrérie des Carmélites.

Dans l'église de Saint-Germain [2] est enterré l'Horace français, Malherbe, dont Boileau a dit que « le premier il enseigna la puissance secrète de chaque mot mis en sa place ». Encore à présent on peut lire avec un grand plaisir ses Odes, et tout le monde connaît par cœur sa belle strophe :

La mort a des rigueurs à nulle autre pareilles, etc...

. . . .

Là aussi sont ensevelis M. et Mme Dassier qu'unit par un mariage légal l'amour de la langue grecque ;

---

[1] Karâmzine oublie au moins Louis XIV.
[2] Saint-Germain-l'Auxerrois.

qui, dans leur ménage de savants, se caressaient l'un l'autre de noms grecs, et qui devenaient joyeux, qui devenaient heureux, lorsqu'ils avaient découvert une nouvelle beauté dans un vers d'Homère. O barbarie ! ô ingratitude ! sur leur tombe il n'y a pas d'inscription grecque.

Le cénotaphe du comte de Caylus [1], dans l'une des chapelles de Saint-Germain, est fait du meilleur porphyre. Le comte le conserva longtemps pour son tombeau. L'homme, qui, en vue du progrès de l'Art, n'épargna ni sa peine, ni sa fortune, ni sa vie, est digne d'un pareil cénotaphe. L'anecdote suivante montre son étonnante passion. Étant à Smyrne, il voulut voir les ruines d'Éphèse, auprès desquelles vivait alors le brigand Karakaiali, l'effroi de tous les voyageurs. Que fit l'intrépide comte ? Il réussit à trouver deux brigands de la bande de Karakaiali, et les prit pour conducteurs, à la condition de ne les payer qu'une fois de retour à Smyrne. Il revêtit un costume fort simple, n'emporta avec lui rien de plus que du papier avec un crayon, et alla tout droit avec ses guides trouver le chef des voleurs, qui, après avoir appris son intention de voir des antiquités, le loua d'une si belle curiosité. Il lui dit qu'à peu de distance de son campement il y avait d'autres ruines très belles, et lui donna deux excellents chevaux arabes afin de s'y rendre. Le comte en quelques ins-

---

[1] Anne-Claude-Philippe Grimoard de Caylus, né à Paris en 1692, mort en 1765.

tants se trouva au milieu des restes de Colophon ; il les examina, revint passer la nuit auprès du brigand, et le lendemain visita l'endroit où avait été jadis la ville d'Éphèse. — Caylus a publié quantité de livres : un *Recueil d'antiquités*, des sujets pour la peinture et la sculpture, des tableaux tirés d'Homère et de Virgile, des *Contes*, etc....

L'église de Saint-Hilaire [1] fut souillée jadis par le sang de deux peintres. L'un d'eux y représentait Adam et Ève dans le paradis terrestre. Le second, en regardant son tableau, s'écria : « Un enfant qui vient de naître est attaché à sa mère au moyen de veines très minces qui, une fois coupées, forment son nombril. Adam et Ève n'ont pas eu de naissance, ils ont été créés soudainement. Par conséquent, tu es un imbécile de les avoir représentés avec un nombril, qu'ils n'ont pas pu avoir ». — Le peintre injurié tira son épée ; un duel s'engagea, et ce ne fut qu'à grand' peine qu'on put séparer les insensés.

Les cendres du *grand* (c'est ainsi que l'appellent les Français) Corneille reposent dans l'église de Saint-Roch, sans mausolée, sans épitaphe. C'est là aussi qu'a été inhumée la tendre Deshoulières, dont le nom nous rappelle « le bord des rivières cristallines, les petits agneaux bien doux avec le chien auprès d'eux. » Une houlette, une guirlande tressée avec des fleurs de la prairie, et un chalumeau auraient mieux

---

[1] L'église paroissiale de Saint-Hilaire se trouvait rue d'Écosse, dans le quartier Saint-Benoît, près de la rue du Four.

orné sa tombe que n'importe quoi. — Là aussi est le tombeau de Le Nôtre, le créateur des magnifiques jardins auprès desquels les antiques jardins des Hespérides n'auraient été que des potagers de village. Au-dessus du tombeau se dresse son buste : le visage est noble et grave. Tel fut aussi le caractère de l'artiste. Lorsqu'il présenta à Louis XIV le plan du parc de Versailles, en expliquant comment serait chaque chose et quel effet produirait chacune de ses idées, le Roi, émerveillé de la richesse de son imagination, interrompit à plusieurs reprises sa description en s'écriant : « Le Nôtre ! Pour cette invention je te donne vingt mille livres ! » A la fin l'artiste, aussi désintéressé que fier, se fâcha et lui dit : « Sire ! je me tais afin de ne pas ruiner Votre Majesté ». Au-delà du dernier autel de cette église, sous une voûte basse, dans une lumière discrètement ménagée, s'élève un rocher sauvage. On y voit le Sauveur sur la croix et a ses pieds la Madeleine. Du côté droit on aperçoit des soldats endormis, à gauche, des bois brisés, parmi lesquels rampe un serpent. Au-dessous du monticule est un petit autel de marbre bleu, en forme de tombeau antique. Il est surmonté de deux urnes, dans lesquelles fume l'encens. Tout cet ensemble est faiblement éclairé au moyen d'une ouverture qui donne sur le haut, et constitue un spectacle indiciblement émouvant. Le cœur se sent pénétré d'un respect pieux, et les genoux se courbent comme d'eux-mêmes. — Louez Falconet : c'est un produit de son ciseau que vous contemplez.

Dans l'église de Saint-Séverin j'ai copié les vers suivants, qui sont gravés sur un corridor sombre de son cimetière, et qui peuvent servir d'exemple en fait de jeux de mots :

Passant, penses-tu pas passer par ce passage,
    Où, pensant, j'ai passé ?
Si tu n'y penses pas, passant, tu n'es pas sage,
Car, en n'y pensant pas, tu te verras passer !

Paris, juin...

Mme Glo... m'a dit : « Après demain, il y aura chez nous une lecture. L'abbé D... communiquera des « pensées sur l'amour », composées par sa sœur, la marquise L... *C'est plein de profondeur, à ce qu'on dit.* L'auteur sera aussi chez moi, seulement, *incognito*. Si vous voulez connaître la finesse et la profondeur d'esprit des Parisiennes, venez. » — Comment ne pas venir? Je sacrifiai le spectacle et, à huit heures, je fis mon apparition. La maîtresse de la maison était assise sur un fauteuil à la Voltaire. Autour d'elle, cinq ou six cavaliers poursuivaient une conversation bruyante. Sur le sopha, deux abbés distrayaient trois dames par leur amabilité. Dans les coins de la pièce, quelques groupes étaient encore dispersés, de telle façon que la société comprenait de 25 à 30 personnes. A neuf heures, la maîtresse du logis appela l'abbé D... en scène. Tout le monde se pressa autour du sopha. Le lecteur tira de sa poche un petit cahier tout rose, dit je ne sais quoi de plaisant, et commença... Je regrette de ne pouvoir vous reproduire mot pour mot les pensées de l'auteur! Cependant vous pourrez juger du mérite et du ton de sa composition par les passages suivants qui me sont restés dans la mémoire.

« L'amour est une crise, un moment décisif de la vie, que le cœur attend en palpitant. Le rideau se lève... « C'est lui! C'est elle! » s'écrie le cœur, et il perd comme la personnalité de son existence. La mystérieuse Destinée jette un dé dans l'urne : on est heureux ou on est perdu! »

« Il est possible de tout décrire dans le monde, tout, excepté l'amour passionné, héroïque. C'est un symbole du ciel qui est inexplicable sur la terre. Devant lui, toute grandeur disparaît. César est un petit esprit, Régulus, un homme faible, ... en comparaison avec un véritable amoureux, qui se trouve au-dessus de l'action des éléments, en-dehors de la sphère des désirs terrestres, où les âmes ordinaires, comme les atomes dans un tourbillon, sont entraînées et roulent sur elles-mêmes. Il serait hardi de l'appeler un demi-dieu, — nous ne sommes pas des païens, — mais ce n'est plus un homme. Zoroastre représente Dieu dans la flamme; la flamme d'un amour vertueux, héroïque, est plus digne que tout le reste d'entourer le trône du Très-Haut. »

« Montaigne dit : « Un ami m'est cher, parce qu'il est lui; je lui suis cher, parce que je suis moi. » Montaigne parle des amoureux, — ou bien ses mots n'ont pas de sens. »

« Les attraits physiques ne sont jamais le fondement de la passion ; elle naît à l'improviste de la rencontre de deux âmes tendres dans un regard, dans une parole ; elle n'est rien autre chose que la sympathie, la réunion de deux moitiés qui languissaient séparées. »

« Les choses ne brûlent jamais qu'une fois ; le cœur n'aime qu'une fois. »

« Dans la vie des personnes sensibles, il y a trois époques : l'attente, l'oubli et le souvenir. J'appelle oubli le transport de l'amour, qui ne peut se prolonger beaucoup, parce que nous ne sommes pas des dieux et que la terre n'est pas l'Olympe. L'amour laisse derrière lui un doux souvenir, qui n'est plus l'amour ; mais il semble que nous ne cessons pas d'aimer parce que nous avons adoré jadis. Nous trouvons agréable le lieu où quelque chose d'agréable nous est arrivé. »

« Celui qui aime la gloire, la célébrité, la richesse, est semblable à celui qui, ne possédant pas *la Nouvelle Héloïse*, lit un roman de Mlle de Scudéry. Je dis « ne possédant pas », ou bien par mauvais goût. Sur le marbre de Paros brut pousse parfois une verdure assez agréable ; mais est-il possible de la comparer avec l'aspect de ce marbre, quand il nous représente la Vénus de Phidias ? Voilà sa véritable *destination*, absolument comme la destination du cœur, c'est l'amour. »

« Un grand musicien a dit que la félicité de la vie céleste devait consister dans l'harmonie ; les âmes tendres sont persuadées qu'elle consistera dans l'amour. »

« Je ne sais pas s'il existe des athées ; mais je sais que ceux qui aiment ne peuvent être des athées. Involontairement leur regard, de l'objet aimé, se tourne vers le ciel. Celui qui a aimé me comprendra. »

Les auditeurs à chaque phrase murmuraient : « *Bravo! c'est beau, c'est ingénieux, sublime!* » Quant à moi, je me disais : beau, correct, emphatique, obscur ; mais à coup sûr ce n'est pas la langue d'une femme! Mes regards cherchèrent l'auteur. Une dame aux cheveux noirs, d'une trentaine d'années, assise la dernière par rapport à l'abbé, n'écoutait pas, et feuilletait des livres, des cahiers de musique sur le clavecin ; il n'était pas difficile de deviner que l'auteur, c'était elle. La maîtresse du logis s'écria : « Je ne sais qui a écrit cela, mais je voudrais bien l'embrasser. » Elle dit, et, avec la plus grande tendresse, serra dans ses bras la marquise L.... Tout le monde applaudit.

Au bout de quelques instants on installa deux tables ; trois dames et cinq messieurs s'assirent pour jouer aux cartes. Les autres, assis et debout, écoutèrent l'abbé D..., qui jugea avec une grande sévérité les auteurs français : « Voltaire », dit-il, « a écrit uniquement pour son temps, il a profité plus adroitement que tous les autres de la disposition momentanée des esprits, mais son mérite doit s'évanouir nécessairement avec le changement des circonstances. Avide de gloire à la minute, il a craint de rompre par le jugement avec ses contemporains, il a craint de les devancer de beaucoup, et de devenir ainsi obscur, inintelligible. Il a voulu pour chaque ligne une récompense immédiate, et à cause de cela il a cherché uniquement la meilleure expression, le meilleur tour pour des idées ordinaires ; il a pris dans des magasins étrangers et il a remis à neuf, sans s'occuper de faire des découvertes, sans penser à rassembler de nouveaux matériaux. Il a été un Épicurien achevé par l'esprit, il n'a pas songé à la postérité, il n'a pas cru à l'immortalité de la gloire. Il n'a pas planté des cèdres, il n'a semé que des fleurs, dont beaucoup déjà se sont fanées sous nos yeux, — et nous sommes encore des contemporains de Voltaire ! Qu'arrivera-t-il d'ici cent ans ? Ses railleries sur quantité de croyances superstitieuses, sur quantité de systèmes philosophiques, pourront-elles exercer une forte influence, lorsque les croyances et les systèmes auront changé ? » — « Mais ses tragédies ? » demandai-je. — « Elles sont bien inférieures en perfection à celles de Racine », répondit l'abbé. « Leur style manque de pureté, de facilité, de cette douce éloquence que possède l'auteur de *Phèdre* et d'*Andromaque*. Il y a beaucoup d'idées hardies, qui dès maintenant ne paraissent plus hardies ; beaucoup de soi-disant philosophie, qui n'appartient pas à l'essence du drame, mais qui plaît au parterre ; beaucoup de goût, mais peu de véritable sensibilité. » — « Comment ! Dans *Zaïre*, il y a peu de sensibilité ! » — « Oui, je me fais fort de montrer que dans *Zaïre* il n'y a pas une seule pensée tendre qu'on ne trouverait dans le roman le plus ordinaire. Le mérite de Voltaire consiste dans la seule expression, mais nulle part vous n'y trouverez d'effusion sentimentale, de violents efforts du cœur, *de grands, de beaux élans de sensibilité*, comme, par exemple, dans *Phèdre*. » — « Ainsi Racine est véritablement un grand tragique, à votre sens ? » — « Un grand écrivain, un grand versificateur, mais pas un grand tragique. Son âme tendre n'a jamais pu contenir en soi l'horreur tragique. Il a écrit des élégies dramatiques, non pas des tragédies ; mais on trouve chez lui beaucoup de sentiment, un style incomparable, une éloquence vivante qui déborde d'un cœur plein. On peut l'appeler parfait, et jusqu'à la fin du monde la plus belle louange pour des vers français sera : ils ressemblent à ceux de Racine ! Mais, ayant le don de peindre de tendres sentiments, il n'a pas eu du tout le talent de représenter le terrible ou l'héroïque. Racine n'a pas fait figurer sur la scène un seul caractère énergique[1]. Dans ses tragédies nous entendons de grands noms, mais nous ne voyons pas un seul grand homme, comme, par exemple, dans Corneille. » — « Ainsi vous donnez la couronne à Corneille ? » — « Il était digne de naître Romain ; la grandeur qu'il peignait semblait lui être personnelle ; ses héros sont des héros authentiques ; mais son style vigoureux s'affaiblit souvent, baisse, offense le goût, et puis les tendresses de Corneille sont presque toujours insupportables. » — « Que dites-vous

---

[1] Karamzine est injuste au moins envers *Mithridate*.

de Crébillon ? » — « Qu'il est plus terrible que tous nos autres tragiques. De même que Voltaire charme, que Racine captive, que Corneille élève l'âme, de même Crébillon épouvante l'imagination ; seulement son style barbare n'est pas digne de Melpomène et de notre temps. Corneille n'eut pas pour lui de maître en fait de style, pourtant, souvent, il sert lui-même de modèle. Crébillon au contraire a eu l'audace après Racine d'écrire en vers grossiers, sauvages, et a prouvé qu'il n'y avait chez lui ni oreille ni sens pour les beautés de la versification. Parfois dans ses tragédies passent rapidement de beaux vers, mais on dirait que c'est par hasard, à son insu et sans son consentement. »

Quel sévère Aristarque ! me dis-je. Il est heureux que chez nous en Russie il n'y ait pas des critiques aussi terribles.

Nous nous mîmes à table pour souper à onze heures. Tout le monde parla, mais il ne m'en est rien resté dans la mémoire. On peut dire des conversations françaises qu'elles sont un feu roulant, tant les mots volent promptement les uns après les autres et tant l'attention a de peine à les suivre.

Paris, juin...

J'ai reçu de Mme N... le billet suivant : « Ma sœur, la comtesse D..., que vous avez vue chez moi, désire avoir des renseignements détaillés sur votre patrie. La situation actuelle de la France est telle que chacun de nous doit se préparer un refuge n'importe où dans un autre pays. Je vous prie de répondre aux questions ci-jointes ; en le faisant, vous m'obligerez. » Je déployai une grande feuille, où, sous les questions, on avait laissé de la place pour les réponses. En voici des échantillons qui vous amuseront :

Question. — « Est-il possible à une personne d'une santé délicate de supporter la rigueur de votre climat ? »

Réponse. — « En Russie, on souffre moins du froid qu'en Provence. Dans nos pièces chaudes, dans nos chaudes pelisses, nous nous moquons d'une gelée à pierre fendre. Au mois de décembre, au mois de janvier, alors qu'en France le ciel est sombre et que la pluie tombe à torrents, nos belles dames, dans la lumière éclatante du soleil, glissent en traîneau sur la neige diamantée, et les roses fleurissent sur leurs joues de lis. A aucune époque de l'année les Russes ne sont aussi charmantes qu'en hiver. L'action du froid donne de la fraîcheur à leur visage, et chacune d'elles, en revenant du dehors au logis, ressemble à la déesse Flore. »

Question. — « Quelle saison de l'année est agréable chez vous ? »

Réponse. — « Toutes les quatre ; mais nulle part le printemps n'a autant de charmes qu'en Russie. Le blanc vêtement de l'hiver fatigue la vue à la longue ; l'âme désire un changement, et la voix argentine de l'alouette retentit au haut des airs. Les cœurs palpitent de joie. Le soleil, par la rapide action de ses rayons, fond les amas de neige ; l'eau bruit en accourant des hauteurs, et le paysan, comme le navigateur au bout de l'océan, s'écrie joyeusement : Terre ! Les rivières brisent les entraves de glace qui pesaient sur elles, s'épanchent abondamment au-delà de leurs berges, si bien que le plus petit ruisseau ressemble à un fils majestueux de la mer. Les pâles prairies, saturées d'une humidité féconde, se tapissent d'un frais gazon et se parent de fleurs azurées. Les bosquets de bouleaux verdissent ; derrière eux aussi les forêts épaisses, au bruit de l'hymne de joie que chantent les petits oiseaux, se revêtent de feuillage, et le zéphyr répand partout le parfum aromatique des cerisiers sauvages[1]. Dans vos climats le printemps vient lentement, d'une manière à peine sensible ; chez nous, il tombe du ciel en un clin-d'œil et le regard ne réussit pas à suivre la rapidité de son action. Votre Nature semble épuisée, débile ; la nôtre a toute la vivacité enflammée de la jeunesse. A peine réveillée de son sommeil hivernal, elle apparaît dans tout l'éclat de sa beauté, et ce qui chez vous ne mûrit qu'en plusieurs semaines arrive chez nous en quelques jours au dernier degré du développement végétatif. Vos prairies jaunissent au milieu de l'été ; chez nous elles restent vertes jusqu'à l'hiver lui-même. Durant les jours de l'automne, nous jouissons de la Nature comme d'un ami dont il nous faut nous séparer pour un long temps, et notre plaisir est d'autant plus vif. L'hiver arrive, et celui qui habitait la campagne se hâte d'aller à la ville jouir de la société. »

Question. — « Quels agréments offre la vie de votre société ? »

Réponse. — « Tous ceux dont vous jouissez : les spectacles, les bals, les soupers, les cartes et l'amabilité de votre sexe. »

Question. — « Aime-t-on les étrangers en Russie ? Les reçoit-on bien ? »

Réponse. — « L'hospitalité est une vertu des Russes[2]. Nous sommes reconnaissants aux étrangers

---

[1] Le *cerasus Padus*, qui alterne avec les bouleaux dans une foule de petits bois, et dont les longues grappes blanches charment la vue.

[2] En ceci Karamzine n'a pas exagéré.

d'une civilisation, d'une quantité d'idées justes et de sentiments agréables que ne connaissaient pas nos aïeux avant de nouer commerce avec les autres pays de l'Europe. En comblant nos hôtes de bons procédés, nous aimons à leur prouver que les élèves le cèdent à peine aux maîtres dans l'art de vivre et de se bien comporter avec les autres. »

Question. — « Faites-vous beaucoup de cas des femmes ? »

Réponse. — « Chez nous les femmes trônent. La gloire et l'amour, le laurier et la rose, voilà la devise de nos chevaliers. »

Devinez la question qui vient ensuite ?... « Y a-t-il beaucoup de gibier en Russie ? demande mon mari », ajoute la comtesse. « C'est un amateur passionné de la chasse. »

J'ai répondu de telle façon que le comte, qui habite la province, ne peut manquer de s'écrier: « Mon fusil ! Mes chevaux ! En Russie ! »

En un mot, si le mari et la femme à présent ne font pas un saut jusque chez vous, à Moscou, ce ne sera pas ma faute !

Paris, juin...

A la fin, je me suis décidé à renoncer pour quelque temps aux spectacles, afin de voir les environs de de Paris, qui sont curieux. Par où commencer? Sans aucun doute, par Versailles.

A neuf heures du matin, le prêtre de notre ambassade, M. K..., un artiste russe d'un grand talent, et moi, nous arrivâmes au bord de la Seine. Nous prîmes place sur une galiote, et nous naviguâmes le long des Champs-Elysées, du bois de Boulogne, puis d'une foule de charmantes maisons suburbaines et de jardins. Sur la gauche s'élève le château de Meudon avec sa magnifique terrasse (d'une longueur de 150 sagènes) et son parc touffu. Il a appartenu au fermier général Servien, au ministre Louvois, à Louis XIV et au Dauphin, qui y mourut de la variole en 1711. Dans le petit village de Meudon vécut jadis François Rabelais, l'auteur des romans de *Gargantua* et de *Pantagruel*, qui sont remplis de réflexions ingénieuses, de descriptions malpropres, d'allégories obscures et de sottises. Le XVIe siècle a admiré son savoir, son esprit, sa bouffonnerie. Après avoir été quelque temps un mauvais moine, Rabelais devint un bon docteur, demanda au pape son *exeat*, rendit l'Université de Montpellier célèbre par ses leçons [1], alla à Rome faire des plaisanteries sur la pantoufle de son bienfaiteur, se chargea des fonctions de curé dans la paroisse de Meudon, se montra pour ses ouailles un médecin zélé de l'âme et du corps, et écrivit des romans dans lesquels le candide La Fontaine trouvait plus de sens que dans les traités des philosophes et qui, sans aucun doute, ont suggéré à Sterne l'idée de composer *Tristram Shandy*. Rabelais vécut et mourut en plaisantant. Quelques minutes avant sa mort, il dit : « Le rideau baisse; la comédie est finie. *Je vais chercher un grand peut-être.* » Son testament se composait des paroles suivantes : « Je n'ai rien, je dois beaucoup; le surplus pour les pauvres. »

Dans le petit bourg de Sèvres, dont le monde entier connaît la fabrique de porcelaine (avec laquelle ni celle de Saxe ni celle de Berlin ne peuvent lutter pour la pureté et la peinture [2]), nous déjeunâmes dans un « café », et nous prîmes à pied la direction de Versailles. Des deux côtés du chemin

---

[1] A ce point que, encore à présent, en souvenir de lui, chaque fois qu'on reçoit un docteur à Montpellier, on revêt la robe de Rabelais, qui assez fréquemment fait songer à la fable de l'Ane dans la peau du Lion. — *Note de Karamzine.*

[2] Cette parenthèse a été omise par le traducteur allemand Richter, probablement pour raison de patriotisme.

nous vîmes des maisons, des jardins, des restaurants fort beaux, et, sans nous en apercevoir, nous arrivâmes aux *avenues de Versailles*, où le château se découvrit à nous...

Louis XIV voulut faire une merveille ; il donna des ordres et, au milieu d'une solitude sauvage et sablonneuse, apparurent des vallées de Tempé et un château qui n'a pas en Europe son pareil pour la magnificence.

Trois avenues doubles, l'une, venant de Paris, l'autre, de Sceaux, la troisième, de Saint-Cloud, se réunissent sur une place appelée *place d'Armes*, où s'élèvent deux vastes édifices. Réjouissez-vous, si vous aimez les chevaux : ce sont des écuries. Devant, se trouvent une belle grille en fer et, au fond, deux groupes qui représentent les victoires de la France sur l'Espagne et sur l'Empire germanique. Une nouvelle annexe du côté gauche, créée pour la garde royale, a l'air de tentes[1] : ce n'est pas mal en soi, mais cela détruit la symétrie de l'ensemble. A l'extrémité de la place est l'*avant-cour*, ou cour des ministres. Aux portes se dressent deux groupes représentant l'Abondance et la Paix, deux grands sujets de préoccupation pour des ministres.

Nous arrivâmes tout d'abord à la chapelle du châ-

[1] On avait en effet, quelque temps auparavant, fait venir quatre compagnies de gardes françaises de Paris à Versailles, et, afin de les loger à proximité du château, on avait édifié à gauche de la place, vers le quartier Satory, une construction affectant plus ou moins la forme de tentes. Voy. Le Roy, *Histoire des rues de Versailles*, t. II, p. 49.

teau, dont Voltaire a parlé en décrivant le *Temple du Goût* :

> *Il n'a rien des défauts pompeux*
> *De la chapelle de Versaille,*
> *Ce colifichet fastueux,*
> *Qui du peuple éblouit les yeux,*
> *Et dont le connaisseur se raille.*

Néanmoins beaucoup de connaisseurs ne pensent pas de la même façon, et, en dépit du railleur de Ferney, trouvent l'édifice digne d'éloges, soit au point de vue de l'harmonie générale, soit au point de vue de l'ornementation de détail. Dans l'église on disait la messe, mais il n'y avait personne que les moines. Les sculptures et les peintures sont d'un très beau travail. Partout la richesse, répandue avec éclat et avec goût. Entre beaucoup de beaux tableaux, je remarquai un Jouvenet, qui représente saint Louis, héros chrétien. Après avoir vaincu les infidèles en Égypte, il prend soin des blessés et se fait leur serviteur. Sur l'un des autels on montre, comme objet de très grand prix, un crucifix en ivoire, d'une hauteur de quatre pieds; c'est un don d'Auguste III, roi de Pologne.

De l'église nous passâmes dans la salle d'Hercule [1] qui est de vastes dimensions et magnifique par son ornementation. Là, s'élèvent vingt pilastres en marbre de Corinthe, avec des chapiteaux et des pieds chaudement dorés. Toutefois, ce qu'il y a de plus

---

[1] Cette salle ne date que de Louis XV.

beau dans la salle, c'est le plafond, peint à l'huile sur toile par Lemoyne et représentant l'apothéose d'Hercule : il n'y a pas de tableau plus grand dans le monde ! La composition, les figures, l'énergie témoignent du génie de Lemoyne. Les meilleurs peintres l'admirent. Là aussi se trouvent deux célèbres tableaux de Véronèse : le *Sauveur* et *Rébecca*. Le premier était la propriété des moines Servites[1] à Venise, qui pour rien au monde ne consentirent à le vendre au roi Louis XIV ; mais le Sénat, ayant appris le désir du Roi, enleva le tableau aux moines et lui en fit présent. Les cadres eux-mêmes valent bien qu'on les regarde quelques instants : les ciselures en sont fort belles.

Les salles de l'Abondance, de Vénus, de Diane, de Mars, sont aussi tout particulièrement dignes d'attention à cause de leurs plafonds peints. Dans la seconde, j'ai remarqué une vieille statue du dictateur-agriculteur Cincinnatus ; dans la troisième, un buste de Louis XIV, et, dans la quatrième, nous avons admiré *la famille de Darius*, de Le Brun, tableau reconnu par tous les connaisseurs comme son meilleur. Ce fut à Fontainebleau qu'il le peignit ; chaque jour le Roi allait examiner son travail et s'en montrait ravi, ce qui ne fut pas sans influence sur le pinceau de l'artiste. On raconte qu'un prélat italien ne pouvait, sans jalousie, jeter un regard sur cette toile, et

---

[1] Ou serviteurs de Marie, connus aussi à Paris sous le nom de Blancs-Manteaux. Cet Ordre, fondé à Florence en 1232, fut aboli en France à la fin du même siècle.

toujours, lorsqu'il se trouvait à la Cour, il passait devant elle en fermant les yeux. Auprès du Le Brun est un Véronèse, les *Pèlerins d'Emmaüs*, où le peintre a représenté toute sa famille. Dans la salle de Mercure, il y avait auparavant deux œuvres de Raphaël : *l'archange Michel* et *la Sainte-Famille*; mais, à notre grand regret, on les a retirées pour une raison quelconque. Nous y examinâmes avec curiosité une horloge, construite au commencement du siècle actuel par Morand, qui, de même que notre Koulybine[1], n'avait jamais été horloger. A chaque heure deux coqs chantent en battant des ailes; juste à la même seconde, deux figures de bronze sortent d'une petite porte avec un tympan, sur lequel deux amours sonnent chaque quart-d'heure avec un petit marteau d'acier; au milieu du décor se montre une statue de Louis XIV, et, en haut, sur un nuage, la déesse des victoires descend et tient une couronne au-dessus de sa tête; à l'intérieur joue une musique, et finalement tout disparaît en un clin-d'œil.

Dans la salle du Trône[2], sous un magnifique baldaquin, se dresse le trône. « Voici le premier trône de l'univers! » dit l'individu qui nous guidait à travers le château; « autrefois, j'entends; mais si Dieu n'a pas abandonné les Français, le soleil de Louis XIV brillera de nouveau ici dans toute sa splendeur! »

Par le Salon de la Guerre, où le pinceau de Le Brun

---

[1] C'était un simple ouvrier, auquel on doit notamment le modèle du pont fixe qui rejoint Péterbourg à Vasilii-Ostrove.

[2] Dite aussi d'Apollon.

a représenté partout les victoires de la France, nous arrivâmes dans une galerie qui ne s'appelle pas grande en vain ; elle a une longueur de 37 sagènes sur 3 [1] de hauteur. En face des fenêtres, on a construit des arcades garnies de miroirs, sur lesquels viennent se réfléchir, de la manière la plus charmante, le jardin, la verdure et le jeu des eaux. Sur le plafond, Le Brun a représenté, en vingt-sept tableaux allégoriques, l'histoire de Louis XIV pendant les sept premières années de son règne. Quatre colonnes de marbre avec huit pilastres entourent l'entrée des deux côtés de la galerie. Entre les pilastres, sur des piédestaux de marbre, se dressent des statues antiques : Bacchus, Vénus (trouvée dans la ville d'Arles), une Vestale et la Muse Uranie ; puis, au milieu, dans quatre niches, Germanicus, sculpté par le célèbre artiste d'Athènes, Alcaménès, deux Vénus et Diane. Dans la salle de la Paix, la peinture nous fait voir la France assise sur une sphère d'azur ; la Gloire la couronne ; les Amours et la Paix unissent des pigeons. Sur un autre tableau, Louis donne une branche d'olivier à l'Europe.

De la salle de la Paix, on entre dans les appartements de la Reine... Je me rappelai le 4 octobre, cette horrible nuit durant laquelle la belle Marie, entendant à sa porte le cri menaçant des barbares

---

[1] Bien que l'édition que nous suivons porte 38, nous n'hésitons pas à retrancher le second chiffre. M. Souvorine a supprimé le 3. Mais 8 sagènes feraient plus de 17 mètres ! La galerie en a réellement 13, et c'est assez.

de Paris et le bruit des armes, s'empressa, sans être vêtue, les cheveux en désordre, d'aller se cacher dans les bras de son époux contre la méchanceté des tigres... Je fus quelque temps avant de pouvoir tourner mes yeux sur la décoration et la peinture des appartements. Tous les tableaux y représentent la gloire et le triomphe des femmes. Cléopâtre est auprès d'Antoine, tout prêt à se jeter à ses pieds ; la reine [1] Rhodope contemple la pyramide élevée à sa beauté ; l'immortelle Sapho joue sur sa lyre ; Aspasie cause avec les sages d'Athènes ; Pénélope défait sa tapisserie ; d'innocentes jeunes filles offrent un sacrifice à Jupiter sur le mont Ida.—Ajoutez-y les plus célèbres reines de l'antiquité.

Dans les appartements intérieurs du Roi, nous remarquâmes un *Saint-Jean* de Raphaël, plusieurs tableaux de Véronèse et de Bassano, des portraits de Catherine de Valois, de Marie de Médicis, de François Ier, dûs au pinceau de Rubens, de Van-Dyck et du Titien, deux bustes antiques de Scipion l'Africain, en bronze, avec des yeux en argent, et d'Alexandre-le-Grand, en porphyre ; une grande horloge astronomique, qui bat les secondes, indique le mois, le quantième, le jour de la semaine, l'action du froid et du chaud sur les métaux, enfin la révolution des planètes, avec une telle exactitude qu'en cent ans il ne peut se produire la plus petite différence entre elle et

---

[1] Karamzine est bien bon de traiter de *tzaritza* un personnage connu pour appartenir à la classe des *héta-ï-res*, comme le disent en quatre syllabes les plus hellénistes de nos boulevardiers.

les tables astronomiques. Louis XIV dormait sur un lit élevé, du haut duquel, grâce à une avenue rectiligne, il voyait tout Paris devant lui [1]. Dans de petites pièces, auprès du cabinet du Roi, on conserve de précieuses pierres gravées, anciennes et modernes, parmi lesquelles la plus curieuse est celle qu'on appelle le cachet de Michel-Ange et sur laquelle on a représenté la récolte du raisin. Après avoir visité le théâtre, qui est digne de s'appeler royal [2], nous allâmes chercher à dîner.

Versailles, sans la Cour, est comme un corps sans âme ; la ville est devenue une sorte d'orpheline, elle est morose. Là où auparavant, à chaque minute, roulaient avec fracas des voitures, là où se pressait la foule, c'est à peine si maintenant on rencontre quelqu'un ; c'est un calme et un ennui mortels ! Chaque habitant me parut affligé. Dans le meilleur restaurant on nous fit attendre deux heures notre dîner. La maîtresse du logis dit pour se justifier : « Que faire ? Les temps sont durs, messieurs, les temps sont malheureux ! Tout le monde patiente ; patientez aussi un peu ! »

Après avoir apaisé notre faim, non sans peine, nous nous hâtâmes de visiter les jardins et le parc, qui n'ont pas moins de quinze verstes de tour.

Rien ne peut se comparer avec la magnifique vue

---

[1] Nous ne savons comment Karamzine a commis cette erreur. Louis XIV, à Versailles, ne pouvait voir de son lit que la direction de Paris. Il doit y avoir eu dans l'esprit de notre auteur quelque confusion avec Saint-Germain.

[2] Terminé, en 1770, par l'architecte Gabriel.

qu'on a du jardin sur le château ; sa façade, en y comprenant les ailes, a une étendue de 300 sagènes. Toutes les beautés, toutes les richesses de l'architecture et de la sculpture s'y trouvent disséminées. Aucun des rois de la terre, pas même le fastueux Salomon, ne posséda une pareille demeure. Il faut la voir : la décrire est impossible. Compter les colonnes, les statues, les vases, les trophées, ce n'est pas décrire. L'immensité, l'harmonie achevée des parties, l'effet de l'ensemble, voilà ce qu'il n'est pas même donné au peintre de rendre avec son pinceau !

Pénétrons dans les jardins, œuvre de Le Nôtre, dont le hardi Génie a partout mis sur le trône l'Art orgueilleux, en forçant l'humble Nature de se courber à ses pieds comme une malheureuse esclave.

> Les rois sont condamnés à la magnificence ;
> Notre esprit n'attend d'eux que le vaste et l'immense,
> Qu'un éclat merveilleux propre à nous ébahir,
> Et semblable au soleil qui nous vient éblouir.

Ne cherchez donc pas la Nature dans les jardins de Versailles. Ici, à chaque pas, c'est l'Art qui captive les regards ; ce lieu est l'Empire des eaux cristallines, de la déesse de la Sculpture et de Flore. Les parterres, les plates-bandes, les pièces d'eau, les fontaines, les bassins, les bosquets, et, parmi eux, une innombrable quantité de statues, de groupes, de vases, chacun plus beau que l'autre, tout cela n'attire pas, mais disperse l'attention, si bien que vous ne savez que regarder. Voilà précisément l'impression qu'ont voulu produire le grand monarque et le grand artiste. Le dernier, à coup sûr, n'a pas pensé que les spectateurs curieux examineraient chaque beauté en particulier. Combien de temps faudrait-il pour le faire ? Une année même n'y suffirait pas ! Non, il a pensé que le spectateur, après avoir parcouru du regard une partie de ces innombrables richesses, et après s'être écrié, dès la première minute : « magnifique ! », se tairait d'ébahissement et n'oserait pas louer davantage. C'est aussi ce que j'ai fait. Plein du sentiment de mon insignifiance, j'ai allongé les jambes, j'ai jeté çà et là un coup-d'œil d'objet en objet, j'ai trouvé tout parfait et j'ai humblement admiré. Louis XIV et Le Nôtre ont comme mis leur cachet sur mon imagination, qui ne peut concevoir, qui ne peut se figurer là quelque chose de différent. A l'honneur de l'artiste ; je me rappelai la description des jardins d'Armide par le Tasse ; qu'elle est pauvre, comparée à Versailles ! Là, c'est une estampe ; ici, c'est le tableau. Combien de fois cependant a-t-on dit que l'Art plastique ne peut se mesurer avec la Poésie ! Pour exprimer les sentiments du cœur pour le cœur, sans nul doute ; mais, dans tout tableau destiné aux yeux, le poète est l'élève de l'artiste, et doit trembler, lorsque l'artiste prend en main son sujet.

En 1775 le parc de Versailles subit une effroyable dévastation : la hache impitoyable abattit tous les arbres touffus et élevés, parce que, dit-on, ils commençaient à vieillir et ressemblaient, non pas à des bosquets, mais à un grand bois. Un poète en pareil cas n'accepte aucune espèce d'excuses, et Delille exprima son mécontentement en vers harmonieux :

O Versaille, ô regrets, ô bosquets ravissants,
Chefs-d'œuvre d'un grand roi, de Le Nôtre et du temps !
La hache est à vos pieds, et votre heure est venue !

« Ils ont disparu, » continue-t-il, « ils ont disparu, les vieux arbres aux vastes rameaux, dont les têtes majestueuses avaient ombragé la tête sacrée du grand Roi ! Hélas ! où sont-ils, les charmants taillis, dans lesquels se divertissaient les Grâces ?... Amour ! Amour ! Où sont les délicieux ombrages dans lesquels s'allanguissait tendrement la fière Montespan, et où la douce, la sensible La Vallière découvrit sans le vouloir le secret de son cœur à son heureux amant ? Tout a disparu, et les Orphées emplumés, effrayés par le bruit de la destruction, s'envolent avec chagrin de leur paisible retraite, où tant d'années ils avaient chanté leur amour en présence des rois ! Les dieux, dont l'art du sculpteur a peuplé ces temples ombreux, privés tout à coup de la verdure qui les protégeait, s'ennuient, et Vénus elle-même, pour la première fois, a pris honte de sa nudité !... Poussez, répandez de l'ombre, jeunes arbres, ramenez-nous les petits oiseaux » [1].

Les jeunes arbres ont entendu le poète ; ils ont poussé, ils ont donné de l'ombre. Vénus n'a plus honte

---

[1] Tout cet alinéa est en effet une vague traduction de la tirade en vers de Delille. Voy. *Les Jardins*, chant IIe, et, à propos de cet abattage déplorable, mais obligé, du parc, *Le Château de Versailles*, par M. Dussieux, t. II, p. 212-213.

de sa nudité. Les petits oiseaux sont revenus de leur amer exil, et de nouveau chantent leur amour; mais, hélas! ce n'est plus en présence des rois! Personne n'écoute plus à présent leurs chants, hormis quelques étrangers curieux, qui viennent parfois visiter le parc de Versailles!

La seule nomenclature des statues, qui ornent les parterres, les fontaines, les bosquets, les allées, occuperait plusieurs pages; on y a rassemblé les meilleures productions d'une trentaine des meilleurs statuaires. Je mentionnerai seulement un antique et colossal Jupiter dû au célèbre artiste grec Miron et fait en marbre de Paros. Marc-Antoine le trouva à Samos; Auguste le plaça au Capitole; Germanicus, Trajan, Marc-Aurèle, lui offrirent des sacrifices. Marguerite, duchesse de Camérino[1], en fit présent au ministre de Charles-Quint, Granvelle, qui en orna son jardin de Besançon. Enfin, par l'ordre de Louis XIV, le Jupiter colossal de Samos s'achemina jusqu'à Versailles. Je saluai en lui, non pas le dieu, mais une très vieille antiquité, et l'examinai avec un plaisir particulier. Le temps et les voyages l'avaient privé de ses jambes; l'artiste Drouilly les lui a remises; mais il m'a semblé que le vieux Jupiter ne se tenait pas bien solidement sur ses nouvelles jambes[2].

---

[1] Bien que les éditions russes les plus récentes donnent encore « Comarino », il s'agit plus que probablement ici de l'archiduchesse d'Autriche qui, avant d'être gouvernante des Pays-Bas, avait épousé Octave Farnèse, duc de Parme et de Camerino.

[2] Ce Jupiter, qui ornait le Théâtre d'eau, ne tarda pas à être brisé à coups de fusil. Voy. Dussieux, t. II, p. 250.

Dans une grande ménagerie, dans de beaux pavillons, derrière des cages en fer, j'ai vu quantité de bêtes féroces : des lions, des tigres, des panthères, et, ce qui est plus curieux que tout le reste, un de ces *rhinocéros*, dont on parle tant. Il est moins grand que l'éléphant, mais beaucoup plus grand que tous les autres animaux. Il est effrayant à voir, même dans sa cage ; qu'est-ce donc, quand on se rencontre avec lui dans un désert de l'Afrique ? Du reste, les bêtes féroces ont des raisons pour ne pas nous aimer. Que ne faisons-nous pas d'elles ? Une petite créature à deux pieds s'assied sur le dos d'un immense éléphant, le frappe avec un marteau sur la tête, et le dirige comme un agneau ; elle enferme dans une cage un lion majestueux comme si c'était une marmotte ; après avoir chargé de fers un tigre furieux, elle l'agace avec une canne et se rit de sa férocité ; elle prend par sa corne un rhinocéros et l'amène d'Éthiopie à Versailles. On dit que beaucoup d'animaux sont rusés ; mais qu'est-ce que leur ruse auprès de la nôtre ?

Louis XIV, quoiqu'il aimât extraordinairement le faste, en prenait cependant parfois de l'ennui, et, en pareil cas, il se transportait pour quelques jours de son immense château à Trianon, maison de plaisance assez petite, bâtie dans le parc de Versailles, à un seul étage, ornée de peintures, et meublée avec goût, mais assez simplement. Devant l'habitation, on voit des parterres, des bassins, des groupes de marbre.

Nous nous dépêchâmes cependant pour voir le petit Trianon, à propos duquel Delille a dit :

Semblable à son auguste et jeune déité,
Trianon joint la grâce avec la majesté.

D'agréables bosquets avec des parterres à l'anglaise entourent une petite maison isolée, dédiée par l'Amabilité à l'Amabilité et aux calmes divertissements d'une société choisie. Ce n'était pas la Reine, c'était seulement la belle Marie qui s'y faisait maîtresse de maison pour donner l'hospitalité à ses amis. Là, dans une galerie basse, cachée aux regards par une épaisse verdure, avaient lieu les plus agréables soupers, des concerts, les danses des Grâces. Les sophas et les fauteuils ont été couverts par le travail personnel de Marie-Antoinette ; les roses qu'elle a brodées m'ont paru plus charmantes que toutes les roses naturelles. Le jardin de Trianon est la perfection des jardins anglais. Nulle part il n'y a de froide symétrie. Partout règnent un charmant désordre, une gracieuse simplicité et des beautés champêtres. Partout les eaux suivent un libre cours, et leurs rives fleuries semblent attendre quelque bergère. Une charmante petite île se montre au regard ; dans l'épaisseur sauvage d'un petit taillis s'y élève un temple de l'Amour, où l'habile sculpteur Bouchardon a représenté l'Amour dans tout ce qu'il a de plus attrayant. Le tendre Dieu, de son regard caressant, donne la bienvenue aux passants ; dans les traits de son visage on n'aperçoit aucune astuce dangereuse, aucune perfidie traîtresse. L'artiste nous a montré l'Amour innocent et heureux. — Je vais plus loin ; j'aperçois de petites hauteurs, des champs cultivés, des prairies, des troupeaux, des chaumières, une grotte sauvage. Après les créations magnifiques, mais fatigantes de l'Art, je retrouve la Nature ; je me retrouve aussi moi-même, avec mon cœur et mon imagination. Je respire à mon aise, librement ; je goûte le calme de la soirée ; je me réjouis de voir le coucher du soleil.... Je voudrais l'arrêter, le fixer sur la voûte azurée, afin de rester plus longtemps dans le ravissant Trianon. La nuit arrive.... Adieu, lieux enchanteurs !

Je reviens à Paris, je me jette sur mon lit, et je me dis à moi-même : Je n'ai rien vu de plus magnifique que le château de Versailles et son parc, rien de plus gracieux que Trianon avec ses beautés rustiques !

Paris, juin...

J'ai été aujourd'hui chez Vaillant, le célèbre voyageur en Afrique [1] ; je ne l'ai pas trouvé au logis, ce qui ne m'a pas empêché de voir son cabinet et de faire la connaissance de la maîtresse de la maison, femme aimable et extrêmement bavarde. Vaillant voulait du cap de Bonne-Espérance pénétrer à travers les déserts de l'Afrique jusqu'à l'Égypte même ; des rivières profondes, d'incommensurables steppes de sable, où toute la Nature est morte et inanimée, l'obligèrent à retourner sur ses pas ; toutefois, il s'est avancé dans l'intérieur de l'Afrique plus que les autres voyageurs. Tout Paris à présent lit le récit de son voyage romanesque, dans lequel l'auteur se représente comme un petit Thésée, se bat avec des monstres, et tire sur des éléphants comme sur des

[1] Le Vaillant, né en 1753, dans la Guyane hollandaise, d'un père messin, est connu surtout comme ornithologiste. Il venait de publier son *Voyage dans l'intérieur de l'Afrique* (Paris, 1790, 2 vol. in-4º). Il refit bientôt un second voyage de dix-huit mois sur le même continent. Le récit en parut vers 1796.

lièvres. Les dames de Paris disent : « *Il est vaillant, ce monsieur de Vaillant !* » Désireux d'être un second Rousseau, il malmène horriblement la civilisation, il fait l'éloge des sauvages, il trouve chez les Cafres une intéressante Nérine, agréable à son cœur. Il court après elle comme Apollon après Daphné; il lui cache sa ceinture, pendant qu'elle se baigne dans une rivière; il ne peut se délecter assez de l'innocence de cette beauté basanée; il se jure à lui-même de ne pas abuser d'elle et il tient son serment. Vaillant a rapporté d'Afrique un certain nombre de peaux de bêtes fauves, d'oiseaux empaillés, d'armes de Hottentots, et des matériaux pour deux grands volumes. Son style est pur, expressif, parfois pittoresque, et madame Vaillant me déclara d'un air fier que depuis quinze ans la littérature française n'avait produit que deux livres pour l'immortalité : *Anacharsis* et le *Voyage* de son mari. « Il est très beau », lui dis-je, « mais, en le lisant, je me suis demandé avec étonnement comment on pouvait laisser une famille qui vous aime, sa patrie, toutes les agréables commodités de la vie européenne, pour aller au-delà de l'Océan errer à travers des steppes inconnues [1], afin de décrire plus exactement que les autres n'importe quel oiseau. Maintenant, en vous voyant, je m'étonne encore davantage. » — « En me voyant ? » — « Avoir une aussi aimable épouse et se séparer d'elle volontairement ! » — « Monsieur, la

---

[1] Le mot *steppe* étant féminin en russe et l'ayant été en français jusqu'ici, nous ne voyons aucun avantage à le faire masculin maintenant.

curiosité a ses martyrs. Nous autres femmes, nous sommes faites pour l'immobilité; mais vous tous, vous êtes des Kalmoukes, — vous aimez à courir le monde, à chercher Dieu sait quoi, sans vous préoccuper de nos inquiétudes. » — Je m'efforçai de persuader à madame Vaillant que chez nous, en Russie, les maris étaient beaucoup plus tendres, qu'ils n'aimaient pas à se séparer des femmes qui leur sont chères et qu'ils répétaient par cœur le proverbe : « O Don, ô Don, j'aime mieux que tout ma maison [1] ! » — Elle m'a autorisé à revenir chez elle une autre fois, pour faire la connaissance de son mari qui se prépare de nouveau à aller en Afrique!

[1] En russe, le mot maison (dome) se rapproche beaucoup plus de Don.

Village d'Auteuil, juin...

Je suis venu ici afin de voir la maison dans laquelle Boileau a écrit ses satires, où il se divertissait avec ses amis, et où Molière sauva la vie aux meilleurs écrivains que la France possédait de son temps. Vous rappelez-vous cette anecdote amusante ? Le maître du logis, Racine, La Fontaine, Chapelle, Molière, après avoir soupé, bu, ri, s'avisèrent à la fin d'imiter Héraclite, de déplorer les tristesses de la vie et de maudire le Destin, trouvant, d'après les paroles d'un sophiste grec, que le premier bonheur était... de ne pas naître, et le second, de mourir aussi vite que possible. Boileau, sans perdre de temps, proposa à ses amis d'aller se jeter dans la rivière. La Seine n'était pas loin, et les enfants d'Apollon, échauffés par le vin, se levèrent brusquement, tout prêts à courir, à voler dans les bras de la mort. Molière, qui avait conservé seul son sang-froid, ne bougea pas et leur dit : « Mes amis ! votre intention est excellente ; mais il fait nuit à présent, personne ne verra notre fin héroïque.

Attendons le retour de Phébus, père des poètes; et alors Paris tout entier sera témoin de l'illustre mort de ses enfants ! » Cette heureuse pensée plut à tout le monde, et Chapelle dit en vidant son verre : « Il a raison, il a raison ; nous nous noierons demain ; mais, pour le moment, achevons de boire ce qui reste de vin ! »

Après la mort de Boileau, le médecin de la Cour, Gendron, vécut dans sa maison. Voltaire, se trouvant un jour son hôte, écrivit au crayon sur le mur :

C'est ici le vrai Parnasse
Des vrais enfants d'Apollon.
Sous le nom de Boileau ces lieux virent Horace ;
Esculape y paraît sous celui de Gendron.

Maintenant cette maison appartient à monsieur... j'ai oublié le nom.

Le petit village d'Auteuil était jadis célèbre par son bon vin ; mais sa réputation est passée. Le vin d'Auteuil n'est plus buvable de nos jours. Je n'ai pas pu en boire jusqu'au bout un petit verre. — Il fait sombre : je me dépêche de rentrer en ville.

SAINT-DENIS

Amour ou bien effroi d'une planète entière,
Rois, qu'êtes-vous après la mort?... De la poussière![1]

Cela veut dire que j'ai été à l'abbaye de Saint-Denis, au cimetière des rois de France, qui tous reposent dans une paix profonde l'un à côté de l'autre ; la race des Mérovingiens comme celle des Carlovingiens, des Capétiens, des Valois et des Bourbons. J'y ai cherché en vain le tombeau de la fille d'Iaroslave, la belle Anna, épouse de Henri Ier, qui, après sa mort, épousa le comte de Créquy, et termina ses jours dans le monastère de Senlis[2], fondé par elle. D'autres his-

---

[1] Nous n'avons pu découvrir l'auteur de ces vers russes.

[2] L'édition de M. Souvorine continue à donner Genlis pour Senlis. La confusion remonte probablement à Karamzine lui-même, qui avait traduit Mme de Genlis. Au reste, l'origine russe de cette princesse, qui fut la mère de Philippe Ier, a été contestée. Il est certain du moins que son mariage avec le comte Raoul de Péronne, sire de Crespy en Valois, l'exposa à de longues persécutions ecclésiastiques.

toriens cependant croient qu'elle retourna en Russie. Quoi qu'il en soit, son cénotaphe n'est pas à côté du monument de Henri Ier. Imaginez-vous ce qu'a dû sentir une jeune Russe, qui, abandonnant sa chère patrie ainsi que sa famille, s'en va dans un pays étranger, éloigné, comme dans une sombre forêt, sans y connaître personne, sans en comprendre la langue, pour être l'épouse d'un inconnu !... Ah ! dans ce temps-là aussi, on a fait de grands sacrifices à la politique ! Anna fut obligée de changer de religion, à l'époque des plus ardentes querelles entre les églises d'Orient et d'Occident ; il y a de quoi s'étonner beaucoup. Henri Ier méritait d'être son époux ; il s'illustra par son courage et par les autres qualités propres aux souverains. L'amour serra les nœuds de son second mariage ; mais Anna ne jouit pas longtemps du bonheur de l'amour : le comte de Créquy fut tué en duel par un chevalier anglais.

Je m'inclinai devant le tombeau de Louis XII et de Henri IV...

> On doit un monument aux illustres mortels,
> Mais un grand prince, lui, mérite des autels.

Le tombeau de François Ier, proclamé « le Père des arts et des sciences », a été magnifiquement orné par la reconnaissance de l'Art plastique. Toutefois, le monument du premier parmi les généraux modernes, de celui qui fut un Alexandre par la vaillance et un Fabius par la sagesse, en un mot, de Turenne, est plus digne d'intérêt que tous les autres. Le héros meurt dans les bras de l'Immortalité, qui le couronne de lauriers. La Vaillance et la Sagesse se tiennent auprès de son cercueil, l'une, épouvantée, l'autre, douloureusement surprise. Une tablette en marbre noir attend une épitaphe; pourquoi ne pas y graver les vers suivants composés par je ne sais qui?

> *Turenne a son tombeau parmi ceux de nos rois;*
> *Il obtint cet honneur par ses fameux exploits.*
> *Louis voulut ainsi couronner sa vaillance,*
>   *Afin d'apprendre aux siècles à venir*
>   *Qu'il ne met point de différence*
> *Entre porter le sceptre et le bien soutenir*[1].

Je ne vous parlerai pas des étranges bas-reliefs du tombeau de Dagobert, où sont représentés des diables qui se battent, saint Denis dans un bateau, et des anges avec des chandeliers; l'idée et le travail sont dignes des siècles barbares. C'est le roi Dagobert qui a fondé l'abbaye de Saint-Denis. Je ne vous décrirai pas le trésor qu'on y voit, les crucifix en or, les clous sacrés, les bras, les jambes, les cheveux, les chiffons du même genre donnés à l'abbaye par divers rois ou personnes pieuses. Je mentionnerai seulement la couronne de Charlemagne[2], le sceptre et le globe de Henri IV, l'épée de saint Louis, celle avec laquelle il massacra les infidèles en Afrique et en Asie, le

---

[1] C'est peut-être dans Bachaumont que Karamzine avait lu ces vers.

[2] On sait qu'elle a été volée assez récemment à la suite des expériences de baguette divinatoire autorisées par la direction des domaines et de l'enregistrement en plein xix° siècle!

portrait de la pucelle d'Orléans, comme on l'appelle, la célèbre héroïne du roman de Voltaire, et une grande coupe antique, faite en agathe d'Orient pour le roi d'Égypte, Ptolémée Philadelphe, et sur laquelle est figuré le triomphe de Bacchus.

Saint Denis, patron de la France, prêcha le christianisme dans la Gaule et fut supplicié à Montmartre par les méchants païens. Les légendes catholiques racontent qu'après son supplice il se remit sur ses pieds, prit dans ses mains sa tête coupée et parcourut ainsi quatre verstes. Une dame de Paris, raisonnant sur ce miracle, a dit : « *Cela n'est pas surprenant ; il n'y a que le premier pas qui coûte.* »

Paris, juin...

Combien de fois ai-je été au bois de Boulogne sans y voir sa célèbre « bagatelle »! Aujourd'hui, je l'ai visitée, j'ai loué le goût du propriétaire [1], et regretté son sort actuel. Vous devinez que je parle de la maison de plaisance que le comte d'Artois possède à Boulogne et qu'on appelle *Bagatelle* [2]. Vous vous rappelez aussi ce qu'en dit Delille :

Et toi, d'un prince aimable ô l'asile fidèle,
Dont le nom trop modeste est indigne de toi,
Lieu charmant! etc...

[1] Karamzine avait dès le mois d'août 1789 rencontré ce «propriétaire» à Berne. «Sur la terrasse, j'ai rencontré aujourd'hui le comte d'Artois qui s'y promenait avec beaucoup de Français de distinction. Il n'est pas mal de sa personne, et veut paraître gai ; mais, dans ses sourires même, on voit bien que son cœur est oppressé. Que de changements se produisent dans la vie humaine! Après avoir séjourné ici deux semaines dans une maison auprès de la ville, il va à présent en Italie, où se dirigent à sa suite d'autres émigrants». «Bon voyage,» disent les Bernois, à qui n'a jamais plu cet hôte sans invitation.»

[2] *Bagatelle*, qui s'appela aussi à cette époque *Folie-d'Artois*, et devint *Babiole* sous la Restauration, ne datait guère que

A l'extrémité du bois, presque sur le bord même de la Seine, s'élève un joli pavillon, avec une inscription dorée sur la porte : *parva, sed apta*. Sur le perron se tient une Nymphe en marbre, qui soulève au-dessus de sa tête une corbeille avec des fleurs ; dans cette corbeille on place la nuit une lanterne de cristal afin d'éclairer le perron. La première pièce est la salle à manger, où l'eau jaillit et coule de deux dauphins dans un vaste bassin entouré de verdure ; des miroirs doublent l'effet de la fontaine. De là on entre dans une grande rotonde, ornée de glaces, de bas-reliefs, d'arabesques et de différentes figures allégoriques. Deux cabinets donnent sur la pièce : une salle de bains et un boudoir où tout est tendre et voluptueux. L'Amour sourit sur les tableaux, mais dans l'alcôve se cachent les transports... je n'ose jeter un coup-d'œil sur le lit. A l'étage d'en haut, on dirait la chambre à coucher du dieu Mars ; partout des lances, des casques, des trophées, des symboles de combats et de victoires. Mais Mars est familier avec la déesse de Cypris ; regardez un moment à droite... il y a là un cabinet mystérieux où s'offrent aux yeux les symboles de combats et de victoires d'un autre genre : la Pudeur succombe, l'Amour triomphe. La couleur du divan, des fauteuils et des autres meubles est « chair » très tendre ; il n'y a que les Amours pour prendre cette nuance. Approchez-vous de la fenêtre : quelle vue charmante !

---

de 1779. En octobre 1783, on travaillait encore à la transformation des 80 arpents tout plantés que le Roi avait cédés à son frère. Voy. Bachaumont.

Le cours de la Seine, le monastère de Longchamps, le pont de Neuilly, composent le paysage le plus pittoresque. Vous saurez enfin que ce pavillon est en réalité un pavillon magique, car il a été construit, achevé, meublé en cinq semaines; de pareils prodiges ne se font pas sans magie.

Deux allées partent du pavillon et conduisent à un gros rocher de granit, duquel s'échappe un ruisseau. Derrière le rocher est un agréable bosquet, consacré à la *Vénus pudique*. Une statue en marbre de cette déesse se dresse sur un haut piédestal. C'est là que commence le jardin anglais, tableau de la Nature champêtre, sauvage, morose dans certains endroits, et, dans d'autres, cultivé et gai. Tout d'abord se présente aux yeux une grande prairie, entourée d'un bois et de petits tertres ; au milieu est une pièce d'eau limpide, sur laquelle le vent pousse un bateau. A gauche serpente un petit sentier qui vous mène au « désert ». Des arbres touffus, dont les branches s'entremêlent, lui servent de limite. Vous y apercevrez une humble maisonnette couverte en roseaux, et qui contient deux chambres plaquées de mousse ainsi que de feuillage, une cuisine, quelques chaises de bois et un lit.

Là vécut en effet, je ne sais quand, un ermite, dans le travail et l'abstinence. Des curieux venaient visiter le sage solitaire et écouter ses leçons. Il parlait du monde avec mépris, appelait ses distractions des jeux diaboliques, la beauté de la femme un appât de Satan, et l'Amour (j'ai honte de le répéter) le démon en personne. Cupidon, courroucé d'une « érotophobie » aussi téméraire, résolut de se venger de l'anachorète, le perça de part en part d'une de ses flèches de cyprès et lui fit apercevoir de loin une belle paysanne, qui cueillait des violettes sur le bord de la Seine. L'ermite prit feu ; il oublia sa morale, son épaisse barbe et devint un Céladon. L'histoire n'en dit pas plus long ; mais une tradition orale raconte qu'il fut malheureux en amour. Bien qu'il eût coupé sa barbe et raccourci son long vêtement, il ne réussit pas à plaire à sa belle. De désespoir il s'engagea dans l'armée, se battit avec les Anglais, fut blessé et admis à l'Hôtel des Invalides, où le comte d'Artois lui donna cent livres de pension. Auprès de la maisonnette se trouvent une chapelle, un champ que cultivait l'anachorète, et un ruisseau où il étanchait sa soif.

Après avoir soupiré sur la faiblesse humaine, je vais plus loin, et, tout à coup, apparaît devant moi un obélisque élevé et couvert de mystérieux hiéroglyphes. C'est dommage que les prêtres de l'Égypte ne m'aient pas laissé la clé de leur science : on prétend que cette pyramide contient toute leur sagesse. Derrière l'obélisque, sur des prairies en fleurs, serpentent de petits sentiers, coulent de petits ruisseaux, s'élèvent de petits ponts et des pavillons également jolis. L'un de ces derniers est construit sur un rocher ; l'accès en est mal commode, difficile même... C'est le pavillon de la *Philosophie*, laquelle n'est pas donnée à tout le monde. L'aspect extérieur n'en est pas très attrayant ; il est étrange, gothique, afin de montrer que la philosophie n'est douce qu'aux philosophes et semble aux autres une extravagance, ou peu s'en faut. L'intérieur est orné des médaillons des sages de la Grèce. Des vitres de couleur différente vous font voir chaque objet sous les couleurs les plus variées ; c'est un emblème du désaccord des esprits et des jugements humains. Au bas du pavillon s'ouvre une grotte, où les rayons du soleil pénètrent à travers les interstices des pierres et où sont rassemblées toutes les productions du règne minéral.

D'un autre rocher sauvage s'échappe une grande cascade qui, avec beaucoup de bruit, déverse son écume dans le cristal d'une pièce d'eau, dont les flots paisibles baignent en un certain endroit une tombe de marbre noir entourée de cyprès : sujet d'émotion pour quiconque a aimé et a perdu ceux qu'il aimait[1].

Voulez-vous, à l'instar d'Orphée, descendre à la suite d'une ombre chère dans le royaume de Pluton? Possédez-vous une lyre à la douce voix ?... La terre s'entr'ouvre devant vous; vous descendez dans ses profondeurs par des degrés de pierre, et vous frissonnez d'effroi; d'épaisses ténèbres vous environnent. Il est trop tard pour songer à revenir en arrière ; il

---

[1] Karamzine cite ici, en les traduisant, quelques vers de Delille, tirés du chant IV des *Jardins*.

> *Eh! Qui n'a pas pleuré quelque perte cruelle?*
> *Loin d'un monde léger venez donc à vos pleurs,*
> *Venez associer les bois, les eaux, les fleurs, etc...*

faut aller devant vous, dans l'obscurité de la nuit, à travers l'inconnu. L'imagination inquiète rêve de monstres infernaux, entend le bruit terrible du Styx et du Cocyte; tout à l'heure Cerbère se mettra à aboyer... Ne craignez rien ; un vif rayon de lumière va de loin éclairer vos yeux ; encore quelques pas, et vous vous retrouverez dans le monde qu'éclaire le soleil, sur le bord d'un ruisseau qui gazouille au milieu de délicieux paysages. Arrêtez-vous ici avec moi, mes chers amis ; asseyez-vous sur une molle pelouse, et jouissez de la beauté du soir. Je ne veux plus rien décrire : une description peut ennuyer... mais jamais, jamais vous ne pourriez vous ennuyer en vous promenant dans le jardin que le comte d'Artois possède à Boulogne.

En revenant dans la ville, il m'est arrivé quelque chose d'étrange. Il faisait sombre ; j'allais seul aussi lentement que possible, en m'arrêtant souvent pour regarder de tous les côtés. Une voiture arrive. J'entends une voix qui crie : *Arrête! arrête!* Le cocher retient ses chevaux. Deux hommes sortent, viennent droit à moi, me regardent de la tête aux pieds et me demandent : « Qui êtes-vous ? » — « Un étranger. Que désirez-vous ? » — « N'êtes-vous pas allé au bois de Boulogne avec M. Laclos ? » — « J'ai été au bois de Boulogne tout seul et je ne connais pas M. Laclos. » — « Tant mieux, ou plutôt tant pis. Mais au moins n'avez-vous pas rencontré une dame à cheval, avec une robe verte d'amazone ? » — « Je n'ai pas remarqué. Mais que signifient vos questions, messieurs ? »

— « C'est que nous avons besoin de le savoir ; excusez. » Ils soulevèrent leur chapeau et sautèrent dans la voiture qui s'éloigna rapidement.

Paris, juin...

J'ai été à Marly; j'ai visité le Palais du soleil [1] et les douze pavillons qui figurent les douze signes du zodiaque; j'ai vu l'Olympe, les vallons de Tempé, les jardins d'Alcinoüs; en un mot, un second Versailles, avec quelques particularités distinctives. Au lieu d'une description détaillée, je vous envoie une méchante traduction des beaux vers dans lesquels Delille a célébré Marly [2].

. . . .

Il faut être mécanicien pour comprendre ce qu'a de merveilleux la machine hydraulique de Marly, ses mouvements horizontaux et verticaux, l'effet des pompes, etc... Le fait est qu'elle puise de l'eau dans la

---

[1] Le soleil, comme on sait, servait de devise à Louis XIV. Le pavillon royal, construit au milieu de douze autres, s'appelait pavillon du Soleil. — *Note de Karamzine.*

[2]
Venez, suivez mon vol au pays des prestiges,
A ce pompeux Versaille, à ce riant Marli,
Que Louis, la nature et l'art ont embelli.
C'est là que tout est grand, que l'art n'est point timide,
Là tout est enchanté, c'est le palais d'Armide, etc, etc...
(*Les Jardins*, chant Ier.)

Seine, l'élève et la déverse dans des tuyaux qui la conduisent à Marly et à Trianon. L'inventeur de cette machine ne savait ni lire ni écrire.

Comme l'Art a tout embelli autour de Paris ! Je vais souvent au Mont-Valérien, et là, assis auprès d'une chapelle isolée [1], je contemple les magnifiques environs de cette ville magnifique.

Je n'ai pas oublié l'Ermitage [2], maison champêtre de Mme d'Epinay où a vécu Rousseau, où a été composée *La nouvelle Héloïse*, où l'auteur l'a lue à sa naïve Thérèse, qui ne savait pas compter jusqu'à cent, mais qui sut sentir les beautés de l'immortel roman et pleurer. La maison est toute petite, sur une colline ; à l'entour s'étendent des plaines rustiques.

J'ai été aussi à Montmorency, où a été écrit *Émile* [3], j'ai été aussi à Passy, qu'a habité Franklin ; j'ai été aussi à Bellevue, qui mérite bien son nom ; ainsi qu'à Saint-Cloud, où s'épanche la cascade artificielle la plus célèbre de l'Europe ; ainsi que dans diverses autres petites villes, villages, châteaux, dignes d'intérêt à un titre quelconque.

---

[1] Le Mont-Valérien, d'après la tradition, avait été de longue date occupé par des ermites. Sous le règne de Louis XIII, un jeune homme, Hubert Charpentier, y éleva une église dédiée à la Sainte-Croix, afin d'en défendre le culte contre les Calvinistes. Un couvent s'établit autour de l'église, et bientôt les pèlerins y affluèrent en même temps que les amis des beaux soleils couchants. Plus tard, Merlin de Thionville acheta pour dix-sept mille francs le Mont-Valérien, déclaré bien national.

[2] A Montmorency. Rousseau quitta la rue de Grenelle-Saint-Honoré pour s'installer à l'Ermitage le 9 avril 1756.

[3] Au petit Mont-Louis.

Paris, juin . . .

Le serviteur que j'ai loué, Bieder, qui, pour vingt-quatre sous par jour, me conduit partout, connaissant, selon son expression, « Paris comme sa mansarde », insiste depuis longtemps déjà auprès de moi pour que j'aille visiter le *garde-meuble royal*. « C'est honteux, monsieur, c'est honteux ! Être depuis trois mois à Paris et ne pas encore connaître ce qu'il contient de plus curieux ! Que faites-vous ici ? Vous courez les rues, les théâtres, les bois autour de la ville ! Voici votre chapeau, votre canne ; il faut absolument que vous alliez au garde-meuble. » Je mis mon chapeau, je pris ma canne, et je me rendis sur la place Louis XV au garde-meuble, grand édifice avec des colonnes.

En réalité, j'ai vu là quantité d'objets rares, en argent et en or, des pierres précieuses, des vases et des armes de toute espèce. Voici ce qu'il y a de plus curieux : 1º un bouclier rond en argent, d'environ trois pieds de diamètre, trouvé dans le Rhône auprès de Lyon, représentant *en bas-relief* un combat de cavalerie, et donné, à ce qu'on croit, par un peuple d'Espagne à Scipion l'Africain ; 2° la cuirasse en acier de François Ier, avec des ciselures exécutées sur des dessins de Jules Romain, cuirasse tellement légère qu'on peut la soulever d'une seule main ; il la portait à la bataille de Pavie, où les Français *perdirent tout, hormis l'honneur*, comme l'écrivit à sa mère François après avoir été fait prisonnier par l'ennemi avec tous ses généraux ; 3° la cuirasse de Henri II, sous laquelle il fut blessé à mort dans un tournoi par le comte de Montgommery, et celle de Louis XIV, présent de la République de Venise ; 4° deux épées de Henri IV ; 5° deux canons avec leurs affûts en argent, envoyés par le roi de Siam à Louis XIV pour lui prouver qu'il avait de l'artillerie [1] ; 6° une longue pique dorée avec laquelle le pape Paul V voulait pourfendre la République de Venise ; 7° une corbeille d'or couverte de brillants et de rubis ; 8° les vases sacrés [2] du cardinal Richelieu, également en or et garnis de pierres précieuses ; 9° une riche selle, offerte par le Sultan à Louis XV, et enfin des tapisseries en soie, pour lesquelles François Ier paya environ cent mille thalers à des artistes flamands et sur lesquelles les tisseurs ont représenté, d'après des dessins de Jules Romain et de Raphaël, les batailles de Scipion, les Actes des

---

[1] On lui avait dit que Louis XIV ne le regardait pas comme un ennemi dangereux pour lui, supposant qu'il n'avait pas de canons. — *Note de Karamzine.*

[2] La première édition de Karamzine porte *tchasovnia*, que le traducteur allemand a traduit littéralement par *Kapelle*, chapelle. Nous préférons la leçon de M. Smirdine : *outvare*.

Apôtres et la fable de Psyché. On y conserve aussi les meilleurs produits de la fabrique des Gobelins, fondée à Paris par Colbert ; le travail en est admirable par la correction du dessin, l'éclat des couleurs, les nuances délicates de la soie, si bien que l'art du tissage ne s'y montre pas inférieur à la vraie peinture. — Mon domestique Bieder ne cessait pas de répéter : « *Eh ! bien, monsieur, eh ! bien, qu'en dites-vous ?* »

Maintenant je vous dirai quelques mots de Bieder. Il est Allemand de naissance, mais il a oublié sa langue maternelle ; il habite le même hôtel que moi, seulement dans une mansarde ; il est pauvre comme Job et honnête comme Socrate ; il m'achète tout bon marché et me gronde, lorsque je paie quelque chose trop cher. Une fois, en descendant l'escalier, je laissai tomber cinq louis d'or enveloppés dans un petit papier : il marchait derrière moi, il les releva et me les apporta. « Tu es un très honnête homme, Bieder, lui dis-je. » — « *Il faut bien que je le sois, monsieur, pour ne pas démentir mon nom*[1], » répondit mon Allemand. — Je ne me rappelle plus à propos de quoi je lui avais dis quelque chose de dur. Bieder recula de deux pas... « *Monsieur, des choses pareilles ne se disent point en bon français ; je suis trop sensible pour le souffrir.* » Je me mis à rire. — « *Riez, monsieur, je rirai avec vous ; mais point de grossièretés, je vous en prie.* » — Un autre jour, Bieder vint vers moi tout

---

[1] *Bieder* en allemand signifie *bon* ou *honnête*. — *Note de Karamzine.*

en larmes et dit en me donnant une gazette « Lisez! »
Je pris et je lus ce qui suit : « Aujourd'hui, 28 mai,
à cinq heures du matin, dans la rue Saint-Merry, le
domestique de M. N... s'est tué d'un coup de feu. On
accourut au bruit de l'arme, on ouvrit la porte...
l'infortuné nageait dans son sang; auprès de lui, un
pistolet gisait par terre; sur la muraille était écrit :

.... Quand on n'est rien et qu'on est sans espoir,
La vie est un opprobre et la mort un devoir,

Et, sur la porte : *aujourd'hui mon tour, demain le tien.* Parmi les papiers jetés pêle-mêle sur la table se trouvaient des vers, diverses pensées philosophiques et un testament. Les premiers montraient clairement que ce jeune homme connaissait par cœur les ouvrages dangereux des nouveaux philosophes. Au lieu de consolation, il tirait de chaque pensée un vrai poison pour son âme, que l'éducation n'avait pas façonnée pour la lecture de pareils livres, et il était devenu la victime de raisonnements chimériques. Il avait horreur de sa basse condition et, en réalité, il lui était supérieur aussi bien par l'intelligence que par la délicatesse de ses sentiments. Il passait des nuits entières sur des livres et s'achetait avec son argent de quoi s'éclairer, estimant que l'honnêteté rigoureuse ne lui permettait pas de le faire aux dépens de son maître. Dans son testament, il dit qu'il est « enfant de l'amour » et peint d'une manière fort touchante la tendresse de sa seconde mère, la femme qui l'avait nourri de son plein gré. Il lui lègue 130 livres ; à son pays, *en don patriotique,*

100 ; aux pauvres, 48 ; aux prisonniers pour dettes, 48 ; un louis d'or à ceux qui prendront la peine de confier à la terre ses cendres, et trois autres, à son ami, le domestique allemand qui demeure à l'*Hôtel Britannique*. Le commissaire a trouvé dans son coffret plus de quatre cents livres. » — « C'est à moi qu'il a légué les trois louis d'or, » dit le sensible Bieder. « Depuis son enfance, il était mon ami et on ne voit pas beaucoup de jeunes gens comme lui. Au lieu de courir les cabarets, il allait chaque jour pendant quelques heures au cabinet de lecture, et chaque dimanche au théâtre. Bien des fois il m'a dit, les larmes aux yeux : « Henri, soyons nobles par le cœur ! méritons notre propre estime ! » Hélas ! je ne peux vous répéter tous ses discours, Jacques parlait comme le livre le plus sensé ; tandis que moi, pauvre diable, je ne suis pas capable de dire deux belles paroles. Depuis quelque temps il était devenu tout rêveur, il marchait la tête baissée et aimait à causer avec moi de la mort. Il y avait six jours que nous ne nous étions pas vus ; hier, j'ai appris que Jacques s'était ennuyé de vivre et qu'il y avait un brave homme de moins dans le monde. » Bieder pleurait comme un enfant. Moi-même, je me sentais le cœur ému... Pauvre Jacques !.. Funestes conséquences de la demi-science ! *Drink deep or taste not :* « Bois beaucoup ou ne bois pas une seule goutte, » a dit l'Anglais Pope. Épictète était esclave, mais il ne se tua pas.

Ermenonville.

Il y a trente verstes de Paris à Ermenonville. C'est là que Rousseau, victime des passions, de la sensibilité, d'une imagination ardente, de la méchanceté des gens et de son humeur soupçonneuse, termina la journée orageuse de sa vie par une calme et lumineuse soirée; c'est là que ses derniers actes furent des actes de bienfaisance, ses dernières paroles, des paroles d'admiration pour la Nature; c'est là que dans l'ombre paisible de grands arbres plantés par des mains amies repose sa poussière... C'est là aussi que les étrangers sensibles s'empressent de visiter les lieux consacrés par l'invisible présence du Génie, de suivre les sentiers sur lesquels s'est imprimée la trace des pieds de Rousseau, de respirer l'air qu'il respira autrefois et d'arroser son tombeau d'une tendre larme de mélancolie.

Ermenonville a été jadis caché sous l'ombre d'une épaisse forêt, entouré de marais, de sablières profondes et stériles; en un mot, c'était une solitude sauvage.

Mais un homme, aussi riche en fait d'argent qu'en fait de goût, l'acheta, l'arrangea, et la solitude sauvage, boisée, se transforma en un charmant parc anglais, en paysages pittoresques, en un tableau du Poussin.

Le vieux château a conservé son ancien aspect gothique. La « charmante Gabrielle » y vécut autrefois, et Henri IV y goûta son amour ; c'est un souvenir qui l'embellit mieux que les plus magnifiques péristyles ! De petites maisonnettes y sont contiguës des deux côtés ; des eaux limpides coulent tout autour, en formant quantité d'agréables îlots. Ici sont dispersés au hasard des bosquets ; là verdoient des vallées ; ailleurs, sont des grottes, de bruyantes cascades ; partout, la Nature dans sa variété, — et vous lisez cette inscription :

> *Disparaissez, lieux superbes,*
> *Où tout est victime de l'art,*
> *Où le sable, au lieu des herbes,*
> *Attriste partout le regard.*
> *Ici, l'aimable Nature,*
> *Dans sa douce simplicité,*
> *Est la touchante peinture*
> *D'une tranquille liberté*[1].

Tout d'abord, je vous conduirai vers deux arbres touffus, qui ont entrelacé leurs rameaux, et sur lesquels sont gravés, de la main de Jean-Jacques, ces mots : « L'Amour unit tout. » Rousseau aimait à se reposer sous leur ombrage, sur un canapé de gazon,

---

[1] Les quatre vers de Karamzine nous paraissent préférables aux huit vers de l'original que nous croyons de Piron.

fait par lui-même. Là on voit épars des symboles de la vie pastorale : dans les branches pendent des chalumeaux, des houlettes, des couronnes, et sur un monument rustique figurent les noms des poètes du genre : Théocrite, Virgile, Thomson.

Sur un tertre élevé, on aperçoit le temple « de la nouvelle Philosophie », qui par son architecture rappelle les ruines du temple de la Sibylle à Tivoli. Il n'est pas terminé ; les matériaux sont prêts, mais un parti-pris empêche d'achever l'édifice. Sur les colonnes on a gravé le nom des principaux architectes avec l'indication de ce que chacun d'eux a fait, d'après son talent propre. Ainsi :

J. J. Rousseau	*Naturam.*
Montesquieu	*Justiciam.*
W. Penn.	*Humanitatem.*
Voltaire	*Ridiculum.*
Descartes.	*Nil in rebus inane.*
Newton.	*Lucem.*

A l'intérieur, il est écrit que ce temple inachevé est consacré à Montaigne ; au-dessus de l'entrée : « Apprends à connaître le principe des choses » ; et sur une colonne : « Qui l'achèvera ? » Beaucoup de gens ont écrit une réponse sur les colonnes. Les uns pensent que l'esprit imparfait de l'homme ne peut rien produire de parfait ; d'autres espèrent que la raison, dans le cours des siècles, arrivera à l'âge viril, vaincra tous les obstacles, terminera son œuvre et fera régner la vérité sur le globe terrestre.

La vue que l'on découvre du haut de ce tertre réjouit les yeux et l'âme. Les eaux cristallines, la verdure tendre des prairies, la verdure plus sombre des bois, donnent une grande variété aux jeux de l'ombre et de la lumière.

Un ruisseau qui murmure humblement vous conduit, le long de grottes sauvages, jusqu'à l'autel de la Rêverie. Plus loin, dans le bois, vous rencontrez une pierre moussue avec cette inscription : « Ici sont ensevelis les os d'infortunés qui ont été tués dans des temps de superstition, alors que le frère s'armait contre le frère, le citoyen contre le citoyen, à cause de la différence de leurs opinions religieuses. » Sur la porte d'une petite cabane, qui doit avoir servi de demeure à un ermite, vous voyez cette inscription :

Au Créateur s'élève mon hommage,
En l'admirant dans son plus bel ouvrage.

Vous traversez un grand chemin[1] et un involontaire effroi s'empare de votre cœur : des pins ténébreux, des cèdres lugubres, des rochers sauvages, des sables sans fond, vous présentent un tableau des solitudes de la Sibérie. Mais vous vous réconciliez bien vite avec ce tableau. Sur une cabane que cachent les branches des pins on a écrit : « Le roi se trouve bien dans sa Cour, et le forestier dans sa hutte ; chacun est maître chez soi » ; et sur un orme aussi vieux que touffu :

---

[1] Sans doute la route d'Ermenonville à Ver.

Oui, le voici, cet orme heureux
Où ma Louise a reçu mes vœux[1].

On peut donc aussi être heureux dans une solitude sauvage ! A l'intérieur d'un amas de rochers, vous trouvez la cabane de Jean-Jacques Rousseau avec cette inscription : « Jean-Jacques est immortel. » Là, au milieu de beaucoup de devises et du titre de tous ses ouvrages, on a gravé une belle sentence du philosophe de Genève : « Celui-là est véritablement libre qui n'a pas besoin de mettre les bras d'un autre au bout des siens pour faire sa volonté[2]. » — Vous allez plus loin, et le caractère sauvage des lieux disparaît peu à peu autour de vous ; un jeune gazon vert, des rochers couverts de genèvriers, des chutes d'eau bruyantes, vous rappellent la Suisse, Meillerie et Clarence ; vous cherchez des yeux le nom de Julie, et vous le voyez sur les pierres et sur les arbres.

Une rivière[3] limpide coule sur une prairie le long de vignobles, de maisonnettes rustiques ; de l'autre côté de l'eau s'élève la tour gothique de la charmante Gabrielle[4], et un petit batelet est tout prêt pour vous transporter sur l'autre rive. A la porte de la tour, on lit :

---

[1] Tiré du *Déserteur*, de Monsigny, acte Ier, scène IV.

[2] Plus brièvement: « Celui qui n'a pas besoin des bras d'autrui » ; mais ce n'est pas aussi pittoresque. — *Note de Karamzine.*

[3] L'Aunette, affluent de la Nonette, qui se jette dans l'Oise après avoir traversé Chantilly.

[4] Il n'en reste plus qu'une ruine insignifiante.

*En cette tour droit de péage
La belle Gabrielle avait.
C'est de tout temps qu'ici l'on doit
A la beauté foi et hommage.*

L'architecture extérieure, le perron, les chambres du dedans, vous rappellent le temps où les hommes ne savaient ni construire ni orner avec goût leurs maisons, mais savaient adorer la gloire et les belles. Ici, vous dites-vous, ici un roi-chevalier, après les orages de la guerre, jouissait du calme et de son cœur dans les bras de la gracieuse Gabrielle ; ici il composa sa tendre chanson :

*Charmante Gabrielle,
Percé de mille dards,
Quand la gloire m'appelle,
Je vole au champ de Mars.
Cruelle départie!
Malheureux jour!
C'est trop peu d'une vie
Pour tant d'amour*[1]*!*

Et partout où vous regardez dans les chambres, partout vous lisez : *Charmante Gabrielle!* L'auteur Sedaine, « ici » et sur l'air de cette chanson, en a composé une autre qui dit :

*De ce bon Henri quatre
Vous voyez le séjour,
Lorsque, las de se battre,
Il y faisait l'amour.*

---

[1] Il est probable que les deux derniers vers ne sont pas de Henri. La musique de cette ancienne chanson est très agréable. – *Note de Karamzine.*

Sa belle Gabrielle
Fut dans ces lieux,
Et le souvenir d'elle
Nous rend heureux.

C'est avec de tendres impressions que vous sortez de cette tour pour entrer dans un joli bosquet, consacré aux Muses et au Repos. Là bouillonne un ruisseau, semblable à celui de Vaucluse, où, d'après l'assertion du Tibulle de l'Italie, « l'herbe, les fleurs, les Zéphyrs, les oiseaux et Pétrarque parlaient d'amour ».

On y lit dans une fraîche grotte :

O limpide fontaine! O fontaine chérie!
    Puisse la sotte vanité
Ne jamais dédaigner ta rive humble et fleurie!
Que ton simple sentier ne soit point fréquenté
    Par aucun tourment de la vie,
    Tel que l'ambition, l'envie,
    L'avarice et la fausseté!
Un bocage si frais, un séjour si tranquille
Aux tendres sentiments doit seul servir d'azyle.
Ces rameaux amoureux entrelacés exprès
Aux Muses, aux Amours offrent un voile épais,
    Et le cristal d'une onde pure
    A jamais ne doit réfléchir
    Que les grâces de la nature
    Et les images du plaisir [1].

---

[1] Ces vers sont toujours dans la grotte, et ce doivent bien être ceux que Karamzine traduit ainsi : « Eaux limpides comme un miroir, montrez partout l'aspect aimable de la Nature et l'image de la douce beauté! Jouez avec les Zéphirs, et rappelez-

Parmi toutes les maisonnettes d'Ermenonville, pittoresquement dispersées sur la prairie, se distingue celle qui fut construite pour Jean-Jacques, mais qui ne fut achevée qu'après sa mort : elle est tout à fait rustique et agréable. Auprès du jardinet, un potager ; une petite prairie, arrosée par un ruisselet ; des arbres touffus ; un petit pont qui se dirige vers deux grands ormes, et un petit autel avec cette inscription :

A l'amitié, le baume de la vie !

Sous l'ombre d'un arbre, on trouve un banc à dossier, avec cette inscription :

Le bon Jean-Jacques sur ces bancs
Venait contempler la nature,
Donnait à ses oiseaux pâture
Et jouait avec nos enfants.

Rousseau vint s'établir à Ermenonville le 20 mai 1778 et mourut le 2 juillet ; par conséquent il ne jouit pas longtemps du calme et de l'agréable solitude qui règnent ici ; il réussit seulement par son affabilité caressante à gagner l'amour des habitants d'Ermenonville, qui encore maintenant ne peuvent pas parler de lui sans larmes. Le monde, la littérature, la gloire, tout l'ennuyait ; seule, la Nature conserva jusqu'à la

moi les rêveries de Pétrarque. » Non loin de la grotte, sur une tablette en pierre est ce joli quatrain :

Coule, gentil ruisseau, sous cet épais feuillage.
Ton bruit charme les sens, il attendrit le cœur,
Coule, gentil ruisseau, car ton cours est l'image
De celui d'un beau jour, passé dans le bonheur.

fin ses droits charmants sur son cœur et sur sa sensibilité. A Ermenonville, la main de Jean-Jacques ne toucha pas la plume ; elle se contenta de faire la charité aux malheureux. Son meilleur plaisir consistait en promenades, en conversations amicales avec les laboureurs et en jeux innocents avec les enfants. La veille de sa mort, il alla encore recueillir des plantes ; le 2 juillet, à sept heures du matin, il commença tout à coup à sentir de la faiblesse et du vertige ; il ordonna à sa Thérèse d'ouvrir la fenêtre, jeta un regard sur la prairie, dit : *Comme la Nature est belle* ! et ferma les yeux pour l'éternité... Ce fut un homme comme il y en a peu, un auteur unique ; ardent dans ses passions et dans son style, persuasif jusque dans l'erreur, digne d'être aimé même dans ses faiblesses ! Jeune par le cœur jusque dans la vieillesse ! Misanthrope, mais débordant d'amour ! Malheureux par son caractère au milieu des hommes, mais heureux à envier pour le tendre abandon de son âme dans les embrassements de la Nature, dans la présence de la Divinité invisible, dans le sentiment de sa bonté et des beautés de la création !... Ses restes sont conservés dans une jolie petite île, *l'île des peupliers*, ombragée par de hauts peupliers[1]. Il faut y passer dans une barque[2], et votre Caron vous parle de Jean-Jac-

---

[1] Ces peupliers ont été pieusement remplacés par de jeunes congénères qui ne tarderont pas à ombrager de nouveau la tombe de Rousseau, sur laquelle une innombrable quantité de visiteurs a attesté sa sottise sans garder l'anonyme.

[2] On y accède à présent par un pont suspendu.

ques. Il vous raconte que le barbier d'Ermenonville a acheté sa canne et n'a pas voulu la vendre cent écus ; que la femme du meunier ne permet à personne de s'asseoir sur la chaise où Rousseau s'asseyait au moulin, en regardant l'eau écumeuse ; que le maître d'école conserve deux plumes de lui ; que Rousseau marchait toujours pensif, à pas inégaux, mais saluait chacun d'un air aimable. On voudrait à la fois écouter le passeur, lire les inscriptions qui ornent le rivage, et voir au plus vite le tombeau de Jean-Jacques...

Là, sous ces peupliers, dans ce simple tombeau,
  Qu'entourent ces ondes paisibles,
Sont les restes mortels de Jean-Jacques Rousseau.
  Mais c'est dans tous les cœurs sensibles
Que cet homme si bon, qui fut tout sentiment,
De son âme a fondé l'éternel monument.

Tout tombeau est pour moi quelque chose de sacré ; toute poussière silencieuse me dit :

Je vécus aussi, comme toi ;
Tu mourras aussi, comme moi.

Mais quelle éloquence possède la cendre d'un écrivain qui a agi puissamment sur votre cœur ; à qui vous êtes redevable de beaucoup de vos idées, et des plus chères ; dont l'âme, en partie, s'est comme épanchée dans la vôtre ! Son monument a l'aspect d'un autel antique. D'un côté est écrit : *Ici repose l'homme de la Nature et de la Vérité* ; sur l'autre, on a représenté des enfants jouant avec leur mère, qui tient à la main un volume d'*Émile*. Au haut, la devise de Jean-Jacques : *Vitam impendere vero*[1]. Sur le cercueil de plomb on a gravé ces mots : *Hic jacent ossa J. J. Rousseau.*

Que Rousseau pendant sa vie ait eu des ennemis acharnés, ce n'est pas étonnant ; mais est-il possible d'apprendre sans indignation que quelques-uns voulurent en venir aux voies de fait jusque sur ses restes inanimés, gravèrent sur sa tombe des inscriptions indécentes, obscènes, jetèrent de la boue sur son monument et l'endommagèrent tellement que le propriétaire, le marquis de Girardin, fut obligé de placer une sentinelle auprès de l'île !

En revanche, Rousseau a eu plus de chauds et zélés admirateurs que n'importe qui parmi les écrivains nouveaux. Le zèle de quelques-uns alla jusqu'à la folie. On raconte qu'un jeune Français, enthousiasmé par les œuvres de Jean-Jacques, eut l'idée de prêcher ses doctrines en Asie, et composa en langue arabe un catéchisme qui débutait ainsi : « Qu'est-ce que la vérité ? Dieu. Quel est son faux prophète ? Mahomet. Quel est le vrai ? Rousseau. » Le consul de France à Bassorah l'y vit en 1780, et ne put jamais lui faire comprendre qu'il avait perdu la tête. Assurément le modeste Rousseau ne voulait pas de pareils disciples. Je crois que les orateurs actuels de la

---

[1] Nous n'avons pas réussi à voir cette inscription, peut-être disparue sous des noms qui ne sont pas toujours ceux d'Anglais.

France ne lui auraient pas fait grand plaisir avec leurs louanges ampoulées ; le sensible, l'excellent Jean-Jacques se serait déclaré le premier l'ennemi de la Révolution.

On a dit que Thérèse, sa femme, s'était remariée au domestique du marquis de Girardin ; ce n'est pas vrai. Elle est fière du nom d'épouse de Rousseau, et vit seule dans le petit village de Plessis-Belleville[1].

Celui qui, le bras appuyé sur le monument de l'inoubliable Rousseau, a vu le soleil se coucher en pensant à l'immortalité, celui-là n'a pas joui d'un médiocre bonheur dans sa vie[2].

---

[1] A cinq kilomètres d'Ermenonville. C'est la station qui y conduit.

[2] La description que Karamzine nous donne d'Ermenonville est assez confuse, surtout à cause de l'itinéraire qu'on lui avait fait suivre. La plus grande partie de ce domaine, qui restera toujours cher aux amis de Rousseau et de la littérature, a été achetée par la famille Blanc-Radziwill. La cabane de Rousseau est restée toutefois une dépendance de Châlis.

CHANTILLY

*Dans sa pompe élégante admirez Chantilly,
De héros en héros, d'âge en âge embelli* [1].

N'attendez pas de moi une description pompeuse : j'ai vu Chantilly par un mauvais temps, dans une mauvaise disposition d'esprit et avec la peur que la voiture de la poste ne partît sans moi. La pensée que son maître erre à présent dans des pays étrangers, comme un malheureux proscrit, a aussi assombri les objets pour mes yeux. Que vous dirai-je ? J'ai vu de magnifiques palais, de jolies statues, un cabinet de physique [2], des passages souterrains avec de hautes voûtes, des orangeries comme on en voit rarement, d'immenses écuries, un grand parc, de belles terrasses, l'île d'Amour, un agréable jardin anglais, un *hameau* orné comme la Cour d'un tzare, de merveil-

---

[1] Delille, *Les Jardins*, chant Ier.

[2] Karamzine dit « des cabinets ». Il y en avait aussi un d'histoire naturelle.

leux jets d'eaux et enfin la cuirasse de la Pucelle d'Orléans. Je me suis rappelé le spectacle magnifique et sans exemple dont le prince de Condé divertit ici notre « comte du Nord »[1]. La nuit fut transformée en jour ; d'innombrables feux donnèrent l'illusion de bois et d'eaux en proie à l'incendie ; les étincelles pleuvaient des cascades ; la musique retentissait, et les chasseurs, aux acclamations de la foule, poursuivaient comme un tourbillon les cerfs rapides[2]. Les souverains même de l'Orient ne divertissaient pas ainsi leurs hôtes.

Chantilly est entouré d'une épaisse forêt. C'est là, dans une vaste plaine, où convergent douze allées sans fin, que le grand Condé, ce héros qui aimait la civilisation, donna des fêtes à Louis XIV et à toute sa Cour.

Cette forêt rappelle la triste mort du ténébreux romancier Prévost[3]. Il s'y promenait, quand il tomba inanimé : on le releva, le croyant mort, et on eut l'idée d'en faire l'autopsie. Un imprudent médecin de campagne lui plongea un couteau dans le cœur, — un cri perçant se fit entendre ; — Prévost était encore vivant, le médecin l'avait tué.

J'ai copié à Chantilly une jolie inscription de Grouvelle dédiée à l'Amour, représenté sans voile, sans armes et sans ailes. Je la traduis de mon mieux[4].

---

[1] Le futur tzare Paul Ier, en 1786.

[2] On trouvera la description de ces fêtes dans le livre de l'abbé Fauquemprey, *Histoire de Chantilly*, p. 69-72.

[3] L'abbé Prévost, auteur de *Manon Lescaut*.

[4] C'est le texte même que nous donnons. Voy. Mérigot, *Promenades à Chantilly*, p. 28-29.

N'offrant qu'un cœur à la beauté,
Aussi nu que la vérité,
Sans armes comme l'innocence,
Sans ailes comme la constance,
Tel fut l'Amour au siècle d'or :
On ne le trouve plus, mais on le cherche encor.

Paris.... juin 1790.

Hier j'ai passé cinq heures entières chez Mme N...
et sans m'ennuyer; son ami, le très joli baron, m'a
même paru supportable[1]. On a parlé de la sensibilité.
Le baron a soutenu que l'attachement des hommes
est beaucoup plus fort et plus solide ; que les femmes
pleurent davantage, mais que nous mourons plus
souvent par amour. La maîtresse de la maison a
soutenu le contraire, et, d'une voix douce, avec son
air tendre et langoureux, elle nous a raconté une
anecdote de Lyon fort triste. Tout le monde en fut
ému, et moi, pas moins que les autres. Mme N... se
tourna vers moi et me demanda si je faisais des vers?
— « Oui, pour les personnes qui m'aiment, » répondis-je. — « Voilà un sujet pour vous. Donnez-moi
votre parole d'écrire cette aventure en vers russes. »
— « Volontiers; mais permettez-moi d'embellir un
peu. » — « En aucune façon. Dites seulement ce que

[1] Voy. plus haut, p. 211, la lettre de mai.

je vous ai raconté. » — « C'est trop simple. » — « La vérité ne demande pas d'ornements. » — « Il est au moins possible dans un récit de placer quelques pensées, quelques vérités morales. » — « Je vous l'accorde. Mais tenez parole. » — J'ai tenu parole, et j'ai écrit ce qui suit :

ALINE

Toi le meilleur des dons que le Ciel nous envoie,
Source de pleurs amers aussi bien que de joie,
O sensibilité ! qu'en toi sont mélangés
Les bonheurs et les maux ! — Ames tendres, jugez ![1]

---

[1] Nous avions eu le dessein de traduire l'anecdote mise en vers par Karamzine. Mais c'est un véritable petit poëme, qui occupe onze pages dans notre édition *princeps*. Si touchant que soit le trait de dévouement conjugal qui s'y trouve célébré, ce trait aurait d'ailleurs plutôt sa place dans une *Morale en action* que dans un *Voyage en France*. Nous l'abandonnerons donc au traducteur futur des poésies de Karamzine.

Paris.... juin 1790.

Je vous dirai quelque chose de l'Assemblée nationale qui siège à Paris et à propos de laquelle on écrit tant à présent dans les gazettes. La première fois, je m'y rendis après dîner[1]. Je ne connaissais pas les lieux, je voulus entrer par la grande porte avec les membres, mais je fus retenu par un factionnaire, que toutes les supplications du monde ne purent fléchir. Je me préparais déjà, non sans contrariété, à retourner au logis, quand tout-à-coup parut un homme en habit sombre et, par lui-même, très laid. Il me prit par la main et, après m'avoir dit : *Allons, monsieur, allons*, il m'emmena dans la salle. Je jetai un coup d'œil sur tous les objets. . . . . . .
. . . Une grande galerie; une table pour le président et deux autres encore sur les côtés pour les secrétaires; en face, une tribune; en cercle, des bancs, les

---

[1] L'Assemblée nationale tenait ses séances, depuis le 9 novembre 1789, dans la salle du manège des Feuillants.

uns plus hauts que les autres ; en haut, des loges pour les spectateurs. La séance n'était pas encore ouverte. Autour de moi, il y avait quantité de gens, en grande partie habillés malproprement, avec les cheveux en désordre et vêtus de redingotes. On fit du bruit, on rit environ pendant une heure. Les spectateurs battaient des mains en manifestant leur impatience. A la fin, le même individu qui m'avait introduit[1] s'approcha de la table du président, prit une sonnette, sonna un peu, — et tout le monde, après avoir crié : « En place ! en place ! » se dispersa de côté et d'autre pour s'asseoir. Je restai seul au milieu de la salle, me demandant ce que j'avais à faire, et j'allai m'asseoir sur un banc voisin. Mais, au bout d'une minute, un maître des cérémonies, en habit noir, s'avança vers moi et me dit : « Vous ne pouvez pas rester ici ! » Je me levai et m'en allai à une autre place. Pendant ce temps, un des membres, M. André, lut à la tribune une proposition de la commission militaire[2]. On l'écouta avec assez d'attention ; moi, aussi, mais pas longtemps, parce que le maudit habit noir vola de nouveau vers moi et me dit : « Monsieur, vous ne savez certainement pas qu'il ne peut y avoir dans cette salle

---

[1] C'était Rabaud Saint-Étienne. — *Note de Karamzine.*

[2] M. d'André, conseiller au parlement d'Aix et député de la noblesse de Provence, parla en effet le jeudi 8 avril, presque au début de la séance, sous la présidence de Rabaud Saint-Étienne, mais non pas au nom d'une commission militaire. Sur ce point, Karamzine a pu faire erreur, d'autant plus aisément qu'il était un peu troublé et qu'il fut question à peu près au même moment du « comité de constitution ».

que les seuls membres de l'Assemblée. » — « Mais où puis-je aller, monsieur ? » — « Allez dans les loges. » — « Mais s'il n'y a pas de place ? » — « Allez chez vous, ou partout où vous voudrez. » — Je sortis ; mais, la seconde fois, je restai assis dans une loge cinq ou six heures, et je vis l'une des séances les plus tumultueuses[1]. Les députés du clergé proposaient de proclamer la religion catholique l'unique ou la principale en France. Mirabeau les combattit, parla avec feu, et dit : « Je vois d'ici la fenêtre, par laquelle le fils de Catherine de Médicis tira sur les protestants ! » L'abbé Maury bondit de sa place et s'écria : « Balivernes ! Tu ne la vois pas d'ici ! » Tous les membres et les spectateurs rirent à gorge déployée[2]. De pareilles inconvenances se produisent très fréquemment. En général, dans ces séances, il n'y a pas la moindre solennité, pas la moindre grandeur, mais beaucoup de rhéteurs y parlent en beau langage. Mirabeau et Maury s'y mesurent perpétuellement en combat singulier, comme Achille et Hector.

Le jour qui suivit les débats au sujet de la religion catholique parurent dans les magasins des tabatières en carton *à l'abbé Maury;* vous ouvrez le couvercle,

---

[1] La fameuse séance du 13 avril 1790.

[2] Ni le *Moniteur universel* ni le *Journal de Paris* ne mentionnent l'interruption de l'abbé Maury. Seul le *Moniteur universel* nous révèle que cet orateur parut aussitôt à la tribune, quoique la discussion eût été close après l'apostrophe de Mirabeau.

il en saute un abbé. Voilà comme sont les Français ; à la moindre occasion ils inventent quelque chose. Je vous raconterai une autre histoire du même genre. Le jour même où l'Assemblée décida d'émettre des assignats, j'étais au théâtre. On jouait un vieil opéra, *Le savetier*[1], qui au second acte doit chanter un vaudeville connu ; au lieu de cela, il se mit à chanter de nouveaux vers en l'honneur du Roi et de l'Assemblée nationale, avec ce refrain :

*L'argent caché ressortira
Par le moyen des assignats.*

Les spectateurs furent transportés de joie, et firent répéter dix fois à l'acteur : *l'argent caché ressortira.* Il leur semblait que devant eux se dressaient déjà des monceaux d'or.

---

[1] Peut-être le *Savetier avocat*, que les grands danseurs du Roi donnèrent plusieurs fois pendant le séjour de Karamzine à Paris.

Paris.... juin 1790

Vous vous rappelez ce que Yorick dit au ministre B... du caractère des Français : « Ils sont trop sérieux[1] ! » Le ministre s'étonna ; mais la conversation fut subitement interrompue, et le piquant Yorick ne nous a pas expliqué sa pensée. On a dit, je crois, du peuple athénien, qu'il plaisantait avec les affaires sérieuses comme avec des bagatelles et qu'il regardait les bagatelles comme des affaires sérieuses. On peut dire la même chose des Français, qui ne s'offensent pas d'un rapprochement avec le peuple athénien. Rappelez-vous les ardentes et ridicules querelles au sujet de l'ancienne et de la nouvelle littérature, dont se sont occupés la Cour de Versailles et tout Paris ; rappelez-vous l'histoire des Gluckistes, des Piccinistes, des Mesméristes, et vous avouerez que, dans un certain sens, Yorick pouvait défendre son paradoxe. Néanmoins les

---

[1] *If they have a fault, they are too serious.* — *Sentimental Journey*, Versailles. Le ministre B... n'avait pas entendu M. Renan à l'Académie française.

Français ont du caractère, malgré ses vieux shellings, *qui, à force d'être polis, n'ont plus d'empreinte*[1]; ils en ont même plus que d'autres peuples. J'ai parlé de cela avec Mme N..., et ensuite je lui ai exprimé mes pensées dans une lettre. En voici la traduction:

« Quand on a dit : du feu, de l'air, — on a dépeint le caractère des Français. Je ne connais pas de peuple plus intelligent, plus ardent et plus léger que le vôtre. On dirait qu'il a inventé, ou qu'on a inventé pour lui la vie sociale, tant son affabilité est grande et tant sont admirables ses raffinements dans l'art de vivre avec les autres ! Cet art semble chez lui le don d'une nature aimable. Aucun autre ne sait caresser aussi bien quelqu'un par sa seule manière d'être, par un sourire courtois. C'est en vain qu'un Anglais ou qu'un Allemand essayerait de l'apprendre devant un miroir; sur son visage il serait emprunté et forcé. Je veux vivre et mourir dans ma chère patrie ; mais, après la Russie, il n'y a pas pour moi de pays plus agréable que la France, où l'étranger oublie souvent qu'il n'est pas au milieu des siens. On dit qu'il est difficile ici de rencontrer un ami sincère, fidèle.... Ah! les amis sont rares partout, et est-ce à un étranger à en chercher, à lui qui, pareil à une comète, ne paraît que pour disparaître? L'amitié, c'est un besoin de la vie ; chacun désire pour elle un objet solide. Mais tout ce qu'en bonne justice je puis demander à des étran-

---

[1] Paroles d'Yorick dites par lui dans un autre endroit. — *Note de Karamzine.*

gers, le Français me l'offre avec une caresse, avec un
« bouquet de fleurs ». La légèreté, l'inconstance, qui
constituent le défaut de son caractère, s'unissent en
lui à d'aimables qualités morales qui, en quelque sorte,
tiennent à ce même défaut. Si le Français est inconstant, il n'est pas rancunier; l'admiration, l'éloge peut
vite l'ennuyer, mais la haine aussi. A cause de sa légèreté, il laisse de côté ce qui est bon et choisit ce qui
est mauvais; en revanche, il est le premier à se moquer de son erreur ; — il pleure même au besoin. Une
joyeuse déraison est la douce compagne de son existence. De même que l'Anglais se réjouit de la découverte d'une nouvelle île, de même le Français se réjouit d'un mot piquant[1]. Sensible au suprême degré,
il s'éprend passionnément de la vérité, de la gloire,
des grandes entreprises ; mais qui est passionné est
inconstant! Quelques moments de son ardeur, de son
délire, de sa haine, peuvent avoir d'effroyables conséquences; la Révolution peut en servir d'exemple.
Il serait fâcheux que cette épouvantable transformation politique dût transformer aussi le caractère d'un
peuple aussi gai, aussi spirituel, aussi aimable! »

Ceci a été écrit pour une dame et pour une Française qui aurait gémi d'effroi et se serait écriée: « Barbare du nord »! si je lui avais dit que les Français ne
sont ni plus spirituels, ni plus aimables que les autres
hommes !

---

[1] Karamzine fait ici un petit jeu de mots entre *ostrove* (île)
et *ostryi* (piquant).

★

Je t'ai quitté, aimable Paris, je t'ai quitté avec regret et reconnaissance ! Au milieu de ton bruit et de ton mouvement, j'ai vécu tranquille et gai comme un insouciant citoyen de l'Univers ; j'ai contemplé ton agitation d'une âme calme, comme le paisible berger contemple de la montagne la mer en furie. Ni tes Jacobins, ni tes Aristocrates ne m'ont fait aucun mal ; j'ai entendu des querelles, et ne me suis pas querellé ; je suis entré dans tes temples magnifiques pour charmer mes yeux et mes oreilles, là où le Dieu brillant des Beaux-Arts resplendit dans le rayonnement de l'intelligence et des grands talents, là où le Génie de la Gloire repose majestueusement sur ses lauriers ! Je n'ai pas su décrire toutes les impressions agréables que j'ai éprouvées, je n'ai pas su profiter de toutes, mais ce n'est pas avec une âme vide que je sors de chez toi ; il y reste des idées et des souvenirs ! Peut-être quelque jour te reverrai-je encore et je comparerai le passé avec le présent ; peut-être alors jouirai-je d'une plus grande maturité d'esprit, ou bien soupirerai-je sur la vivacité perdue de mes sentiments. Avec quel plaisir je monterais encore sur le Mont-Valérien, d'où mon regard a plané sur tes pittoresques environs ! Avec quel plaisir, assis dans les ténèbres du bois de Boulogne, je déploierais de nouveau devant moi le rouleau de l'Histoire[1], afin d'y trouver la prédiction de l'avenir ! Peut être alors tout ce qui est obscur pour moi me paraîtra-t-il plus clair ; peut-être alors aimerai-je encore davantage l'humanité, ou bien aurai-je fermé les chroques, et cessé de m'occuper de ses destinées....

Adieu, aimable Paris ! adieu, aimable W....[2] ! Nous ne sommes pas nés dans le même pays, mais nous sommes nés avec un même cœur. Nous nous sommes rencontrés, et pendant trois mois nous ne nous sommes pas séparés. Que d'agréables soirées j'ai passées dans ton hôtel de Saint-Germain[3], en lisant les rêveries entraînantes de ton compatriote et condisciple Schiller, ou en nous occupant de nos propres rêveries, ou en philosophant sur le monde, ou en appréciant quelque nouvelle comédie, vue ensemble par nous ! Je n'oublierai pas nos charmants dîners hors de la ville, nos promenades nocturnes, nos aventures chevaleresques ; et toujours je garderai la tendre, l'amicale lettre que tu as écrite sans bruit

[1] C'est dans le bois de Boulogne que j'ai lu l'*Histoire du gouvernement français*, de Mably. — *Note de Karamzine*.

[2] L'ami dont parle ici Karamzine est, suivant toute vraisemblance, Justus Ludwig *von* Wolzogen, né en 1773, et qui fut, comme Schiller, élève de la *Karlschule*. Entré au service du Wurtemberg en 1792, il passa en 1794 à celui de la Prusse; puis, après la paix de Tilsit, à celui de la Russie, en qualité de major. Nous le retrouvons en 1811 lieutenant-colonel et aide de camp du tzare Alexandre Ier. Plus tard, il devint tour à tour général russe et général prussien. Ce fut à Berlin qu'il mourut en 1845. Des *Mémoires* de lui ont été publiés à Leipzig six ans après.

[3] S'agit-il d'un hôtel situé dans le faubourg Saint-Germain, ou bien d'un hôtel qui se serait appelé *Hôtel Saint-Germain ?* Nous ne savons au juste.

dans ma chambre une heure avant notre séparation. J'aimais tous mes compatriotes à Paris ; mais c'est uniquement de toi et de B... qu'il m'a été pénible de me séparer. Pour me consoler, je me dis que, soit dans ta patrie, soit dans la mienne, nous pourrons encore nous revoir, dans une autre disposition d'esprit, peut-être aussi avec un autre tour d'idées, mais avec une intimité et une amitié égales [1] !

Et vous, amis et compatriotes, ne m'appelez pas infidèle, parce que sur la terre étrangère j'ai trouvé un homme avec qui mon cœur s'est senti comme chez lui. Je regarde cette liaison comme un bienfait de la Destinée dans mon orphelinat de voyageur. Si grand plaisir, si grande joie que l'on ait à voir chaque jour quelque chose de beau, à entendre quelque chose de spirituel et de curieux, les gens

---

[1] Dix ans après notre séparation, sans en avoir eu durant tout ce temps aucune nouvelle, je reçois tout à coup de lui une lettre datée de Péterbourg, où il avait été envoyé avec une importante mission de sa Cour, lettre amicale et charmante. C'est un plaisir pour moi d'en imprimer ici quelques lignes : — « *Je vous supplie, mon cher ami, de me répondre le plus tôt possible pour que je sache que vous vous portez bien et que je peux toujours me compter parmi vos amis. Vous n'avez pas d'idée combien le souvenir de notre séjour à Paris a de charmes pour moi. Tout a changé depuis, mais l'amitié que je vous ai vouée alors est toujours la même. Je me flatte aussi que vous ne m'avez pas entièrement oublié. J'aime à croire que nous nous entendons toujours à demi-mot, etc...* » Il a épousé une jeune et charmante femme qui est connue en Allemagne par son esprit et ses talents. Elle a écrit un roman qui a passé longtemps pour l'œuvre du célèbre Gœthe, parce que cette Muse modeste ne voulait pas se nommer. — *Note de Karamzine.* — Le roman s'appelait *Agnès von Lilien*, et l'auteur, Caroline de Lengefeld, était la sœur de la femme de Schiller.

d'une certaine espèce ont besoin de gens qui leur ressemblent, sans quoi leur cœur devient triste.

Enfin je vous dirai qu'à l'exception des moments de mélancolie qui me sont habituels je n'ai pris dans Paris que du plaisir. Passer de la sorte environ quatre mois, c'est, suivant le mot d'un docteur anglais, arracher au Destin, ce sorcier avare, un fort riche cadeau.

Presque tous mes compatriotes m'ont accompagné, ainsi que B... et le baron W... Nous nous sommes embrassés plusieurs fois avant que je prisse ma place dans la diligence. A présent nous nous sommes arrêtés pour passer la nuit, après avoir parcouru trente verstes depuis Paris. Mon âme est si occupée du passé que mon imagination n'a pas encore une seule fois jeté un regard sur l'avenir. Je vais en Angleterre, mais je n'y pense pas encore.

Haut-Buisson[1], à 4 heures de l'après-midi.

Dans l'Ile-de-France, les fruits sont déjà mûrs ; en Picardie, ils sont verts ; dans les environs de Boulogne, tout est encore en fleurs et embaume. Le changement du climat est sensible à chaque mille, et la pensée que je m'éloigne sans cesse des contrées bénies du sud est pénible pour mon âme. La Nature s'appauvrit à vue d'œil vers le nord.

En ce moment, je suis assis sous un châtaignier, à vingt pas de la maison de poste ; par delà les prairies et les champs, je contemple la mer, qui bleuit dans le lointain, et la ville de Calais, entourée de marécages et de sablières.

Sentiment étrange ! Il me semble que je suis arrivé tout au bout du monde ; là est la mer immense, la fin de la terre. La Nature se refroidit, s'éteint, — et mes larmes coulent par torrents.

[1] Hameau sur la route de Paris, commune de Saint-Inglevert, à 12 kilomètres de Calais.

Tout est calme, tout est triste ; la maison de la poste se dresse dans l'isolement ; autour d'elle, rien que la campagne. Mes compagnons sont assis sur l'herbe, auprès de notre voiture, sans échanger entre eux un seul mot ; les postillons attellent les chevaux ; le vent souffle, et les feuilles bruissent mélancoliquement au-dessus de ma tête.

Qui voit mes larmes ? Qui prend part à mon chagrin ? A qui confier ce que j'éprouve ? Je suis seul, seul ! Mes amis, où est votre regard ? Où est votre main ? Où est votre cœur ? Qui consolera un affligé ?

O doux liens de la patrie, de la famille et de l'amitié ! Je vous sens, malgré la distance, je vous sens et je vous aime avec tendresse !...

Un sauvage, transporté des sombres forêts du Canada dans une ville magnifique de l'Europe, sur une scène où brillent tous les Arts, en voit la richesse, le luxe, et il en est captivé ; mais au bout d'un instant l'enchantement disparaît, son cœur devient froid, et il désire retourner dans les pauvres huttes des forêts du Canada, où sa poitrine s'est échauffée aux rayons vivifiants de l'amour et de l'amitié.

Mes compagnons montent en voiture ; dans une heure, nous serons à Calais.

Calais, à une heure après-minuit.

On nous a conduits à l'auberge de la maison de poste. Moi, je me suis rendu tout de suite chez Dessein, dont l'hôtel est le meilleur de la ville. Je m'étais arrêté devant la porte, ornée d'un pavillon blanc, et je regardais à droite et à gauche. « Que désirez-vous, monsieur ? » me demanda un jeune officier en uniforme bleu. — « La chambre qu'a habitée Laurent Sterne[1], » répondis-je. — « Et où pour la première fois il mangea de la soupe en France ? » dit l'officier. — « De la fricassée de poulet, » répondis-je. — « Où il fit l'éloge des Bourbons ? » — « Où la chaleur de la philanthropie couvrit son visage d'une pourpre légère. » — « Où le plus lourd des métaux lui parut plus léger que de la plume ?[2] » — « Où le P. Lorenzo s'approcha de lui avec la douceur d'un saint homme. »

---

[1] Voy. le *Sentimental Journey*, voyage de Sterne. Il est traduit en russe et imprimé. — *Note de Karamzine.*

[2] Tout cela sera compris par quiconque a lu, ne serait-ce qu'une fois, le voyage de Sterne ou plutôt d'Yorick ; mais est-il possible de ne le lire qu'une fois ? — *Note de Karamzine.*

— « Et où il ne lui donna pas un liard. » — « Mais où il aurait consenti à payer vingt livres sterling à l'avocat qui aurait tâché et aurait réussi à justifier Yorick aux yeux d'Yorick. » — « Monsieur, cette chambre est au second étage, juste devant vous. Elle est occupée maintenant par une vieille Anglaise et par sa fille. »

Je jetai un regard vers la fenêtre, et j'aperçus un pot avec des roses. Auprès était une jeune dame qui tenait à la main un livre, certainement le *Sentimental Journey* !

« Je vous remercie, monsieur », dis-je à mon loquace Français ; « mais, si vous me le permettez, je vous demanderai encore autre chose. » — « Où est la remise », interrompit l'officier, « dans laquelle Yorick lia connaissance avec l'aimable sœur du comte L ?... » — « Où il fit la paix avec le P. Lorenzo, et... avec sa conscience ? » — « Où Yorick lui donna sa tabatière d'écaille et en prit une de corne à la place ? » — « Mais qui lui fut plus précieuse que si elle avait été en or et ornée de brillants ? » — « Cette remise est à cinquante pas d'ici, de l'autre côté de la rue ; mais elle est fermée, et la clé a été emportée par M. Dessein, qui est à présent... aux vêpres[1] ». L'officier sourit, s'inclina et s'éloigna... « M. Dessein est au théâtre », me dit un autre individu chemin faisant. — « M. Dessein monte sa garde, » me dit un troisième ;

---

[1] C'est ce qu'on répond à Sterne-Yorick quand il demande à visiter les « désobligeantes » emmagasinées dans la remise.

« on l'a fait, il n'y a pas longtemps, caporal ». — O Yorick ! pensai-je, ô Yorick ! Comme tout a changé maintenant en France ! Dessein caporal ! Dessein en uniforme ! Dessein montant sa garde ! *Grand Dieu !* — Il faisait sombre ; je retournai à mon auberge.

Que vous dire de Calais ? La ville n'est pas grande, mais elle est extrêmement peuplée, et les Anglais composent au moins la sixième partie des habitants. Les maisons ne sont pas hautes, — à deux étages ; ce n'est que dans les restaurants que l'on voit du luxe. Du reste, tout me paraît ici triste et pauvre. L'air est imprégné d'humidité et d'un sel marin d'une grande finesse, qui chatouille d'une manière désagréable les nerfs de l'odorat. Pour rien au monde je ne voudrais vivre ici longtemps !

Au souper nous mangeâmes de beau poisson et des écrevisses de mer, bien fraîches et remarquablement bonnes[1]. Il y avait à table une quarantaine de personnes ; entre autres, sept ou huit Anglais, qui venaient de traverser le canal et qui avaient l'intention de voyager dans toute l'Europe. Avec eux était un Italien, grand parleur et grand poltron ; il racontait en mauvais anglais et en mauvais français les nombreux dangers qui l'avaient menacé sur mer, lui et ses compagnons. Les Anglais riaient et le comparaient à Ulysse effrayant le roi Alcinoüs du récit de ses aventures imaginaires[2]. Cependant ils criaient

---

[1] Probablement des homards ou des langoustes.
[2] Voy. l'*Odyssée*, chant XI et suiv. — *Note de Karamzine.*

sans trêve à l'hôtesse : « Du vin ! du vin ! *du meilleur* ! *du meilleur* ! » et le champagne rosé coulait de son urne, non pas dans les petits, mais dans les grands verres. Il prenait dans le cristal une teinte si vermeille, il moussait si bien, que votre sage ami, sans demander le prix, s'en fit apporter une bouteille : *du meilleur, du meilleur* ! Le beau vin ! Un Allemand avec un long nez, qui était assis auprès de moi, me prouva d'une manière démonstrative que, par la couleur comme par le goût, il ressemblait au nectar des Dieux qui coulait des cornes de la chèvre sacrée Amalthée[1]. « On nous a raconté depuis longtemps » dit un Anglais, « que les Allemands sont des gens instruits ; à présent, je le crois. *Vraiment, monsieur, vous êtes savant comme tous les diables* ! ». L'Allemand sourit et fut touché au cœur par la louange qu'il avait si bien méritée.

Je me rendis dans ma chambre, je me jetai sur mon lit et je m'endormis ; mais, au bout de quelques minutes, je fus réveillé par le tapage des joyeux Anglais, qui dans une autre pièce criaient, trépignaient, cognaient, etc., etc... Je fus patient une demi-heure ; mais, à la fin, je sonnai un domestique et le chargeai d'aller rappeler aux Anglais qu'ils n'étaient pas seuls dans l'auberge, et que leurs voisins pouvaient désirer le calme et la tranquillité. Après avoir lancé quelques *Goddam* ! ils se turent. Ma main n'écrit plus, adieu !

---

[1] A ce que dit la mythologie. —*Note de Káramzine*.

Calais, 10 heures du matin.

Ayant appris que notre *packet-boat* ne quittait pas le rivage avant onze heures, j'ai été errer partout où mes yeux se dirigeaient, et je me suis trouvé hors de la ville auprès d'un cimetière entouré de grands arbres. Je me suis rappelé le tombeau du P. Lorenzo, où les larmes d'Yorick coulèrent sur le tendre gazon, où, d'une main, il tenait la tabatière de l'excellent moine, tandis que de l'autre il arrachait un peu d'herbe verte[1]. P. Lorenzo! ami Yorick! me dis-je, accoudé sur une pierre moussue; je ne sais où vous êtes, mais je voudrais bien être un jour avec vous!

A mes pieds se montraient des petites fleurs bleues; j'en cueillis deux, que je cachai dans mon carnet. Vous les verrez un jour, — si les flots de la mer ne m'engloutissent pas avec elles! Adieu!

[1] Sterne dit même des orties : « .. *plucking up a nettle or two* ... » Voy. le chapitre intitulé : *The snuff-box*.

APPENDICE

PREMIER FRAGMENT

A cinq heures du matin, je suis sorti de Lausanne, avec la joie dans le cœur et l'*Héloïse* de Rousseau entre les mains. Vous devinez certainement le but de ce voyage. Oui, mes amis, je voulais voir de mes propres yeux les beaux sites où l'immortel Rousseau a placé ses amants romanesques. La route, à partir de Lausanne, traverse des vignobles, ceints d'un haut[1] mur de pierre, qui, des deux côtés, limitait ma vue. Mais, aussitôt que ce mur s'interrompait, on apercevait à gauche les dépressions et les saillies variées du Jura[2], sur lesquelles se présentent aux yeux, soit les plus beaux vignobles, soit de petites maisonnettes, soit des tours avec les ruines de vieux châteaux. A droite, c'étaient de vertes prairies, plan-

---

[1] Ces murs ne méritent guère, à vraiment parler, l'épithète de « hauts ».

[2] En réalité, Karamzine tournait le dos à la chaîne du Jura.

tées d'arbres à fruits, et le lac de Genève tout uni, avec les rochers effrayants de la rive savoisienne.

A neuf heures, j'étais déjà à Vevey, que quatre milles français séparent de Lausanne. M'arrêtant sous l'ombre des châtaigniers de la promenade, qui se trouve à l'ouest de la ville, je contemplai les rochers pierreux de Meillerie, du haut desquels Saint-Preux, désespéré, voulait se précipiter dans le lac, et d'où il écrivit à Julie les lignes suivantes [1] :

. . . .

Vous pouvez avoir une idée des sentiments produits en moi par les objets eux-mêmes, sachant combien j'aime Rousseau et quel plaisir j'ai eu à lire son *Héloïse* avec vous! Quoique dans ce roman il y ait beaucoup de choses qui ne sont pas naturelles, qui sentent l'emphase, en un mot, beaucoup de romanesque, cependant personne en français n'a peint l'amour de couleurs aussi chaudes, aussi vives que dans la *Nouvelle-Héloïse*, et, sans elle, le *Werther* allemand n'existerait même pas [2]. Il faut que la beauté des lieux où je suis ait fait une profonde impression sur l'âme de Rousseau; toutes ses descriptions sont si vivantes et avec cela si fidèles! Il me sembla que j'avais découvert de mes yeux jusqu'à cette *espla-*

---

[1] Karamzine traduit ici une description qu'on trouvera dans la première partie de la *Nouvelle Héloïse*, lettre 26. Elle commence ainsi : *Parmi les rochers de cette côte...* et se termine à ces mots: *... ont détaché du rocher voisin.*

[2] La donnée du roman est la même, et beaucoup de situations dans *Werther* sont tirées d'*Héloïse;* mais il y a beaucoup plus de naturel. — *Note de Karamzine.*

nade qui avait tant d'attraits pour le malheureux Saint-Preux. Ah! mes amis! pourquoi Julie n'a-t-elle pas existé en réalité? Pourquoi Rousseau ne nous permet-il pas de chercher ici ses traces? Cruel! Tu nous as décrit un être si beau, et après tu nous dis: il n'existe pas! Vous vous rappelez ce passage de ses *Confessions :* « Je dirai volontiers à ceux qui ont du goût et qui sont sensibles : Allez à Vevey, visitez le pays, examinez les sites, promenez-vous sur le lac, et dites si la Nature n'a pas fait ce beau pays pour une Julie, pour une Claire et pour un Saint-Preux; mais ne les y cherchez pas [1]. »

Coxe, le célèbre voyageur anglais, a écrit que Rousseau avait composé son *Héloïse*, installé dans le village de Meillerie, mais c'est à tort. M. de L..., dont vous avez entendu parler, et qui a connu Rousseau, m'a affirmé qu'il avait écrit ce roman à l'époque où il vivait à l'*Ermitage*, à trois ou quatre milles de Paris.

Après m'être reposé à l'auberge et y avoir pris du thé, j'allai plus loin sur le bord du lac, afin de voir la scène principale du roman, le village de Clarens. Des arbres aussi hauts que touffus le dérobent aux regards impatients. Je m'approchai, et j'aperçus un tout petit village fort pauvre, gisant au pied de montagnes couvertes de sapins. Au lieu de la demeure de Julie, dont la description est si belle, ce qui s'offrit à moi, ce fut un vieux château avec des tours;

---

[1] *Confessions*, Ire partie, livre IV.

son apparence grossière témoigne de la grossièreté du temps où il a été construit. Beaucoup des habitants connaissent la *Nouvelle-Héloïse*, et sont très heureux de ce que le grand Rousseau a illustré leur patrie, en en faisant le cadre de son roman. Le paysan en train de travailler, lorsqu'il voit un passant à l'air curieux, lui dit avec un sourire : « Monsieur a lu pour sûr la *Nouvelle Héloïse*. » Un vieillard me montra jusqu'au petit bois où, d'après le récit de Rousseau, Julie embrassa pour la première fois l'ardent Saint-Preux, et, par ce contact magique, fit vibrer tout son système nerveux. — Au-delà de ce petit village, les flots du lac baignent les murailles du château fortifié de Chillon ; leur bruit morne dispose l'âme à un assoupissement mélancolique. Encore plus loin, tout au bout du lac, là où le Rhône s'y jette, se trouve Villeneuve, une toute petite cité. Je me contentai de la regarder un peu de loin et je revins à Vevey [1].

. . . .

Je n'avais pas alors lu encore la suite des *Confessions* de Rousseau, qui fit son entrée dans le monde pendant que je me trouvais à Genève, et où est racontée par ordre l'origine de tous ses ouvrages [2]. Je reproduirai ici le passage qui se rapporte à l'*Héloïse*. Rousseau, devenu célèbre à Paris par son opéra *Le*

---

[1] Ce qui suit est en note dans le texte.
[2] La IIe partie des *Confessions* n'avait en effet été imprimée qu'en 1788, tandis que la Ire datait de 1781.

Devin du village et d'autres œuvres, se rendit à Genève et y fut reçu d'une façon extrêmement flatteuse ; tout le monde l'assura de son amour, de son admiration pour ses talents, et le sensible Rousseau en fut si touché qu'il promit à ses concitoyens de s'établir pour toujours au milieu d'eux, et de s'en aller seulement pour peu de temps à Paris afin d'y mettre ses affaires en ordre. « Cette résolution prise, je fis trêve aux affaires sérieuses... (Voy. *Les Confessions*, IIe partie, l. VIII, p. 211, éd. Pourrat, 1833)... et dont je fis la description quelques années après dans la *Nouvelle Héloïse.* » — M. de L... m'avait dit la vérité ; Rousseau écrivit bien son *Héloïse* à l'époque où il habitait l'*Ermitage*, près de Paris. Voici ce qu'il raconte sur l'origine de son roman : « Je me figurai l'amour, l'amitié, les deux idoles de mon cœur... (Voy. *Les Confessions*, IIe partie, l. IX, p. 275-276), celui autour duquel mon cœur n'a jamais cessé d'errer... ». C'est avec un plaisir indicible que j'ai lu à Genève ces *Confessions*, dans lesquelles sont décrites avec tant de vie l'âme et le cœur du tendre Rousseau. Quelque temps après, mon imagination en était exclusivement remplie, même en rêve. Son esprit planait au-dessus de moi. — Un jeune peintre de mes connaissances, après avoir lu les *Confessions*, s'éprit tellement de Rousseau qu'il se mit en tête de le peindre à plusieurs reprises dans différentes positions, sans toutefois terminer aucun de ces tableaux, du moins que je sache. Je me rappelle qu'entre autres il le représenta embrassant la jupe de flanelle que Mme d'Épinay lui avait envoyée pour se faire un gilet. Le jeune peintre trouvait cela extrêmement touchant! Les hommes ont des yeux et des sentiments qui diffèrent[1] !

DEUXIÈME FRAGMENT

Le beau temps continue. Je tâche d'en profiter, et, souvent, après avoir mis dans ma poche trois louis d'or avec un carnet de notes, j'erre en Savoie, en Suisse, ou bien dans le *pays de Gex*, et au bout de quatre jours je reviens à Genève.

Il n'y a pas longtemps, j'ai été à l'île Saint-Pierre où le plus grand des écrivains du xviiie siècle s'est mis à l'abri contre la méchanceté et les préjugés des hommes, qui, comme des furies, le chassèrent d'un lieu à l'autre. La journée était très belle. En quelques heures je parcourus l'île dans tous les sens, et partout je retrouvai des traces du citoyen et du philosophe de Genève ; sous les rameaux des vieux hêtres et des vieux châtaigniers, dans les belles allées d'un bois ténébreux, sur les prairies fanées et les saillies caillouteuses du rivage. « C'est ici », me dis-je, « c'est ici

---

[1] La lettre à laquelle nous empruntons ce passage, et à laquelle cette note a été ajoutée plus tard, est une lettre de Lausanne, écrite en septembre 1789. Celle au contraire d'où nous extrayons le morceau suivant a été écrite à Genève en janvier 1790.

qu'oubliant les hommes cruels et ingrats... ingrats et cruels! Mon Dieu! qu'il est triste de penser et d'écrire ces mots!... C'est ici qu'oubliant tous les orages du monde il a joui de la solitude et du soir paisible de la vie ; c'est ici que son âme s'est reposée après ses grandes fatigues ; c'est ici que sa sensibilité s'est calmée dans une tranquille et sereine somnolence! Où est-il? Tout est resté comme de son temps. Mais lui, lui, il n'y est plus, il n'y est plus! » — A ce moment il me sembla que le bois et les prairies soupiraient ou répétaient le soupir profond de mon cœur. Je regardai autour de moi, et l'île tout entière me parut en deuil. Le triste crêpe de l'hiver s'étendait sur la Nature.

Mes jambes étaient fatiguées. Je m'assis à l'extrémité de l'île. Le lac de Bienne brillait et restait calme dans toute son étendue ; sur ses rives les villages laissaient monter leur fumée ; au loin on voyait les petites villes de Bienne et de Niddau. Mon imagination me représentait une petite barque naviguant sur le miroir de l'onde ; le Zéphyr soufflait autour d'elle et la dirigeait en guise de pilote. Dans la barque était étendu un vieillard à l'aspect vénérable, en costume asiatique ; ses regards, tendus vers le ciel, dénonçaient une grande âme, de la profondeur d'esprit, une aimable mélancolie. Le voici, le voici, celui qu'on a chassé de France, de Genève, de Neuchâtel, parce que, n'est-ce pas? le Ciel l'avait doué d'une raison supérieure, parce qu'il était bon, tendre et plein d'amour pour les hommes.

Avec quelles vives couleurs Rousseau a décrit [1] son existence si douce dans l'île de Saint-Pierre, existence complètement oisive ! Celui qui n'a jamais épuisé ses forces intellectuelles dans des méditations nocturnes, celui-là certainement ne peut comprendre une félicité de ce genre, la félicité de ce *sabbat* [2], dont jouissent seulement les grandes Ames à la fin de leur pèlerinage terrestre, et qui les prépare à une nouvelle activité, commençant au-delà du seuil de la mort.

Mais son repos fut bien court ! Un nouveau coup de foudre l'interrompit et le cœur du grand homme saigna. « Laissez-moi mourir », disait-il dans la tristesse de son âme, « laissez-moi mourir en paix ! Que des serrures de fer et de pesants verrous grincent sur les portes de ma cabane ! Enfermez, enfermez-moi dans cette île, si vous pensez que mon souffle est pour vous empoisonné ! Mais cessez de poursuivre un infortuné ! Privez-moi de la lumière pendant le jour, mais permettez du moins à un malheureux tel que moi de respirer pendant la nuit un air pur ! » Non ! le faible vieillard fut obligé de dire adieu à son île bien-aimée ! — Et après cela on dit que Rousseau a été misanthrope ! Dites un peu qui ne le serait pas devenu à sa place ? Peut-être celui qui n'aurait jamais aimé les hommes !

J'étais assis tout pensif, lorsque soudain j'aperçus un jeune homme qui, un chapeau rond enfoncé

---

[1] Dans les *Promenades solitaires*. — *Note de Karamzine.*

[2] Le mot hébreu *chabat*, d'où nous avons fait sabbat, signifie *repos*.

sur les yeux, s'approchait de moi à pas lents ; de sa main droite il tenait un livre. Il s'arrêta, jeta un regard sur moi, dit : « *Vous pensez à Lui* », puis s'en alla plus loin, toujours à pas lents. Il me fut impossible de lui répondre et même de le bien considérer. Mais son accent et son frac vert avec des boutons d'or me persuadèrent que c'était un Anglais.

Il n'y a qu'une seule maison dans l'île. L'intendant y vit avec sa famille. C'est celle-là aussi qu'habita Rousseau. Cette île, qui appartient à Berne, s'appelle à présent presque toujours l'île de Rousseau.

DU MÊME AUTEUR
A LA MÊME LIBRAIRIE

HOLBERG CONSIDÉRÉ COMME IMITATEUR DE MOLIÈRE, thèse de doctorat ès lettres.

LE VOLGA, notes sur la Russie.

LOUIS XIV ET STRASBOURG, essai sur la politique de la France en Alsace, 4ᵉ édition.

ÉVREUX, IMPRIMERIE DE CHARLES HÉRISSEY.

www.ingramcontent.com/pod-product-compliance
Lightning Source LLC
Chambersburg PA
CBHW070455170426
43201CB00010B/1352